한자어의 의미 변화 연구

한자어의 의미 변화 연구

『국한회어』의 한중 동형이의어를 중심으로

마원걸(馬元傑)

역락

머리말

이 책은 필자가 2023년 1월 서울대학교에 제출한 박사학위논문을 다듬은 것으로, 인생에서 처음 출판하는 책이다. 책 제목에도 반영되어 있듯 본 연구는 현대 한국어와 중국어 가운데 형태는 동일하나[同形] 의미를 달리하는[異義] 한자어를 대상으로 하며, 연구의 초점은 해당 한자어들이 한국어 체계 속에서 겪은 통시적 이의 형성 과정을 한국어사 자료에 근거하여 상정하는 데 두었다. 연구의 취지는 어느 정도 분명히 하였으나 이에 부응할 만한 답변을 내놓기는커녕 여전히, 오히려 더 많은 공부가 필요함을 거듭 깨닫는 시간이었다.

연구 대상의 선정 기준을 마련하는 것에도 미숙했지만, 어휘사 특히 의미사(意味史) 논의로서 문헌 자료 속의 언어적 사실들에 잠재해 있을 의미 변화의 내적 동인에 대해 보다 설득력 있는 해석을 행하지 못한 것이 가장 큰 아쉬움이다. 아울러 의미 변화의 다양한 양상들 속에서 그 어떤 공통된 변화 패턴을 포착하여 연구 대상 어휘들의 분류 기준으로 삼지 못한 것 또한 외면할 수 없는 한계임을, 앞으로 끊임없이 고민해 나가야 할 부분임을 잘 알고 있다.

이처럼 부족함이 많은 연구이지만, 나름의 주장을 제기하는 작은 기쁨도 있었다. 예컨대 '기어(期於)이'의 사례를 통해서는 내적 구조와 의미 변화의 상관관계를 타진해 보았고, '여간(如干)'의 경우, 오늘날 '보통' 정도로 인식되는 것과 달리 과거에는 '조금' 정도의 의미를 보여 동원어인 '약간(若干)'과 마찬가지로 [부정량]에서 [소량]의 변화를 겪었다는 사실, 더 나아가 '여간 아니-' 구성을 현대에는 특이한 상향식 추론으로 설명하지만, 통시적인 연장선상에서는 일반적인 하향식 추론이 적용될 수 있음을 제기했다.

무엇보다 본 연구의 완성은 실로 여러 선생님들의 가르침과 많은 분들의 도움이 있었기에 가능했다. 지도교수님이신 황선엽 선생님께서는 필자의 한국어사 연구 역량을 키워 주시고, 논문 주제의 선정, 논의의 구성, 논지의 전개 전반에 걸쳐 세심하고도 친절한 지도를 베풀어 주심은 물론, 제자가 부담 없이 연구에만 전념할 수 있도록 물심양면으로 배려해 주셨다. 박사학위논문 심사를 맡아주신 이현희 선생님, 김성규 선생님, 장윤희 선생님, 노명희 선생님께서는 본 연구가 보다 나은 방향으로 보완될 수 있도록 건설적인 의견과 조언을 주셨다.

이밖에 여러모로 자신감이 부족했던 필자를 오랫동안 관심해 주시고, 배려해 주셨던 서울대학교 국어국문학과의 모든 선생님들과 학회 발표장에서 뵐 때마다 격려를 아끼지 않으셨던 권인한 선생님, 이병기 선생님, 김성주 선생님, 김현주 선생님, 허인영 선생님께 감사드리며, 늘 한결같이 필자의 학문적 고민에 귀 기울여 주시고, 가장 어려웠던 시기에 진심어린 도움을 주셨던 이강혁 학형, 배진솔 학형, 이홍구 학형, 후박문 학형께 감사드린다.

아울러 연변대학교 조문학부 시절부터 석사과정, 더 나아가 한국 유학의 용기를 내기까지 필자의 학문적 호기심을 지켜 주셨던 김광수 선생님께 감사드리며, 필자가 최상의 환경에서 학문적 포부를 마음껏 펼칠 수 있도록 배려해 주신 산동대학교 동북아대학 정동매 학장님을 비롯하여 필자를 관심해 주시는 학과의 모든 선생님들께 감사드린다.

또한 출판 업계의 어려운 사정에도 불구하고 졸고의 출판에 흔쾌히 응해 주신 도서출판 역락의 이대현 사장님, 출판 과정에 힘써 주신 이태곤 출판이사님, 편집부 임애정 대리님과 디자인팀 이경진 대리님께 감사드린다.

끝으로 힘들었던 긴긴 시간들을 버텨낼 수 있도록 전폭적인 지지와 응원을 해 주신 부모님께 고마움을 전한다.

2024년 2월

산동대학교 남진루(南辰樓) 연구실에서

마원걸 삼가 적음

차례

제1장 **서론**

1. 연구 목적

이 글의 주된 목적은 현대의 한중 동형이의 2자 한자어'를 대상으로, 한국어사 자료 중심의 의미 변화 과정을 자세히 기술하고 해석하는 데 있다.

주지하듯 한중 동형이의 한자어에 대한 논의는 주로 현대의 공시적인 '이의'(異義)를 비교하고, 체계화하는 데 집중되어 있다(왕극전 1994, 정은혜 1998, 정유진 2002, 민영란 2002, 손혜파 2004, 채옥자 2004, 박혜진 2011, 진류 2012, 정우 2015, 민재홍 2017, 범신성 2017 등). 관련 논의들의 지향점은 '이의 비교'의 결과를 '이의'의 하위 지표인 의미의 '확대', '축소', '전이', 의미 가치의 '상승'과 '하락' 등을 통해 구체화하고, 이를 상위 범주인 '완전 이의'와 '부분 이의'에 합리적으로 배속시킴으로써 한중 동형이의어

---

1   한국어 어휘 체계 속의 한자어를 정의하기란 쉽지 않다. 한자어의 정의를 둘러싼 다양한 견해에 대해서는 최근에 이용(2021:89~90)에서 자세히 검토된 바 있다. 해당 논의에서는 기존의 한자어 정의가 '한자음 반영 여부'에 따라 크게 '넓은 의미의 한자어'(심재기 1987, 최규일 1990)와 '좁은 의미의 한자어'(노명희 1990, 송기중 1992, 이용주 1995)로 양분됨을 지적했다. 전자는 한자음을 제약으로 삼지 않는바 한자로 적을 수 있는 한국어 어휘 전부를 한자어로 보는 관점이다. 반면, 후자는 한자음을 중시하여 발음상의 차이를 보이는 차용어나 한자음의 변화를 겪은 한자어를 해당 범주에 포함하지 않는 관점이다.

의 '이의 체계'라는 대범주를 구축하는 것으로 귀착된다. 그런데 여기
에는 반드시 직시해야 할 문제들[2]이 잠재되어 있는 것으로 보인다. 참
고로 다음의 사항들을 짚어보자.

> (1) 가. 현대 공시적 동형이의 한자어 논의 가운데의 '이의 비교'는 대
> 체로 한중 현대어 사전의 '의항' 비교에 의지한다.
> 나. 의미의 '확대', '축소', '전이'는 의미의 범위가 변화한 결과이
> 며, 의미 가치의 '상승'과 '하락'은 의미의 가치 평가가 변화한
> 결과이다.

위의 (1가)에서 언급했듯 현대 동형이의 한자어의 '이의 비교'는 주
로 한중 현대어 사전에 등재된 '의항'(義項)을 비교하는 방식으로 이루
어진다. 다만 현대어 사전의 의항은 표제어가 해당 언어 체계 내에서
갖는 현대적 의미만을 나타낸다. 즉 현대어 사전의 '의항 비교'를 통해
서는 동형의 한국어와 중국어 어휘가 현시점에서 갖는 공통점과 차이
점만이 드러날 뿐, 의미의 변화 과정을 구체적으로 확인하기 어렵다.
그런데 (1나)에서 보듯 의미의 '확대', '축소'를 비롯한 일군의 개념들
은 '변화의 결과'에 해당하므로, 그에 선행하는 '변화의 과정' 즉 통시
적 고찰을 전제로 한다. 요컨대 현대어 사전의 '의항' 비교는 현대 한
중 동형어의 공시적 의미 차이를 확인하는 출발점일 수는 있지만, 의미
변화 과정이 간과되었다는 점에서 의미 변화의 결과를 판단하는 직접
적 근거가 되지는 못한다.

이처럼 의미 변화의 과정보다 변화 결과의 분류에 치중함으로써 생

---

2 현대 한중 동형이의어 연구 가운데 일부는 통시적 연구의 필요성을 언급한 바 있다. 이에
대해서는 이 글의 1.2.3에서 별도로 다룰 것이다.

기는 또 다른 문제는 의미 변화에 대한 해석이 오로지 거시적인 차원에서만 이루어진다는 점이다. 기존의 동형이의 한자어 논의들에서는 대체로 결과 분류에 이어 의미 변화의 원인을 '언어적 원인', '역사적 원인', '사회적 원인', '심리적 원인' 등으로 대별하여 제시하는 방식을 취했다. 다만 비교 대상이 되는 어휘 개개의 변화가 충분한 조명을 받지 못한 상황에서 사회·심리적 원인은 차치하고, 의미 변화의 원인을 '표현의 관습', '최소 노력의 원칙', '외래어의 영향', '언어의 보수성' 등으로만 일괄하는 것은 무리한 일반화의 소지가 있다.

요컨대 한중 동형이의어 의미 변화의 결과를 판단하고 분류하기에 앞서 마땅히 현대의 의항 비교를 토대로, 각자의 언어 체계 내에서 의미 변화의 과정을 자세히 살피는 작업이 선행되어야 할 것이다.

이에 이 글은 '모든 단어는 각자의 역사를 지닌다(Every word has its own history)'는 역사언어학의 명제를 전제로, 한국어사 문헌 자료가 반영하는 어휘[3] 사실 자체에 근거하여 의미의 통시적 변화 과정을 탐구하는 어휘사 특히 의미사 본연의 과제를 수행하려 한다. 즉 기존에 현대 한중 동형이의어를 다룬 논의들의 중점이 이의 비교 및 의미 변화의 결과 분류에 놓여 있었다면, 이 글의 중점은 해당 동형이의 한자어가 한국어 체계 속에서 그러한 이의를 형성하게 된 통시적 과정을 고찰하는 데 있다고 하겠다.

---

3   최경봉(2010:423)에서 언급되었듯 어휘론의 연구 대상을 분명히 하기 위해서는 집합으로서의 어휘와 개별 원소로서의 단어라는 구분이 필요하지만(김광해 1993), 개별 단어의 의미가 여타 단어들과의 의미적 연관성을 통해 시현됨을 강조하는 구조의미론적 관점에서 보면 단어의 의미란 결국 집합인 어휘의 의미가 된다.

2. 연구사

1) 한자어 전반에 대한 사적 연구

한자어 전반을 대상으로 하는 사적 연구의 경우, 대체로 한자어의 유입·차용과 형성, 조어 유형, 기원적 계보, 귀화어 등을 고찰하는 데 집중되어 있다. 관련 연구로 박태홍(1956/1984), 남풍현(1968a, 1968b, 1972a, 1972b), 김완진(1970), 심재기(1971, 1982, 1989), 최범훈(1973), 유창돈(1974), 고창식(1977), 이강로(1987), 이기문(1991), 최상진(1991), 조세용(1991), 조남호(1993), 박영섭(1995), 김성현(1999), 김춘월(2017) 등을 들 수 있다. 한자어의 기원적인 분류 또는 음운론적 변이형에 중점을 두는 해당 연구들의 특성상 의미 변화 과정은 대체로 논의에 포함되지 않거나 고찰의 주된 대상이 아니었다.

아울러 한자어의 통시적 의미 변화 과정을 고찰하기 위해서는 고유어의 경우와 마찬가지로 문헌 자료에 산재해 있는 한자어들의 의미를 확보하는 것이 전제되어야 한다. 이에 사적 차원의 한자어 의미 연구 역시 어휘적 의미를 정리하여 제시하거나 특이 어형의 의미를 파악하는 데 주력해 왔다. 여기에는 다음과 같은 몇 가지가 포함된다.

첫째, 1960년대 이래로 편찬된 여러 고어사전들의 한자어 표제어를 들 수 있다. 예컨대 남광우 편 <고어사전>(1960/1971/1997), 유창돈 편 <이조어사전>(1964/1984), 한글학회 편 <우리말 큰사전: 옛말과 이두>(1992)와[4] 최근의 박재연 외 편 <고어대사전>(2016) 등은 15~20세기의

---

4 이 시기까지의 고어사전들에서 한자어 표제어를 비중 있게 다루지 않은 데 대해서는 연규동(1996), 조남호(2001) 등의 논의에서 제기된 바 있다. 참고로 연규동(1996:162, 각주

어휘들을 포괄적으로 수록한 고어사전으로, 이들을 통해 해당 시기 문헌에 등장하는 여러 한자어들의 용례와 의미를 찾아볼 수 있다. 또한 특정 시기 또는 특정 분야의 고어를 다룬 사전, 이를테면 홍윤표 외 편 <17세기 국어사전>(1995)와 황문환 외 편 <조선시대 한글편지 어휘사전>(2016) 등을 통해서는 17세기 한국어 자료 또는 조선시대 한글편지 속 한자어들의 용법을 확인할 수 있다. 아울러 단국대학교 동양학연구소 편 <한국한자어사전>(1992)는 '休紙', '奇別'과 같이 한국에서 만들어진 한자어만을 추려 뜻풀이와 용례를 제시함으로써 한국 자생(自生) 한자어를 연구하는 데 편의를 제공하였다.

이밖에 홍윤표·심경호(1993)의 경우, 비록 뜻풀이가 제시되어 있는 사전은 아니지만, 확보 가능한 15세기 한국어사 문헌 속 한자어의 수록 양상을 전수 조사하기에 주력하여, 15세기 한자어의 문증 여부를 살피는 데 참고가 된다. 아울러 노해임(2011)은 15~19세기의 문헌에 나타난 한자어들을 '사람, 동물, 사물, 제도, 장소, 학술용어, 감정' 등 18개 항목으로 분류하고, 이들의 문헌적 존속 양상을 통계한 연구이다. 이 또한 15~19세기 한자어의 문증 여부를 일람하는 데 도움이 된다.

둘째, 특정 문헌에 나타난 한자어의 의미, 고유어와의 대응 양상 또는 내용 서지의 일부인 '어휘적 특징'을 다루는 과정에 난해하거나 희귀한 한자어를 대상으로 의미 파악을 시도한 연구를 들 수 있다. 관련 논의로 서재극(1990), 연규동(1996), 이호권(2001), 조남호(2001), 민현식

27)에서는 1996년 당시까지 출판된 고어사전에서도 한자어가 제외되었다는 사실을 언급하였다. 예컨대 한자로 표기된 한자어와 현대의 어형과 같은 한자어가 한글학회(1992) 등의 고어사전에서 배제되었다는 점, <17세기 국어사전>에 한문 원문이 제시되어 있지 않은 점 등은 마땅히 보완되어야 함을 지적하였다.

(2002), 이유기(2005), 남성우(2006), 장영길(2006), 박진호(2009), 안대현(2010), 유경민(2010, 2014), 고홍희(2013), 진윤정(2016), 김한별(2019) 등이 있다.

일례로 16세기경 <정속언해>의 어휘를 다룬 서재극(1990:262)에서는 15세기에 보이지 않던 한자어들인 '지로(指路)ᄒ다', '지여(甚至於)' 등이 해당 문헌에 이르러 새롭게 확인됨을 제시하였다. 참고로 '지로ᄒ다'가 갖는 [인도]의 의미는 전대에 '引導ᄂᆞᆫ 혀아 길 알욀씨라'<석보상절 9:8>와 같이 고유어로 표현되던 것이라 한다.

조남호(2001)은 <두시언해>를 중심으로, 언해와 원문에 나타나는 한자어의 성격과 대응 양상을 밝힌 연구이다. 그중 한자어의 의미와 관계되는 것으로, 동일 구절에서 교체를 보이는 사례, 예컨대 '구룸 낀 뫼히 ᄒ마 興을 베프거늘(雲山已發興)<14:32b>'과 '興心 베푸믄 林泉으로브테로다(發興自林泉)<10:13b>'의 '興-興心' 등을 통해 중세 한국어 유의어를 판별하는 방법(조남호 2001:143), 의미가 달라서 언해가 달리 된 듯한 인상을 주는 사례, 예컨대 '우리 宗族앳 늘근 孫子ㅣ 質朴ᄒ야 녯 사ᄅᆞᄆᆡ 風이 잇도다(吾宗老孫子 質朴古人風)<8:52a>'에서 'ᄇᆞᄅᆞᄆᆞᆫ 너븐 두들겟 믌겨를 머겟도다(風含廣岸波)<10:3b>'와 같은 대부분의 예들과 달리 '風'을 'ᄇᆞᄅᆞᆷ'으로 언해하지 않고, 그대로 유지한 것은 여기에 'ᄇᆞᄅᆞᆷ'이 포괄하지 못하는 의미가 담겨 있기 때문이라는 점(조남호 2001:119~120) 등을 제시하였다.

이유기(2005)는 18세기 문헌 <염불보권문>의 어휘를 개관한 연구이다. 해당 논의(2005:239)에서는 한자어 '긔특(奇特)'이 중세 한국어 시기에 ①[기이], ②[특이]란 뜻을 나타내다가 근대 한국어 시기에 이르러 현대와 같은 의미, 즉 '말하는 것이나 행동하는 것이 신통하여 귀염성이 있음'을 나타내게 된 것으로 보았다. 그러나 근대 한국어 시기에 현대와 같은 뜻으로 쓰인 사례가 많이 발견되지 않음이 문제가 되었는데 <염불보권문>에는 '주그실 따예 긔특흔 향내 대궐 듕에 ᄀ득기 나니 <17a>', '긋 쌔예 긔특흔 향내 만히 나고<19b>'처럼 중세의 ①, ②번 의미와 '긔특흔지라 네의 무르미 죵요롭따<臨終 3b>'처럼 현대와 같은 의미로 사용된 예가 두루 확인됨을 밝혔다.

이밖에 한글 문헌뿐 아니라 이두나 금석문 자료 속 한자어의 의미 파악을 위한 연구도 지속되어 왔다. 그중 이두 자료의 한자어를 다룬 논의로 박희숙(1985), 배대온(1993), 오창명(1995), 박성종(2016), 이용(2021) 등이 있으며, 삼국시대와 통일신라시대 금석문의 한자어를 다룬 연구로 권인한(2021), 문현수(2021) 등이 있다. 일례로 박희숙(1985:47)에서는 한자어 '磨鍊'이 <대명률직해>에서 '卽時付色磨鍊不冬遲晚爲在乙良(若不卽付勘完備者)<2:7a>', '軍士乙 易亦 磨鍊不冬爲弥(不操練軍士)<14:7a>'과 같이 [준비하여 갖춤]과 [군사의 조련]이라는 두 가지 의미로 사용됨을 밝히고, 의미 변화를 겪은 사례로 파악했다.

권인한(2021:59)에서는 백제 금석문 자료 <武寧王 誌石(525)>의 '立志如左' 가운데 '立志'가 해당 문맥에서는 '문서로 작성하다'라는 뜻임을 지적하고, 기존 사전들에 '뜻을 세우다'로만 풀이되어 있는 '立志'와는 의미상 구별됨을 밝혔다.

특정 시기 또는 특정 문헌의 어휘를 포괄적으로 다루는 상기 연구들의 특성상 논의의 중심이 의미적 특징에 놓여 있지는 않다. 그러나 논의 과정에 산발적으로 간략하나마 언급된 이러한 의미적 차이들은 추후 어휘사적 연구의 소재로 되기에 충분하다.

물론 특정 시기 또는 특정 문헌 속 한자어를 대상으로, 고금의 의미적 차이를 정면에 내세운 논의가 없었던 것은 아니다. 일례로 신경철 (1998)에서는 <내훈> 주석문에 등장하는 한자어들의 의미 변화를 '개신, 소멸, 대체, 전이' 네 가지로 나누어 고찰한 바 있다. 예컨대 '煢煢'의 경우, <내훈>에서는 '煢煢은 ᄒᆞ온샤 이셔 브툴 짜 업슨 양지라<내초 2 下 17>'처럼 '혼자 있어 붙을 곳이 없는 모습'을 나타냈는데 오늘날 에는 '외롭고 걱정스러움'의 뜻으로 '개신'되었음을 언급하였다. 다만 의미의 '개신'을 비롯하여 '소멸, 대체, 전이' 등이 일어나게 된 통시적 변화 과정은 논의에 포함되어 있지 않다.

2) 개별 한자어의 의미사(意味史) 연구

통시적 차원에서의 한자어 연구, 특히 '변천 과정'에 치중한 연구는 개별 어휘사 논의를 중심으로 본격화되었으며[5] 근래에 들어 의미 기술 의 정밀화와 더불어 의미 해석에 있어서도 다양한 방식으로 깊이를 더 해가고 있다. 관련 연구로 '기선(汽船), 기차(汽車)'의 연원을 다룬 송민 (1999), '시체(屍體)'와 '사체(死體)'를 역사적으로 고찰한 김유범(2007), <이 언(易言)> 전후 '기계'와 '제조'의 어휘사를 다룬 이병기(2010), 언간 속 '초상(初喪)'과 '긴(緊)ᄒᆞ다'의 어휘사를 다룬 박부자(2014), '이상하다'의 가치 변화를 다룬 송지혜(2014), '인간(人間)'의 의미 변천을 다룬 최준 호·황정수(2016), 부사 '친(親)히'의 용법 변화를 다룬 이강혁(2018), 차용 어 '전차(詮次)'와 한글 자료 속 '젼ᄎᆞ'의 통시적 의미 관계를 다룬 허인 영(2020), 화장실 지칭 어휘의 역사적 변화를 다룬 김진우(2021), '편지(片

---

5   개별 한자어를 대상으로 하는 통시적 연구의 필요성과 그에 대한 기대는 조남호(1993), 김광해(1993), 연규동(1996) 등의 여러 논의에서 언급된 바 있다.

紙/便紙'의 형성 과정을 다룬 연규동(2021) 등을 들 수 있다.

일례로 최준호·황정수(2016)은 현대 한국어 체계 속 '인간(人間)'의 기본 의미가 [세상]이 아닌 [사람]이라는 점에 착안하여 그 통시적 변모 양상을 조명한 논의로, 광범위한 자료에 기반을 둔 의미 기술이 주목된다. 해당 논의에서는 검토 대상을 한국어사 자료에 국한하지 않고, 다양한 한문 자료, 이를테면 중국의 고전 한문 자료, 한국의 역대 문집·역사서, 금석문 자료 등을 포괄하여 다룸으로써 한자어 '인간'의 의미적 변화상을 입체적으로 기술하였다.

허인영(2020)은 '전차(詮次)'와 그 대응형인 '젼ᄎᆞ'의 의미가 [차례]와 [까닭]으로 나뉜다는 점에 착안하여 해당 의미 분화의 내적 동인을 심층적으로 분석한 연구이다. 구체적으로, [차례]를 의미하던 '전차(詮次)'가 이두 자료에서는 구격조사 '-以'가 통합된 '詮次以'의 형식으로 [자초지종]의 의미를 나타내는데 이것이 '교량 맥락(bridging context)'이 되어 관형절 중심으로 [까닭]의 의미를 획득하였을 가능성을 설득력 있게 논증하였다. 아울러 이러한 '계기→인과'의 변화가 '詮次>젼ᄎᆞ'의 경우에만 국한되는 것이 아니라 영어의 'since'를 비롯하여 라틴어, 바스크어, 아런더어, 중국어, 일본어 등 여러 언어에서 포착된다는 유형론적 사례를 제시함으로써 변인 해석의 온당함을 입증하였다.

이밖에 김한결(2019)는 다의성의 측면에서 '체언 수식 부사'의 역사적 변화 과정을 다룬 연구이다. '바로, 곧, 꼭' 등 고유어 부사와 함께 '즉(卽), 하필(何必), 정(正)히' 등 한자어 부사들이 지닌 모든 다의와 기능에 대해 통시적인 고찰과 해석을 진행하였다. 해당 논의는 공통 속성을 지닌 일군의 어휘들을 대상으로 진행된 통합적 어휘사 연구라는 점에서 기존의 개별 어휘사와 구별된다. 또한 역사적 변화 과정뿐 아니라 현대의 공시적 해석도 비중 있게 병행함으로써 한국어 체계 속 해당 부사들의 과거와 현재의 모습을 온전하게 제시하였다는 점에서도 주목된다.

위의 선행 연구들이 한자어 어휘사 연구에 주는 시사점을 요약해 보면 다음의 몇 가지가 있다. 첫째, 기존의 한국어사 자료는 물론, 한문으로 작성된 관련 자료들도 적절히 참고함으로써 의미 기술을 정밀화할 수 있다. 둘째, '교량 맥락'을 비롯한 의미 변화 이론과 '평행 사례' 등의 확인 기제를 통해 의미 변화에 대한 온당한 해석을 추구해 볼 수 있다. 셋째, 개개 어휘에 대한 어휘사 또는 의미사 기술에 기초하여 보다 거시적인 관점에서 어휘 의미 변화의 특징을 짚어볼 수 있다.

3) 한중 동형이의어에 대한 연구

서론에서 이미 현대 한중 동형이의어의 연구가 주로 의항의 비교 및 그에 따른 의미 변화의 결과 분류에 집중되어 있음을 언급하였다. 이에 여기서는 그동안의 한중 동형이의어 연구 가운데서 '통시적 고찰의 필요성'을 직·간접적으로 언급한 일부 논의들을 중심으로 살펴보고자 한다. 관련 연구로 곽추문(1998), 문련희(2007), 이단(2018) 등을 들 수 있다.

곽추문(1998)은 한중 동형완전이의어의 이질화 양상을 고찰한 논의이다. 해당 논의에서는 1990년대의 한중 동형이의어 논의 대부분이 양국 어휘의 형태와 의미 차이를 나열하고 비교하는 데 그쳤다는 사실을 언급하고, 통시적인 차원에서 의미 차이가 발생하게 된 언어 내부적 원인을 근본적으로 밝히는 데 취지를 둔다고 하였다. 이는 비교적 이른 시기에 시도된 한중 동형이의어의 통시적 연구라는 점에서 의의가 있다. 다만 상기의 연구 취지와는 달리 전반 논의가 한국어사 자료에 대한 고찰 없이 진행된 연고로, 해당 연구에서 상정된 의미 변화 원인을 입증할 만한 문헌적 증거를 보여주지 못했다는 점은 재고를 요한다. 일례로 곽추문(1998:11)에서는 '절대로, 반드시' 등의 의미를 나타내는 고대 중국어의 '斷乎'와 달리 현대 한국어의 '단호(斷乎)'가 [과단]의 의미를 나타낸다는 점, 한문 자료의 '斷乎'에서는 [과단]의 의미가 포착되지 않는다는 점에 주목하였다. 이러한 차이는 분명 흥미로운 것이기는 하나 단순히 한문 자료 '『文獻通考』: 帝曰世宗非能果斷乎 安石曰是也.' 등에 보이는 '果斷乎'에서 잘못 차용되었을 가능성만을 제기하는 데 그치고, 별도의 분석을 진행하지 않았다. 해당 논의가 통시적인 차원의 연구인 만큼, '단호'와 관련된 한국어사 자료의 용례를 간과한 연구 방법은 보완될 필요가 있다.

문련희(2007)은 현대 한중 동형어와 이형어의 의미적 차이와 공통점을 포괄적으로 대비한 논의이다. 이 가운데 동형어에는 동형 동의어와 동형 이의어가 포함되며, 이형어에는 동소 역순(同素逆順) 동의어, 일반 이형 동의어, 기타 동의어 등이 포함된다. 현대 공시적인 측면의 논의이기는 하나 현대의 한중 동형 이의어를 다룸에 있어 한자어의 본의(本義), 즉 상고문헌사료(上古文獻史料)의 의미를 기준으로, 양국 한자어의 의미 차이를 비교한 대목이 주목된다. 예컨대 문련희(2007:53)에서는 '의사(意思)'라는 한자어의 본의가 '생각'인데 현대 중국어에서는 '의미, 성의, 기분, 재미' 등 여러 의미로 전의된 반면, 한국어에서는 현재까지 본의로만 사용하였음을 언급하고, 이를 '중국에서의 의미 변화로 인한 차이'에 배속시켰다. 아울러 해당 유형 이외에 '한국에서의 의미 변화로 인한 차이', '양국에서의 의미 변화로 인한 차이' 등을 상정하였다.

이단(2018)은 현대 한중 2음절 동자이의어(이하 '동자이의어')를 품사, 의미의 측면에서 폭넓게 고찰한 논의이다. 물론 논의의 중심이 현대의 공시적인 차원에서 의미 변화의 결과를 비교하는 데 있지만, 일부 동자이의어의 의미 차이를 비교함에 있어 부분적으로 고한문 이외에 <17세기 국어사전> 등 자료를 통해 현대 이전 한국어사 문헌의 의미도 참고한 점이 주목된다. 예컨대 이단(2018:80)에서는 현대 중국어의 '신문(新聞)'이 [새로운 소식]을 뜻하는 데 반해 현대 한국어의 '신문'은 해당 의미로 거의 쓰이지 않음을 언급하였다. 아울러 <17세기 국어사전>에 제시된 <박통사언해>의 용례 '先生이 므슴 新聞이 잇ᄂ뇨'<박통사언해 하 56b>, '아므란 新聞이 업서 그저 高麗ㅅ 新事를 드런노라'<박통사언해 하 56b>를 통해 17세기 한국어 자료에 한자어 '신문'이 [새로운 소식]의 의미로 쓰인 사례가 있다는 사실도 함께 제시했다.

이상에서 짚어본 바와 같이 한중 동형이의어 연구 가운데는 비록 소략하나마 통시적 논의가 직·간접적으로 언급된 논의가 있음을 확인하였다. 대체로 현대 한국어 한자어와 동형의 고한문 어휘를 비교하는 방식을 취했으며, 일부는 한국어사 자료도 보조적으로 고려하였다. 다만 해당 연구들에서 과거의 한문 또는 한국어사 자료를 참고하는 것은 주로 현대 한국어 한자어의 의미가 과거에 존재했는지를 확인하기 위함이며, 한자어가 한국어 체계 속에서 겪은 변화 과정에 중점이 놓이는 것은 아니다.

3. 연구 방법

1) 기본 방법

어휘사 내지 어원론의 연구 방법에 대해서는 고광모(1985), 조항범 (2014), 홍윤표(2014), 문병열(2021) 등에서 전문적으로 논의된 바 있다. 이 글은 조항범(2014)에서 제시한 역사 어원론의 기본 방법인 '역사 기술 방법'을 참고하되 실정에 따라 조정하여 연구를 진행하려 한다. 조항범 (2014:15)에 따르면 어원론은 단어의 역사 전체를 정밀하게 추적하여 기술하는 학문으로, 크게 음운 대상을 주된 관심사로 하는 '기원 어원론' 과 의미 변화를 중심으로 하는 '역사 어원론'으로 구분된다. 그중 '역사 어원론'은 시기별로 갖추어진 문헌의 언어 자료(증거)를 기본으로 하며, 시기별 문헌의 언어적 증거 자료를 역사적인 관점에서 유기적으로 해석하는 방법을 '역사 기술 방법'이라 한다. 아울러 조항범(2014:49)에서 피력한 역사 기술 방법의 구체적인 전개 방식은 다음과 같다.

(1) 가. 문헌상 확인되는 최초의 출현 형태와 그 시기를 분명히 제시한다.

나. 최초형의 타당성을 확인하기 위해 현존 방언형이나 정음 표기의 예를 찾아본다.

다. 일부 차자 표기된 자료가 나타나는 경우를 제외하면 대부분의 단어는 15세기 이후 정음 문헌에 나타나는 것이 최초 출현형이 된다. 만약 최초 출현형이 차용어라면 차용 사실을 밝힌다.

라. 확정된 최초 출현형이 합성어나 파생어일 경우에는 그에 대한 형태적 분석을 통해 기원적 의미를 찾는다.

마. 형태 분석과 기원적 의미를 밝힌 후 해당 단어의 변화 과정, 즉 형태와 의미 변화에 대해 본격적으로 기술한다. 의미 변화

의 경우, 변화의 시기·과정(의미 파생의 고리)·언어 내외적 원
인을 밝힌다. 만약 해당 단어가 소실되었다면 체계 내외적 요
인에 근거하여 설명하고, 소실의 시기를 밝힌다.

위의 전개 가운데 대부분의 단어는 15세기 이후 정음 문헌의 것이
최초 출현형이 된다는 점, 최초형의 타당성을 확인하기 위해 현존 방언
형의 예를 찾는 등의 방법은 한자어보다 고유어의 어휘사 연구에 더욱
효과적이다. 주지하듯 통시적인 차원에서 한자어를 연구할 경우, 한글
문헌뿐 아니라 한글 창제 이전의 왕실 기록 등 한문 자료도 참고 대상
에 포함될 수 있다. 이에 '최초 출현형'이 15세기 이후의 정음 문헌에
만 국한된다고 단정 짓기는 어렵다. 또한 문어성(文語性)이 강한 한자어
의 특성상 방언형을 통해 그 변화를 포착하기에도 어려움이 있다.

요컨대 이 글은 한자어의 문증 양상과 그 특징을 고려하여 위의 기
본 방법을 (2)와 같이 조정하여 연구를 전개해 나가고자 한다. 물론 한
자어의 자체적인 특성에 따라 연구 순서의 변동과 절차상의 가감이 있
을 수 있다.

(2) 가. 대상 한자어의 현대 한국어적 의미를 기술하고, 그와 다소 구
　　　별되는 현대 동형 중국어의 의미를 제시한다.
　　나. 회고적인 방법으로 대상 한자어의 통시적 문증 양상을 기술한
　　　다. 폭넓은 문증 자료를 확보하기 위해 필요에 따라서는 한국
　　　의 한문 자료도 참고한다.
　　다. 문증 양상을 바탕으로, 의미 변화의 과정을 귀납하여 기술한
　　　다. 대상 한자어의 형태 변화가 포착될 경우, 형태 변화를 기
　　　술한다.
　　라. 위의 내용에 기초하여 언어 내적인 측면에서 의미 변화의 해
　　　석을 시도한다.

마. 한자어의 특성상 의미 변화를 고찰함에 있어 중국어 어휘사의
　　연구 성과도 보조적으로 참고한다.

위의 기본 방법에 따른 연구 절차를 구체화하면 다음의 (3)과 같다.

(3) 가. 연구 대상 어휘의 선정 범위, 기준과 절차를 자세히 기술한다.
　　나. 연구 대상 어휘를 중심으로 현대 한국어와 중국어의 의미 차
　　　　이를 기술하고, 본딧말[原語]의 통시적인 의미와 비교하여 그
　　　　러한 차이가 한국어에서 독특하게 생겨난 것인지, 본딧말로
　　　　부터 존속되어 온 것인지를 확인한다. 그중 한국어에서 독특
　　　　하게 나타나는 이의를 중심으로 기술한다.
　　다. 한국어에서 독특한 의미가 형성되기까지의 통시적 과정을 구
　　　　체적으로 기술한다. 아울러 의미 변화에 수반하는 형태 변화
　　　　가 확인될 경우, 해당 사항에 대해서도 함께 기술한다.
　　라. 어휘사 기술 과정에 어휘의 의미와 그 통시적 변화를 파악하
　　　　는 여러 방법에 착안하여 어휘들을 분류하여 제시한다.

아울러 이 책은 한국어사의 시대 구분에 있어서 이기문(1998/2018)의
체계를 따르기로 한다.

(4) 고대 한국어(기원 전후~10세기 초)
　　전기 중세 한국어(10세기~14세기)
　　후기 중세 한국어(15세기~16세기)
　　근대 한국어(17세기~19세기), 개화기 한국어(1890~1920년)
　　현대 한국어(20세기 이후)

2) 연구 대상 선정

어휘 체계는 열린집합에 가까우므로 그 경계를 가늠하기 어렵다. 그

렇다고 하여 연구 대상 어휘를 특정 의미 기능이나 통사 범주를 중심
으로 선정하기도 어렵다. 어휘의 의미 변화는 특정 군체와 관계없이 두
루 포착되기 때문이며, 개개의 변화 양상 또한 일정치 않기 때문이다.
이에 이 책은 다음의 선정 범위와 기준에 근거하여 연구 대상을 확정
하기로 한다.

첫째, 한중 동형이의어 가운데서도 2자 한자어(이하 '2자어')를 대상으
로 한다. 다음절어 가운데서도 '2자어'를 택한 것은 2자어가 한자어 체
계 내에서 갖는 형태적 전형성과 양적인 비중을 고려한 조치이다. 참고
로 김창섭(2001:177~178)에서는 한국어 체계 내에서 하나의 한자로는 형
태소만을 구성할 수밖에 없으며, 단어의 자격을 갖기 위해서는 2자 구
성을 이루어야만 하므로, 2자어가 한국어 한자어의 적격 형식임을 지
적한 바 있다. 아울러 적격 형식이라는 지위에 걸맞게 실제 비율상으로
도 현대 한자어 가운데 2자어의 수가 가장 많다는 사실 또한 간과하기
어렵다. 서정국(1970:133~134), 김용한(1998:18) 등의 언급에 따르면 2자어
가 한자어 체계에서 차지하는 비율은 약 60.91%라 한다. 따라서 2자
어는 그 수효만큼이나 폭넓은 범위 내에서 어휘사 기술의 관건인 '문
증 여부'를 살필 수 있다는 이점이 있다.

둘째, 연구 대상 2자어는 <국한회어·곤>(1895년, 이하 <국한회어>)의 표
제어를 대상으로 선정하였다. 이는 <국한회어>의 문헌적 특징과 연구
대상 어휘의 다양성 및 통시성을 종합적으로 고려한 조치이다. <국한
회어>의 문헌적 특징과 관련해서는 홍윤표(1985, 1986)이 참고된다. 이
글의 범위 채택과 연관되는 홍윤표(1985:1~4, 7)의 언급 몇 가지를 옮겨
본다(밑줄 필자).

(5) 가. 坤冊의 序文에서 보듯이 國漢會語는 우리나라가 外國과의 交流
　　　가 많아져서 四隣이 講和할 때에 言語를 통해서 그 情誼의 親
　　　疏가 결정되므로 <u>通譯할 基準과 틀을 설정하는 것이 一次的인
　　　것이라고</u> 생각하여 편찬된 것이다. 그래서 뒤에 "<u>交隣通譯하
　　　난 方엔 萬一之助가 庶或하올덧</u>"이라고 이 사전의 效用까지도
　　　<u>言及</u>하고 있는 것이다.
　　나. 國漢會語는 <u>1895년[坤冊·序: "大朝鮮開國五百四年 乙未秋 八月
　　　上澣 序"]</u>에 李準榮·鄭玹·李琪榮·李明善·姜璡熙에 의하여 편찬
　　　된, <u>우리나라 사람에 의해서 우리 國語를 標題語로 하여 편찬
　　　된, 最初의 國語辭典</u>이다.
　　다. (國漢會語에 수록되어 있는) 單語는 <u>고유어, 한자어 등을 다 포
　　　괄하여 싣고 있다.</u> [……] <u>漢字語를 제외한, 歐美系統의 外來語
　　　는 실려 있지 않다.</u>

　위의 내용 가운데 (5가)는 <국한회어>의 '편찬 의도'를 잘 보여준다. 예컨대 서문에 제시된 '교린통역' 등의 대목은 해당 문헌에서 원활한 소통, 즉 실용의 목적이 우선시되었음을 시사한다. (5나)는 <국한회어>의 문헌적 가치를 보여주는 대목이다. <국한회어>가 한국 최초의 한국어 사전(또는 한중 이중어 사전)이라는 점 자체만으로도 가치가 인정되지만, 이 글의 취지와 관련하여 그 편찬 시기가 1895년으로, '개화기 한국어'에 해당한다는 사실이 특히 주목된다. 한국어사 논의에서는 흔히 현대 한국어 이전까지의 모습을 고찰하므로, 시기적으로도 맞물린다. 물론 '개화기 한국어'만을 대상으로 한다면, 이 시기의 어휘는 김형철(1999: 115)에서 언급한 바와 같이 (이전 시기의 전통적인 차용 한자어보다는) '서구 사상과 문물의 수입에 따른 신어휘'와 '일본계 어휘'의 급증을 특징으로 한다. 그러나 어휘사적 연속성을 고려하면, 개화기부터 전대로 소급되는 한자어를 회고적으로 살필 수 있는 계기를 마련해 준다. (5

다)는 <국한회어> 표제어의 특징과 관련된 것으로, 구미 계통의 외래어 대신 고유어와 한자어 중심으로 수록되어 한자어의 선정에 유리함을 말해 준다. 또한 기존의 해제에서 특기하지는 않았지만 <국한회어>는 하나의 표제어에 대하여 여러 개의 정의용 어휘(메타언어)를 설정함으로써 표제어의 의미를 명확하게 제시하고자 했던 노력이 돋보인다. 예컨대 '약간 若干 少許 如干'(208)과 같은 풍부한 뜻풀이는 어휘의 의미 변화를 관찰하는 데 중요한 단서를 제공해 준다.

셋째, 이 글은 연구 대상 2자어의 선정 기준으로 '의미 차이'와 '한국어사 자료에서의 문증 여부'를 상정하였다. 먼저 '의미 차이'의 경우, 외연이나 의미 가치를 달리하는 기존의 부류는 물론, 용법의 차이가 의미의 차이로 이어질 수 있음을 고려하여 연어 관계를 달리하는 등 용법상의 차이를 보이는 부류도 포함하였다. 한편, 2자어의 '의미 차이'를 확인함에 있어서는 한중 동형이의 한자어의 특성상 현대 중국어로부터 현대 이전의 한문, 즉 본딧말에 소급하는 통시적 다의(多義)와 현대 한국어의 의미를 비교하는 방식을 취했다. 이러한 비교 방식을 택하는 것은 현대의 한중 동형어에서 파악되는 '이의'가 한국어 체계 내에서 생겨난 독특한 의미인지, 아니면 본딧말의 의미로부터 존속되어 온 것인지를 확인하고, 특히 전자에 가중치를 두기 위함이다.

다음, '의미 차이'를 보이는 2자어들을 대상으로, 후기 중세부터 개화기에 이르는 한국어사 자료에서의 문증 여부를 확인하였다. 현대의 한중 동형이의어 가운데 자주 사용되는 어휘라 할지라도 과거의 문헌을 통해 문증 양상을 살필 수 없다면, 그것이 통시적으로 어떠한 문맥 속에서 어떠한 용법을 지녔는지 확인할 수 없으므로, 그러한 이의를 형성하기까지의 과정 또한 기술하기 어렵다. 어휘사적 연구가 문헌 자료를 중심으로 진행되는 만큼, 대상 어휘의 통시적인 용법을 보여 줄 수 있는 문례(文例)가 필수적으로 뒷받침되어야 한다. 참고로 조항범(2014: 15)에서는 '역사 어원론'의 학문적 성격에 대하여 '문헌의 언어 자료(증거)에 전적으로 기댈 수밖에 없는 학문'임을 지적한 바 있다. 특히 문헌의 언어 자료를 떠나 어원 연구를 운운할 수 없고, '언어 자료가 시기별로 갖추어 있지 않아도 어원 연구가 충실하게 진행될 수 없다'는 언급에서도 강조되었듯 용례의 시기가 다양할수록 어휘사 기술에 더욱 유리하다는 것은 자명한 이치이다.

상기의 범위와 기준에 따른 어휘 선정의 구체적인 절차를 보이면 다음과 같다.

먼저 <국한회어>의 표제어 가운데 한국과 중국의 현대어 사전인 <표준국어대사전>과 <현대한어사전>(제7판)에서 의미 차이가 파악되며, 한국어사 자료에서 문증 가능한 어휘들을 선별하였다. 특히 여기서 '의미 차이'라 함은 주로 현대 한국어 한자어의 어떤 의미가 동형의 현대 중국어에서는 잘 쓰이지 않는 의미에 해당하는 경우를 가리킨다. 예컨대 '각박'의 경우, 현대 한국어에서 '세상 인심이 각박하다'와 같이 [인정이 없음]으로 쓰이는 것은 현대 중국어와 다를 바 없지만, 이외에 '각박한 땅'처럼 [척박함]의 의미로도 쓰인다는 점에서 구별된다. 요컨대 현대 한국어 한자어 '각박'이 나타내는 [척박함]은 동형의 현대 중국어와 비교하여 차이나는 의미라 할 수 있다. 이러한 선별 과정을 거쳐 <국한회어>에서 일차적으로 추려낸 결과를 정리해 보이면 <어휘목록 1>과 같다.

〈어휘 목록 1〉

	현대 한국어	현대 중국어
가관(可觀)	[비웃음]	(긍정적)[굉장함]
가사(家事)	[살림살이]	[집안의 대소사]
각별(各別)	(긍정적) [특별함]	[각각] (부정적)[특별함]
각박(刻博)	[척박함]	[인정(人情)이 없음]
각오(覺悟)	[마음의 준비]	[깨달음]
객기(客氣)	[객쩍게 부리는 혈기]	[예의 바름]
경황(景況)	[정신적·시간적 여유]	[생활 형편]
공교(工巧, 奇巧)	[우연함]	[정교함]
공부(工夫)	[학습]	[시간] [여유]
구차(苟且)	[가난함]	[대충함]
긔어이하다(期於爲之)	[반드시][끝내]	[희망함]
긔특(奇特)	[언행이 신통하여 귀염성 있음]	[특이함]
과분(過分)	(긍정적)[분에 넘침]	(부정적)[지나침]
덕성(德性)	[어질고 너그러운 성질]	(용모나 언행을) [비웃음]
도저(到底)	[아무리 하여도]	[도대체]
란리(亂離)	(비유적)[작은 소동]	[전란으로 헤맴]
로파(老婆)	[늙은 여자]	[아내]
류렴(留念)	[마음속에 명기함]	[기념]
방심(放心, 安心)	[부주의]	[안심]
서방(書房)	(호칭어)[남편]	[서재]
신세(身世)	[도움 받음]	[불행한 처지]
악착(齷齪)	[끈기]	[비루함/더러움]
약간(若干, 少許, 如干)	[소량]	[부정량]
은근(慇懃)	[은밀함]	[극진함]
이왕(已往)	[기정]	[예전]
인간(人間)	[사람]	[세상]
일절(一切)	(부정/금지) [절대]	[전부]
장황(張皇)	[길고 번거로움]	[허둥지둥]
점심(点心)	[정외][끼니]	[떡이나 과자]
정녕(丁寧)	[정말로]	[부탁함]
제일(第一)	[가장]	(순서나 순위의)[첫째]
조심(小心)	[주의함]	[걱정함]
조작(造作)	[거짓을 꾸밈]	[가식]
종용(從容)	(<조용)[고요함]	[침착함]
풍류(風流)	[음악]	[걸출함][방탕함]
필경(畢竟)	[마침내]	[어디까지나]
하필(何必)	[공교롭게도]	[구태여~할 필요 없음]
합당(合當)	[적합함]	[응당]

혹자(或者)	[어떤 사람]	[혹은]
희한(稀罕)	[신기함]	[좋아함]
황홀(恍惚)	[화려함]	[어지러움]

아울러 <어휘 목록 1>에 들어있는 한자어, 즉 현대 중국어의 동형어와 차이를 보이는 현대 한국어 한자어의 의미가 과연 한국어 체계 내에서 독특한 의미 변화(또는 분화)를 겪은 결과인지 확인해 볼 필요가 있다. 이에 현대 한자어의 의미를 한문의 통시적 의미가 반영된 <한어대사전>의 뜻풀이와 비교하는 작업을 거쳤다. 현대 한자어의 의미가 한문(또는 중국어)의 통시적 의미와 합치되는 경우, 한국어사 연구의 대상이 아니므로 제외하였다. 해당 경우에 속하는 것으로, <어휘 목록 1>에서 배제된 단어를 나열하면 (6)과 같다.

(6) 각별(各別) (긍정적) [특별함]
    객기(客氣) [객쩍게 부리는 혈기]
    과분(過分) (긍정적)[분에 넘침]
    덕성(德性) [어질고 너그러운 성질]
    로파(老婆) [늙은 여자]
    류렴(留念) [마음속에 명기함]
    제일(第一) [가장]
    조심(小心) [주의함]
    조작(造作) [거짓을 꾸밈]
    필경(畢竟) [마침내]
    혹자(或者) [어떤 사람]
    희한(稀罕) [신기함]

예컨대 (6)의 한자어 '덕성(德性)'은 앞서 <어휘 목록 1>에 제시된 바와 같이 [어질고 너그러운 성질]을 뜻한다는 점에서 (타인의 용모나 언행을) [비웃음]을 뜻하는 동형의 현대 중국어와 구별된다. 다만 [어질 고 너그러운 성질]은 '故君子尊德性而道問學'<禮記·中庸>과 같이 한문 에서 확인되는 의미로, 연구 대상에 포함하지 않았다. 이러한 과정을 거친 후의 결과를 정리해 보이면 <어휘 목록 2>와 같다.

<어휘 목록 2>

가관(可觀)	긔어이하다(期於爲之)	약간(若干, 少許, 如干)	종용(從容)
가사(家事)	긔특(奇特)	은근(慇懃)	풍류(風流)
각박(刻博)	도저(到底)	이왕(已往)	하필(何必)
각오(覺悟)	란리(亂離)	인간(人間)	합당(合當)
경황(景況)	방심(放心, 安心)	일절(一切)	황홀(恍惚)
공교(工巧, 奇巧)	서방(書房)	장황(張皇)	
공부(工夫)	신세(身世)	점심(点心)	
구차(苟且)	악착(齷齪)	정녕(丁寧)	

주지하듯 문헌 중심의 어휘사(또는 의미사)를 구체적으로 다루기 위해 서는 의미 변화의 양상을 고찰할 수 있는 다양한 용례들이 확보되어야 한다. 물론 <어휘 목록 2>의 어휘들이 비록 한국어사 자료에서 확인되 는 것이기는 하지만, 현재 확보 가능한 자료를 기준으로, 아래의 (7가) 와 같이 한국어 체계 속의 어떤 독특한 의미가 현대 이전의 한국어사 자료에서 문증되지 않는 경우, (7나)와 같이 문헌 자료에 특정 용례가 압도적으로 나타나는 대신 여타 의미가 쉬이 확인되지 않는 연고로 변 화 과정에 대한 점진적 기술이 어려운 경우, (7다)와 같이 해당 문증 범위 내에서 기존 의미와 독특한 의미 사이의 뚜렷한 변별 지점을 가 려내기 어려운 경우가 적지 않았다.

(7) 가. 각박(刻博) 각오(覺悟) 악착(齷齪)[6]

나. 공부(工夫) 긔특(奇特) 도저(到底) 란리(亂離) 풍류(風流) 정녕
(丁寧) 점심(点心) 서방(書房) 신세(身世) 인간(人間)[7] 장황(張
皇)

다. 합당(合當) 가사(家事) 종용(從容/조용)

예컨대 '각박'의 [척박함]이나 '각오'가 나타내는 [마음의 준비] 등은
현대 한국어 한자어에서 포착되는 독특한 의미이지만, 현대 이전의 한
국어사 자료에서는 그 예를 찾아보기 힘들다. 한편, '풍류'가 갖는 [음
악]의 의미 역시 독특한 것이지만, 해당 용례가 압도적으로 나타나는
대신 기타 의미가 쉬이 확인되지 않아 의미 변화를 기술하는 데 어려
움이 있다. 이밖에 '합당(하-)'의 경우, [적합함]에 특화되어 있다는 점에
서 [응당]을 나타내는 현대 중국어의 '合當'과 구별된다. 그러나 '合'과
'當'자 각각에 [적합함]과 [응당]의 의미가 모두 내포되어 있으므로, 한
국어사 자료의 '합당(하-)' 관련 용례에서 이 두 의미를 정확히 구별하
기란 쉽지 않다. 이러한 원인으로 말미암아 해당 어휘들을 연구 대상에
포함하지 않았다.

---

6   한국어사(한글) 자료 속 '악착(齷齪)'은 아래에 제시된 바와 같이 대체로 17세기 중반부터
확인되며, 부정적 의미인 [더럽고 흉악함]으로 사용되었음을 본다.
¶ 휘 졍 냥 미즈드려 ㅎ[흔]가지로 니ᄅ쇼셔 이년 신튝 윤칠 슌칠일 <u>악착흉녕흔</u>
쟝은 보내라 ᄒ야시매 이러 나아간다 <1661, 숙명-10 현종(남동생)→숙명공주(누
나)>
아울러 20세기 초까지도 [비루함]이나 [더럽고 흉악함] 등 의미가 압도적이었으며, 현대에
긍정적 의미로 쓰이는 [끈기]의 의미는 쉬이 확인되지 않았다. 이러한 점으로 미루어 20세
기 초 이후에 '의미 차용'이 이루어졌을 가능성이 있다. 다만 이 책은 15세기부터 20세기
초 한국어사 자료의 문증 양상에 기초하므로, 이에 대해서는 더 이상 천착하지 않기로
한다.
7   '인간(人間)'이 지닌 [사람]의 의미가 일본어의 영향에 의한 것일 가능성에 대해서는 최준
호·황정수(2016)에서 어휘사적으로 논증한 바 있다.

요컨대 <어휘 목록2>에서 (7)의 경우를 제외하면, 다음의 <어휘 목록 3>을 얻게 된다.

〈어휘 목록 3〉

가관(可觀)	구차(苟且)	약간(若干)	일절(一切)
경황(景況)	긔어이하다(期於)	은근(慇懃)	하필(何必)
공교(工巧, 奇巧)	방심(放心)	이왕(已往)	황홀(恍惚)

이 책은 기본적으로 <어휘 목록 3>의 어휘들을 대상으로 연구를 진행할 것이다. 다만 여기에는 아래의 (8가)와 같이 '용례가 풍부하면서도 기존에 논의되지 않았거나 (8가)과 같이 논의가 충분치 않은 어휘'(이하 '주요 어휘'), (8나)와 같이 통시적 의미 변화가 어느 정도 포착되기는 하지만 용례가 상대적으로 적은 어휘, (8나)처럼 기존의 어휘사 논의에서 이미 통시적으로 다루어진 어휘(이하 '참고 어휘')들이 혼재한다.

(8) 가. 공교(工巧, 奇巧) 긔어이하다(期於) 방심(放心) 은근(慇懃) 이왕
     (已往) 일절(一切)
    가'. 약간(若干) / <u>여간(如干)</u>
    나. 가관(可觀) 경황(景況) 구차(苟且) 황홀(恍惚)
    나'. 하필(何必)

특히 위의 (8가)에 제시된 '약간(若干)'과 관련해서는 마원걸(2021)의 의미 변화 원인 분석에 재검토가 필요하다는 점, <국한회어>에서 '약간'의 메타언어로 제시된 동원어 '여간'의 현대 한국어적 의미 또한 한문과 차이를 보이는 등 통시적 고찰이 필요하다는 점, 그에 수반하여 '약간'과 '여간'의 통시적 의미 분화 고찰이 가능하다는 점 등을 종합적

으로 고려하여 '약간'과 그 메타언어인 '여간'을 연구 대상에 포함하기
로 한다. 아울러 (8나)의 '하필(何必)'에 대해서는 김한별(2019)에서 구체
적으로 논의된 바 있음을 미리 밝힌다.

이에 이 글은 통시적 의미 변화 연구의 중점을 (8가, 가')의 주요 어
휘들에 두는 한편, (8나, 나')의 참고 어휘들에 대해서는 아래에 제시될
'연구 대상 분류 기준'에 근거하여 해당 부류의 하위에서 간략히 언급
하기로 한다.

3) 연구 대상 분류

본 연구는 여러 한자어들의 다양한 의미 변화 과정을 포괄한다. 요
컨대 연구 대상 한자어 개개의 의미 변화 과정을 탐구한 데 이어 그 결
과를 일정한 기준에 따라 분류하여 제시할 필요가 있다. 이에 이 글은
문헌 자료를 중심으로 어휘(여기서는 한자어)의 의미와 그 통시적 변화를
관찰하는 실제 방법에 착안하여 분류 기준을 설정해 보려 한다. 구체적
으로 다음과 같다.

주지하듯 어휘사 연구에서 행해지는 통시적 의미 변화 고찰은 주로
문헌상의 용례, 즉 문장을 중심으로 이루어진다. 아울러 특수한 경우를
제외하고, 한국어의 문장은 단어와 단어 사이를 문법 형태가 이어주는
방식으로 실현된다. 요컨대 문장 속에 놓인 어떤 어휘의 의미 내지 의
미 변화는 결국 연구 대상 어휘가 문장 속 여타 요소들, 이를테면 기타
어휘 또는 문법 요소와 맺는 관계 속에서 파악되는 것이라 하겠다. 여
기에 보태어 2자 한자어의 특성상 그것을 구성하고 있는 한자 개개의
의미, 한문 문법과 연관된 내적 구조 등을 감안하면, 한자어의 의미 변

화를 '어휘 내부'라는 측면에서도 관찰할 필요가 있다. 즉 개별 2자 한자어의 의미 변화 과정은 다양하지만, 그러한 의미 변화 과정을 파악하는 방법은 다음의 (9)와 같이 대별될 수 있을 것이다.

> (9) 가. 연구 대상 어휘 내부에서 파악되는 의미 변화가 있는가?
> 　　 나. 연구 대상 어휘와 기타 어휘적 요소의 통합 관계에서 파악되는 의미 변화가 있는가?
> 　　 다. 연구 대상 어휘와 문법적 요소의 통합 관계에서 파악되는 의미 변화가 있는가?

이에 실제 연구 사례[8]와 결부하여 (9)에 제시된 각 관찰 방법의 구체적인 의미와 필요성에 대해 피력하기로 한다. 먼저 (9가)와 관련하여, 2자 한자어의 특성상 그 의미는 합성성 원리를 준수하지 않는 연면사(후술) 등의 특수한 경우를 제외하고는 대체로 구성 한자 각각의 의미(또는 기능)와 그에 적용되는 한문의 문법 규칙 또는 내적 구조를 통해 파악됨을 상기할 필요가 있다. 간단한 예시로 '讀書'의 경우, [읽음]의 뜻을 지닌 '讀'과 [책]의 뜻을 지닌 '書'가 이른바 술목구조를 이루므로, 이 한자어가 [책을 읽음] 정도의 의미임을 알 수 있다. 이처럼 2자 한자어의 의미가 일반적으로 구성 한자 개개의 의미(기능) 및 내적 구조의 작용으로 시현됨을 감안하면, 동형이의어를 비롯한 한자어의 의미 변화가 구성 한자의 의미(기능) 변화 또는 내적 구조의 변화에 기인한 것

---

8 이 부분의 핵심은 상기의 파악 방법이 동형이의어를 비롯한 2자 한자어의 의미와 그 변화를 파악하는 데 유효함을 논증하는 데 있다. 이에 기술의 중복을 피하고자 여기서는 가급적 연구 대상 어휘(본문에서 다룸) 이외의 사례를 들기로 하며, 설명의 편의상 사례 한자어의 범위를 '동형이의어'에 국한하지 않기로 한다.

일 가능성을 타진해 볼 수 있다. 아래 '내적 구조 변화'의 일례로 마원걸·이강혁(2022)에서 다룬 한자어 '소중(所重)하다'를 간단히 들어 본다.

마원걸·이강혁(2022)에 따르면, 한문(또는 중국어) 문헌에서 확인되는 동형의 '所重'은 [所+VP] 구성에 기반한 명사구로, [중시하는 것] 정도의 의미를 나타낸다. 이와 달리 한국어 체계 속의 '소중-'은 비자립적인 어근으로, [귀중함]을 뜻하는바 형태·의미적 차이를 보인다. 이에 마원걸·이강혁(2022)에서는 15세기부터 '重'에 파생접미사 'ᄒᆞ-'가 통합한 '重ᄒᆞ-'가 동사로 사용된 예, 이를테면 '*重ᄒᆞᄂᆞᆫ' 등이 확인되지 않는바 '동사성'을 상실해 가는 한편, '重ᄒᆞ-'의 형용사적 쓰임이 강세였다는 점을 지적하였다. 다음의 예문 (10가)를 보자.

(10) 가. 七寶ᄂᆞᆫ 人間世예 <u>重히 ᄒᆞ논 배</u>라(七寶ᄂᆞᆫ 人間世之<u>所重</u>也ㅣ라) <1482 금강경삼가해 1:4a>

나. 셰곡 장ᄌᆡ와 ᄌᆡ목 슈운이 다 <u>소듕</u>이 잇ᄉᆞᆸ고 병션 브리ᄋᆞᆸ기 ᄯᅩᄒᆞᆫ 젼녜 만ᄉᆞ오니 소보ᄃᆡ로 허시ᄒᆞ오ᄃᆡ(裝稅運木俱有<u>所重</u>兵船使用亦多前例 依所報許施) <정의-화성 40:51b>

다. 비록 만국 공법이 이시나 공법도 ᄯᅩᄒᆞᆫ 현져히 어길 거시니 이ᄂᆞᆫ ᄉᆞ신의 ᄎᆡᆨ임이 <u>소듕ᄒᆞ</u>지 아니ᄒᆞ랴(雖知有公法 而公法且顯違也 是則使臣之責任 不綦<u>重</u>哉) <1884 이언언해 3:28b>

위의 예문 (10가)는 후기 중세에 원문 속 '重'의 동사성(動詞性)을 의식하였으나 '重ᄒᆞ-'만으로 그러한 동사성을 나타내기 어려웠음(즉 '重ᄒᆞ-'가 형용사로만 쓰임)을 시사한다. 이렇듯 한국어 체계 속 '重ᄒᆞ-'의 동사성 상실은 '所'자 구성에 반드시 동사(구)가 후행해야 한다는 동사 후행 제약[所+VP]의 동요를 초래하였고, 그후 (10나)와 같이 '所'자가 지녔던 관계화(명사화) 기능까지 약화되는 단계를 거쳐 궁극적으로는 오늘날의 형태에 가까운 (10다)의 형용사 어근 '소중-'을 이루었다는 분석이다. 이에 현대 한국어의 '소중하-'가 [귀중함]을 나타내게 된 것은 형용사 '重 (하-)'에 내포된 [귀중함]의 의미를 이어받은 결과이며, [중시함]을 뜻하는 동사 '重'자의 의미와는 무관함을 상정한 것이다. 여기서 '所'자 구성 속 동사 후행 제약의 동요, 구조조사 '所'의 관계화 기능 상실 등 내적 구조의 변화가 한문과는 다른 '所重'의 의미를 형성하는 데 일조하였을 가능성이 주목된다. 이는 어휘 내부의 변화라는 측면에서 연구 대상 어휘의 의미와 그 변화에 접근해 볼 수 있음을 시사한다.

이어서 (9나)에 제시된 관찰 방법을 설명하기로 한다. (9나)에서 '어휘적 요소'란 문장 속에서 어휘적 의미 또는 개념적 의미를 나타내는 요소를 가리킨다. 단, 이 글에서는 '아니-', '(-지) 말-' 등 부정 서술어의 경우, 흔히 '안', '못'과 같이 부정문의 형성에 참여하는 부정소로 처리됨(김송희 2014:1, 이지수 2016:130)을 감안하여 이들을 '어휘적 요소'보다는 '문법적 요소'로 간주하려 한다. 아울러 '연구 대상 어휘와 어휘적 요소의 통합 관계'라 함은 광의적 '연어 관계',[9] 즉 '한 문장 안에서 일정한 거리를 두고 어울려 쓰는 단어의 결합 관계'(한영균 2002:143)로 정의될 수 있다. 연어 관계 속에서 연구 대상 어휘의 의미 또는 그 변화를 확인하는 것은 기존의 어휘사 연구에서 흔히 취해 온 방법이며, 그와 관련된 사례 또한 적지 않다. 여기서는 참고로 '잠깐(>잢간, 暫間)'의

---

[9] 현대 한국어 '연어'의 정의, 범위, 판별 기준, 통사·의미적 특성 전반에 걸친 쟁점에 대해서는 이선웅(2012:266~272)이 참고된다. 이 글은 단지 '의미 변화가 관찰되는 어휘와 어휘 사이의 유의미한 공기 관계'라는 측면을 중시하여 해당 용어를 사용한 것이다. 아울러 의미 변화 분석의 실제에 비추어 여기서 '연어 관계' 속에서 의미 변화를 파악한다는 것은 사실상 '논항과 서술어' 사이, '부사와 수식 대상' 사이에서 포착되는 의미 양상을 분석하려는 의도임을 밝힌다.

예를 들어 본다.

'잠깐(>잢간, 暫間)'의 통시적 의미 변화 양상과 관련해서는 이효윤(2019)에서 다룬 바 있다.[10] 이효윤(2019:110~114)에서 언급하였듯 현대 한국어의 '잠깐'은 '얼마되지 않는 매우 짧은 동안', 즉 [짧은 시간]으로 풀이되며, 이러한 의미는 다음의 (11)에서 보듯 15세기부터 확인되어 오늘에 이른다.

> (11) 가. 利히 뿌미 力이오. 잢간 니로미 作이오(利用爲力 乍起爲作)
>   <1459 월인석보1:100b-101a>
>   나. 드리 차 나흘 제 슈괴 그지 업고 됴ᄒᆞ며 구조미 잠깐 ᄉᆞ이예
>   인ᄂᆞ니(月滿生時 受諸痛苦 須臾好惡 恐爲無常) <1563 부모은
>   중경:12a-12b>
>   다. 도ᄉᆞ 왈 그듸 엇지 남를 슈니 아ᄂᆞ다 잠깐 죠웅을 보니 압피
>   ᄂᆞ 용홍지상니요 <됴웅전完 38 3:25b>

그런데 15세기의 한국어사 자료에서부터 이미 (11)과는 다른 의미, 즉 [짧은 시간]으로 해석되기 어려운 '잠깐'의 용례가 확인된다. 다음의 (12)를 보자.

> (12) 가. 川大黃 석 兩을 사ᄒᆞ라 잢간 봇고 거머리 셜흔 나츨 봇가 잢
>   간 노ᄅᆞ게 ᄒᆞ고(川大黃三兩剉碎微炒 水蛭三十枚炒令微黃) <1466
>   구급간이방 상:85b>
>   나. 간장은 슈픠되니 비치 프르고 잠깐 쟉고(肝爲水疱色靑稍小)
>   <1608 두창 상:2b-3a>

---

10 해당 논의에서는 '잠깐'의 통시적 다의 양상을 기술하는 데 가중치를 두었다고 할 수 있다. '잠깐'의 형성 내지 의미 변화를 이끈 내적 원인과 관련해서는 필자의 후고에서 별도로 자세히 다룰 것임을 약속한다.

다. 인은 [은언군이라] 나히 <u>잠깐</u> <u>만흐되</u> 샹히 질병에 얽히이고
(而禛風露所祟 不幸早死 禍年紀差長 疾病常纏) <1778 속명의 2:
6a>

위의 (12)에서 밑줄 그은 바와 같이 부사 '잢간/잠깐'이 형용사 '노
ᄅ-', '쟉-', '많-'을 수식하고 있다. 따라서 이때의 '잢간/잠깐'은 [짧은
시간]을 나타내는 것이 아니라 '조금'이나 '약간' 등에 대당하는 [약한
정도]의 의미로 쓰인 것임을 알 수 있다. 이처럼 [약한 정도]를 나타내
는 '잠깐'은 오늘날 이미 사라진 용법으로, 문헌상 18세기까지 확인된
다고 한다. 해당 사례는 연어 관계 속에서 연구 대상 어휘의 의미와 그
변화를 효과적으로 파악할 수 있음을 단적으로 보여 준다.

마지막으로 (9다)의 파악 방법에 대해 짚어 보기로 한다. 위에서 '아
니-', '(-지) 말-' 등의 부정 서술어들이 흔히 부정문의 형성에 참여하는
'부정소'로 처리됨을 감안하여 이들을 문법적 요소로 간주할 것임을 언
급하였다. 따라서 (9다)의 '문법적 요소'란 조사나 어미 등 기존의 문법
적 의미를 나타내는 요소 이외에 부정소까지 포함하는 개념이 된다. 아
울러 (9다)에서 '연구 대상 어휘와 문법적 요소의 통합'이라 한 것은
단순히 체언에 조사가 통합하거나 용언에 어미가 통합하는 등의 통사
규칙에 한정되는 것이 아니라 '일정한 문법 요소에 의해 실현되는 '구
문' 내에 연구 대상 어휘가 놓여 있는 경우'를 염두에 둔 것이다. 일정
한 문법 요소에 의해 실현되는 '구문'의 예시로, 보조사 '-도'나 연결어
미 '-(아/어)도'에 의해 실현되는 '양보 구문', 연결어미 '-(으)면'에 의
해 실현되는 조건 구문, 부정소 '아니-/말-' 등에 의해 실현되는 '부정
구문' 등을 들 수 있다. 아래 특정 구문 속에서 어휘의 의미와 그 변화

를 파악할 수 있음을 보여 주는 사례로 '시혹(時或)'의 경우를 들어 본다. 아래의 (13)에서 보듯 이전 시기 한문(또는 백화문)의 '時或'은 [때로] 정도의 의미를 갖는 부사로 사용되었다.

> (13) 가. [周公]時或待士卑恭, 不驕白屋人, 則言其往候白屋. 漢 王充 <論
>   衡·語增>
>   나. 以後雖是時或有個信來, 再不能勾見他一面了. <二刻拍案驚奇卷七>

이와 달리 '時或'에 대응하는 한자어 '시혹'은 후기 중세 한국어 자료에서 흔히 '或', '若' 등의 대역어로 등장하여 [나열]을 나타내는 경우가 일반적인 가운데 특히 [가정]의 부사로도 사용되었다는 점이 주목된다. 이와 관련해서는 이숙경(2002)에서 언급된 바 있어 참고된다. 다음의 (14)를 보자.

> (14) 가. 禪天은 思食이니 食이 니르거든 <u>시혹</u> 오직 ᄉ랑ᄒ면 빈브르
>   ᄂ니라(禪天則思食 食至 <u>或</u>但思之ᄒ면 則飽ᄒᄂ니라)<1461,
>   능엄경언해 8:4b>
>   나. <u>시혹</u> ᄂ미 마ᄅᆞᆯ 因티 아니ᄒ야 제 非常ᄋᆞᆯ 아라 마초아 緣이
>   흗거든 眞ᄋᆞᆯ 알씨 일후미 緣覺이니(<u>或</u>有不因他說 自悟非常 偶
>   緣散而體眞 故名緣覺) <1464, 선종영가집언해 42b>

이숙경(2002:52~53)에 따르면, 후기 중세 한국어의 '시혹'은 연결어미 '-거나'나 보조사 '-나'가 실현된 구문, '시혹'이 반복되어 나타나는 구성 속에서 '혹은', '또는' 등 [나열]의 의미를 나타내는 경우가 대부분이라 한다. 이에 비해 '시혹'이 조건절에서 단독으로 실현될 경우에는 위의 (14)와 같이 가정의 연결어미 '-면', '-거든'과 호응하는 '가정 구

문'이 가장 많이 나타난다고 한다. 이처럼 단독으로 쓰이는 '시혹'이 가정 구문의 형성에 활발히 참여한다는 사실로 미루어 이를 [가정]의 부사로 파악할 수 있다. 요컨대 연구 대상 어휘가 사용된 특정 구문을 통해서도 그 의미와 변화가 면밀히 파악될 수 있음을 확인하였다.

상기의 관찰 방법과 개념 설정을 토대로, 이 글의 연구 대상 분류 기준을 정리해 보이면 다음의 (15)와 같다.

> (15) 가. 한자어 내부에서 파악되는 의미 변화
> 나. 연어 관계에서 파악되는 의미 변화
> 다. 구문 층위에서 파악되는 의미 변화

이에 1.3.2에서 제시했던 이 글의 연구 대상 어휘들을 (15)의 기준에 따라 분류한 결과를 간단히 언급하기로 한다. (15가)에 해당하는 주요 어휘로 '기어(期於)'와 '일절/일체(一切)'가 포함되며, 참고 어휘로 '하필(何必)'을 들 수 있다. (15나)에 해당하는 주요 어휘로 '공교(工巧)', '은근(慇懃)'이 포함되며, 참고 어휘로 '가관(可觀)', '구차(苟且)', '황홀(恍惚)', '경황(景況)'을 들 수 있다. (15다)에 해당하는 주요 어휘로 '이왕(已往)', '약간(若干)', '여간(如干)', '방심(放心)'이 포함된다. 이를 도표로 정리하면 아래의 <표 1>과 같다.

〈표 1〉 연구 대상 어휘의 분류 결과

선정 범위	<국한회어> 수록 동형이의 2자 한자어	
구분 분류 기준	주요 어휘	참고 어휘
한자어 내부	기어(期於) 일절/일체(一切)	하필(何必)
연어 관계	공교(工巧) 은근(慇懃)	가관(可觀) 구차(苟且) 황홀(恍惚) 경황(景況)

구문 층위	이왕(已往) 약간(若干)	
	여간(如干) 방심(放心)	

4. 논의 구성

이 책의 전반 구성은 다음과 같다. 제1장에서는 연구 목적, 연구사, 연구 방법을 자세히 언급하고, 인용 자료를 정리하여 제시한다. 다음, 연구 방법에서 제시한 연구 대상 분류 기준에 따라 연구 대상 어휘들을 각각 한자어 내부에서 파악되는 의미 변화(제2장), 언어 관계에서 파악되는 의미 변화(제3장), 구문 층위에서 파악되는 의미 변화(제4장) 등으로 나누어 자세히 기술하고 분석한다. 마지막 제5장은 결론으로, 이 책의 주요 내용을 요약하고 한계를 피력한다.

5. 인용 자료

① 15세기

1447년	용비어천가
1447년	석보상절
1459년	월인석보
1460년	몽산법어언해
1462년	능엄경언해
1463년	법화경언해

1466년	구급방언해
1467년	목우자수심결
1469년	육조법보단경
1481년	초간 두시언해
1482년	금강경삼가해언해
1482년	남명집언해

② 16세기

1517년	번역노걸대
1518년	번역소학
1522년	법집별행록
1567년	몽산화상육도보설
1573년	내훈
1576년	신증유합
1577년	초발심자경문
1578년	간이벽온방
1583년	석봉 천자문
1587년	소학언해
1590년	맹자언해
15XX년	장수경언해

③ 17세기

1608년	언해두창집요

1610년	송광사판 선가귀감언해
1617년	동국신속삼강행실도
1632년	가례언해
1632년	중간 두시언해
1633년	두창경험방
1649~1696년	나주임씨 임창계 선생 묵보
1658~1700년	이동표가 언간
1663년	두창경험방
1670년	노걸대언해
1676년	첩해신어
1682년	마경초집언해
1690년	역어유해
1697년	선찰
16xx년	계축일기
16xx년	사씨남정기
16xx년	현풍곽씨언간
16xx년	진주하씨묘출토언간
16xx년	서전언해
17~18세기	명힝정의록
17~18세기	완월회맹연

④ **18세기**

1703~1705년	유년공부

1720년 이후	조야첨재
1721년	오륜전비언해
1732년	언찰유묵
1736년	여사서언해
1737년	어제내훈
1748년	개수첩해신어
1756년	어제훈서언해
1756년	천의소감언해
1756년	은진송씨 송준길 가문 한글 간찰
1757년	어제계주윤음
1760년경	손방연의
1760년	보현행원품
1760년	무목왕정충록
1762년	어제경세문답언해
1762년	지장경언해
1765년	박통사신석언해
1770년	한청문감
1774년	삼역총해
1775년	역어유해보
1776년	염불보권문
1778년	방언유석
1781년	왜어유해
1748년	중간첩해신어
1782년	유중외대소신서윤음

1784년	정조 윤음언해
1788년	고금석림·낙민어록
1790년	인어대방(조선간본)
1792년	증수무원록언해
1795년	중간노걸대언해
1795년	한중록
17XX년	을병연행록
17XX년	선진일사
17XX년	ᄌᆞ티통감
17XX년	가정본 삼국지 번역 필사본
17XX년	개벽연의 번역 필사본
17XX년	명주보월빙
18~19세기	고문진보언해

⑤ **19세기**

1829년	의유당일기
1841년	인어대방(아스톤본)
1841년	추사 언간
1846년	순원왕후봉서
1848~1850년	김성일가 언간
1851년	순원왕후어필
1851년	금향정기
1852년	태상감응도설언해

1856년	서유기(경판59장본)
1859년	인어대방(교토대본)
1861년	구운몽
1865년	흥부전
1870년	명물기략
1871년	삼국지
1880년	한불ᄌ뎐
1884년	삼성훈경
1882년	명성황후 언간
1883년	화음계몽언해
1884년	이언언해
1884년	진주탑
1884년	홍루몽 번역 필사본
1884년	홍루부몽 번역 필사본
1884년	후홍루몽 번역 필사본
1884년	홍루몽보 번역 필사본
1884년	속홍루몽 번역 필사본
1884년	재생연 번역 필사본
1884년	여선외사 번역 필사본
1887년	예수성교전서
1890년	한영ᄌ뎐
1891년	삼국지-모종강
1894~1895년	순명효황후 언간
1895년	유옥역젼

1895년	천로력정
1895년	국한회어
1897년	한영ᄌ뎐
1897~1899년	독립신문
1899년	경향신문
1898~1899년	매일신문
1897년	증남포목포각국죠계쟝정
1898년	협성회회보
18XX년	강감정사약
18XX년	충렬협의전 번역 필사본
18XX년	니니귀셩 필사본
조선 후기	청구야담
조선 후기	개벽연의
조선시대	학석집

⑥ 20세기

1900~1902년	제국신문
1900~1908년	보감
1900~1909년	신학월보
1900년대	신한민보
1904년	교린수지 교정본
1907년	빈상설
1907~1908년	대한매일신보 시사평론

1908년	송뢰금
1908년	귀의성
1908년	금수회의록
1908년	은세계
1908년	치악산
1908년	홍도화
1910년	목단화
1911년	한영ㅈ뎐
1912년	옥호기연
1912년	마상루
1913년	비파성
1913년	화어교범
1915년	신자전
1919년	서상어록
1919년	서유어록
1920년	조선어사전
1920년대	계집 하인
1920년대	사인 원한
1920년대	두 출발
1920년대	신여성
1925년	보통학교 조선어사전
1926년	그의 얼굴
1927년	남충서
1928년	최신선영사전

1929년	황원행
1929년	화관
1931년	한영대ᄌ뎐
20세기 초	열녀춘향수절가
20세기	몽환별곡
미상	인현왕후전
미상	유이양문록
미상	윤하뎡삼문녹
미상	화씨충효록
미상	엄씨효문충효록
미상	한조삼성기봉
미상	화정선행록

제2장 한자어 내부에서 파악되는 의미 변화

이 장에서는 '期於(X)'와 '一切'을 중심으로, 한자어 내부에서 파악되는 한자어의 통시적 의미 변화를 자세히 탐구하고, 이에 기초하여 기존에 논의된 한자어 '何必'의 의미 변화 또한 비슷한 맥락에서 파악해 볼 수 있음을 논증하려 한다.

1. '期於(X)'

1) 현대 한국어 '期於(X)'의 의미적 특징

이 부분에서는 현대 중국어 및 이전 시기 한문의 '期於'와 구별되는 현대 한국어 한자어 '期於(X)'의 의미를 짚어 보기로 한다. 참고로 이 글에서 사용될 '期於(X) 한자어'란 한자 어근 '期於-'에서 파생된 부사

---

1   기술상의 혼효를 막기 위하여 후술할 한문 자료 속 통사적 구성으로서의 [期+[於X]]는 필요에 따라 '期於X'로 표기하여 한자어 '期於(X)'와 구분할 것이다.

'기어이', '기어코'와 그 선대형을 가리키는 것임을 미리 밝힌다. 먼저 <표준국어대사전>에서 발췌한 아래의 (1)을 통해 현대 한국어 부사 '기어이/기어코'의 사전 정보를 확인하기로 한다.

> (1) 가. 기어-이(期於이)「부사」
> 　　「1」어떠한 일이 있더라도 반드시. =기어코.
> 　　　¶ 저들의 속셈이 무엇인지 기어이 밝혀내고야 말겠어.
> 　　　　/ 종혁을 구슬려서라도 기어이 구경을 한번 가고 싶은 것
> 　　　　이었다.≪이정환, 샛강≫
> 　　「2」결국에 가서는. =기어코.
> 　　　¶ 하늘이 잔뜩 흐리더니 기어이 비가 오는구나. / 그렇게 말
> 　　　　렸는데도 기어이 집을 나갔단 말이야? / 그 녀석이 기어이
> 　　　　일을 저지르고 말았구나.
> 　　나. 기어-코(期於코)「부사」
> 　　「1」어떠한 일이 있더라도 반드시. ≒기어이.
> 　　　¶ 기어코 해내고야 말겠다는 결심. / 부모님의 원수를 기어코
> 　　　　갚고 말겠다. / 기어코 그렇게 고집을 부려야 되겠니?
> 　　「2」결국에 가서는. ≒기어이.
> 　　　¶ 어머님이 그렇게 말렸는데도 그는 기어코 뿌리치며 떠났다.
> 　　　　/ 울먹이던 아이는 기어코 울음을 터뜨렸다. / 찌푸렸던 하
> 　　　　늘이 기어코 함박눈을 퍼붓는다. <표준국어대사전>

(1)에서 보듯 현대 한국어의 부사 '기어이(期於이)'와 '기어코(期於코)'는 한자 어근 '期於-'에 각각 부사 파생 접미사 '-이'와 '-코'가 통합한 것으로 처리되며, [반드시] 또는 [끝내]의 의미를 지닌다. 아울러 현대 한국어를 기준으로, 어근 '期於-'는 파생접미사 '하-'와 통합하여 '*기어하'와 같은 용언형을 이루지 못하고, 오직 '기어이', '기어코' 두 부사형의 파생에만 참여한다는 사실이 흥미롭다. 이는 동형의 현대 중국어

'期於'가 (2)에서 보듯 동사로 사용되며, 흔히 [희망함] 또는 [지향함]의 의미를 갖는다는 점과도 대조된다.

(2) 期於「動詞」
　　希望達到 ; 目的在於.
　　¶ 期於至善. <現代漢語詞典>(第七版)

　요컨대 이 글은 형태와 의미 구조적 차이를 보이는 현대 한국어의 '기어(X)' 한자어와 중국어의 '期於'가 공히 고전 한문의 '期於X' 구성에 소급한다는 사실에 입각하여 한국어사의 관점에서 그 차이점을 탐구해 보려 한다.

　한국어사 자료 속 '期於'의 문증 양상을 분석하기에 앞서 고전 한문 속 '期於'의 내적 구조와 의미에 대하여 간략하게나마 짚어보기로 한다. <한어대사전>에서 발췌한 다음의 (2가)에서 보듯 한문의 '期'는 [회합(會合)], [약정(約定)] 등 다양한 의미의 실사로 쓰인다. 한편, '於'는 (2나, 냐)에서 확인되듯 실사와 허사적 쓰임을 두루 갖추고 있다.

(2) 가. '期': [會合], [約定], [企求], [預知], [際會], [限度], [必定], [期限],
　　　　　　[高壽], [選定的日子], [一段時間], [看待], [相合], [常].
　　나. '於': [在], [往], [為], [跟從], [依靠], [居], [厚待], [對待].
　　냐. '於': ① 介詞:[從], [在], [至], [向], [以], [對(於)], [與], [比],
　　　　　　　　　[被], [給], [依],
　　　　　　　② 連詞:[而], [與],
　　　　　　　③ 助詞:語助詞(無實義), 結構助詞(≒之), 語氣助詞.

　(2)에서 보듯 '期'와 '於'가 각각 다양한 의미를 지니므로, '期'와 '於'

의 통합에 의해 산출되는 의미 또한 다양할 것으로 기대된다. 그러나 그 새로운 의미를 온당하게 파악하기 위해서는 (한자 어근 '기어-'에 대응하는) '期於'의 내적 구조부터 음미해 볼 필요가 있다.

'期於'는 일견 '期'에 '於'가 통합한 구조로 보인다. (2)에서 제시한 '期'와 '於'의 의미 기능을 참고하여 '期於'의 형태를 가능케 하는 경우를 상정해 보면 논리상 두 가지로 대별될 수 있다. 하나는 (i)실사 '期'에 실사 '於'가 통합한 경우[(2가)+(2나)]이고, 다른 하나는 (ii)실사 '期'에 각각 전치사,[2] 접속사, 조사 등의 허사 '於'가 통합한 경우[(2가)+(2나')]이다. 아울러 북경대(北京大) 고전 한문 말뭉치(이하 'CCL')에서 '期於'의 용례를 검색해 본 결과, 실사 '期'와 실사 '於'가 통합한 (i)의 경우는 쉬이 확인되지 않았으며, 그 대신 실사 '期'에 허사, 특히 전치사 '於'가 후행하는[3] (ii)의 경우가 주축[4]을 이루었다.

다음의 (3)은 (ii)의 구체적인 용례를 보인 것이다.

---

2   참고로 한문의 전치사 '於'의 용법 및 한국어 표현과의 대응 양상에 대해서는 김원중(2020:688~697)에서 다음의 일곱 가지로 정리하여 제시한 바 있다. ①동작 혹은 행위의 장소·기점·종점·범위·시간을 이끌어내며, '~까지' '~로부터' '~에' '~에서' 등으로 해석한다. ②상황이 존재하는 범위를 이끌어내며, '~면에서는' '~에는'이라고 해석한다. ③동작 혹은 행위와 관계있는 대상을 나타내며, '~에게' '~에 대하여' '~와 같이' '~을/를' '~을 위하여' 등으로 해석한다. ④입장이나 견해를 표현하는 구를 이끌며, 문맥에 따라 적절히 해석한다. ⑤비교하거나 구분하는 대상을 나타내며, '~보다' '~에 비해' '~에 있어서' '~와'라고 해석한다. ⑥동작 혹은 행위의 주체를 이끌어내며 '~에게' '~에 의하여'라고 해석한다. ⑦동작 혹은 행위의 도구나 근거, 대상을 나타내며, '~에 근거하여' '~에 따라' '~에 의거하여' '~으로' '~을' 등으로 해석하거나 해석하지 않는다. '以'와 비슷하다.

3   필자의 과문일 수도 있겠으나 고전 한문 문법서나 개별 연구에서 '期於'만을 전문으로 다루지 않으므로, 그 의미의 전모를 빠짐없이 파악하기에는 한계가 있다. 아울러 CCL의 용례를 해석함에 있어서는 관련 원전의 역주서 및 <한어대사전>, <사원(辭源)> 등 사전들의 뜻풀이를 종합적으로 참고하였음을 밝혀 둔다.

4   이 글의 취지상 중국어의 '期於'가 동사로 단일어화된 과정에 대해서는 논외로 한다.

(3) 가. 火之初見, <u>期於司里</u>. <國語·周語中> 韋昭 注: "期, 會也."

　　가´. 故<夏令>曰：九月除道, 十月成梁. 其時儆曰：收而場功, 待而畚
　　　　梮, 營室之中, 土功其始, 火之初見, <u>期於司里</u>.

　　나. 至於味, 天下<u>期於易牙</u>, 是天下之相似也. 惟耳亦然. 至於聲, 天下期
　　　　於師曠, 是天下之耳相似也. <孟子·告子 上>

　　다. 聖人之治民, 度於本, 不從其欲, <u>期於利民而已</u>. <韓非子·心度 第五
　　　　十四>

　　라. 向之所欣, 俛仰之間, 以爲陳迹；猶不能不以之興懷. 況脩短隨化, 終
　　　　<u>期於盡</u>! <王羲之·蘭庭集序>

　(3가)는 주나라의 대부 선조(單朝)가 주정왕(周定王)에게 피폐해진 진
(陳)나라의 상황을 보고하면서 인용한 <하령(夏令)>의 고훈으로, 해당 맥
락을 전개하면 (3가´)과 같다. (3가´)을 해석하면 '9월에 길을 닦고, 10
월에 다리를 놓는다. 또 제때에 권고하여 말하기를 뜰 안의 농사일을
마치면 연장을 준비하고, 영실(營室)의 별이 중천에 뜨면 공사를 시작한
다. (이에) 대화성(大火星)이 나타날 무렵에 사리(司里)한테 모인다.'(오국의
외 2017:60 참고) 정도가 된다. 여기서 '期於'의 내적 구조는 [期+[於+司
里]](구성의 일부)로 파악된다. 즉 전치사 '於'가 전치사 목적어 [司里]와
통합하여 전치사구 [於+司里]를 이룬 후 보어(補語)의 자격으로 서술어
'期'와 통합한 것이다. 이러한 통합 순서는 궁극적으로 전치사의 기능
이 전치사 목적어와 선차적으로 통합하여 전치사구를 이룸으로써 서술
어의 보어를 담당한다는 데 기인한다. 아울러 (3가)의 서술어 '期'는 의
미상 [회합]이라는 행위를 나타내며, 보어 [於+司里]는 회합의 장소가
사리(한테)임을 보충하여 나타낸다. (3나)는 '맛에 이르러서는 천하가 역
아에게 기대하는 것이니, 이는 모든 입이 서로 비슷하기 때문이다. 귀
도 또한 그러하니, 소리에 이르러서는 천하가 사광에게 기대하는 것이

니, 이는 모든 귀가 서로 비슷하기 때문이다.'(이기동 2020:540 참고) 정도
로 풀이된다. 그중 (3나)의 '期於' 또한 [期+[於+易牙]], [期+[於+師
曠]](구성의 일부)로 파악된다. (3다)는 '성인은 백성을 다스림에 근본(법)
에서 헤아리고 그 욕망에 따르지 못하게 하고 백성에게 이익을 기약할
따름이다.'(김원중 2016:934 참고) 정도로 풀이된다. 그중 '期'는 [기구(企求)]
를 나타내는 서술어이며, 보어 [於+易牙]나 [於+師曠]은 기대하는 대상
이 역아나 사광임을 보충해 준다. (3다)의 '期於' 역시 [期+[於+利民]]
(구성의 일부)로 파악된다. 그중 '期'는 [약정]을 나타내는 서술어이며, 전
치사구로 실현된 보어 [於+利民]은 약정의 대상이 利民임을 보충해 준
다. (3라)는 '이전의 즐거웠던 일이 짧은 순간에 낡은 과거의 자취가
되어 버리니, 특히 그것 때문에 감회가 일어나지 않을 수 없게 되는 것
이다. 하물며 목숨이 길건 짧건 모두가 자연의 조화를 따라 마침내는
모두가 끝에 이르게 되는 데에야!'(김학주 2005:166 참고) 정도로 풀이된다.
(3라)의 '期於' 또한 [期+[於+盡]](구성의 일부)로 파악될 수 있다. 그중
'期'는 [도달]을 나타내는 서술어이며, 전치사구로 실현된 보어 [於+盡]
은 도달의 낙착점이 盡임을 보충해 준다.

　요컨대 고전 한문의 '期於'는 '期'에 '於'가 직접 통합한 것이 아니라
내적 구조상 서술어(동사) '期'에 전치사구 [於+X]가 통합한 술보 구조
[期+[於+X]]의 일부임을 확인하였고, ①'X에/X로 모이-', ②'X에게 기
대하-', ③'X를 기약하-', ④'X에 이르-' 등의 의미[5]로 해석될 수 있음을
확인하였다.

5　물론 [期+[於+X]]의 의미는 이외에도 서술어 '期'와 전치사 '於'가 문맥에서 맺는 의미
　관계에 따라 달리 해석될 여지가 있다.

2) 통시적 의미 변화

(1) 본래 의미

먼저 후기 중세 한국어사 자료의 '期於'를 보기로 한다. 이 시기 문헌의 대부분이 언해 자료이므로, 여기서는 한문 원문 속 '期於' 관련 어형의 언해 양상을 분석하는 데 가중치를 둘 것이다.

다음의 예문 (4)를 보자.

(4) 가. 堪忍엣 衆生은 本을 迷惑ㅎ고 소리를 조차 어드운 惑이 障이
므거울씨 모로매 聞을 熏ㅎ며 聞을 닷가 塵을 스러 障을 던
後에아 어루 들리니 그러나 聞으로 드롤 디 사ᄆ샤믄 오직 그
門을 得홀 ᄹᄅᆞ미니 모로매 聞을 ᄇᆞ리며 聞을 두르혀메 期約
ᄒ 後에아 至極ㅎ니라(堪忍衆生은 迷本ㅎ고 循聲ㅎ야 昏惑障重
일ᄊ 必須聞熏聞修ㅎ야 以銷塵除障然後에아 可入이니 然이나
以聞爲入者ᄂ 特得其門而已니 必期於遺聞反聞然後에아 爲至也
ㅣ니라) <1461 능엄경언해 6:65a>

가′. 너희들히 ᄆᆞᅀᆞ매 사기며 뼈에 刻ㅎ야 날로 聖人에 期約ᄒ라
(汝等이 銘神刻骨ㅎ야 日期於聖ᄒ라) <1573 내훈 1:8b>[6]

나. 味예 至ㅎ야ᄂ 天下ㅣ 易牙의게 期ㅎᄂ니[…]聲에 至ㅎ야ᄂ 天
下ㅣ 師曠의게 期ㅎᄂ니(至於味ㅎ야ᄂ 天下ㅣ 期於易牙ㅎᄂ니
[…]至於聲ㅎ야ᄂ 天下ㅣ 期於師曠ㅎᄂ니) <1590 맹자언해
16b>

(4)에서 보듯 후기 중세의 언해 자료에서는 한문 원문의 '期於X' 부

---

6   1737년에 간행된 <어제내훈>의 해당 부분을 옮기면 다음과 같다. "ᄆᆞᅀᆞ매(ᄆᆞᅀᆞᆷ애)", "期
約(期약)" 등의 변개만 확인될 뿐, 구문상의 차이를 보이지 않는다.
"너히들히 ᄆᆞᅀᆞᆷ에 사기며 뼈에 刻ㅎ야 날로 聖人에 期약ᄒ라(汝等이 銘神刻骨ㅎ야
日期於聖ᄒ라)" <1737 어제내훈 1:7a-7b>

분을 'X-에/-의게 期約/期ᄒ-'로 처리하였다. 이러한 처리 방식은 한문의 '期於'가 갖는 [期+[於+X]]의 내적 구조와 통한다. 이를테면 '期約ᄒ-/期ᄒ-'는 원문의 서술어인 '期'와 마찬가지로 동사의 자격을 지니며, (4)의 부사어인 'X에/의게'는 원문의 보어인 전치사구 [於+X]를 적절히 반영한 것이라 할 수 있다. 특히 'X'에 통합된 부사격조사 '에'나 '의게'는 원문의 전치사 '於'가 서술어 '期'와 맺는 문법적 의미를 극명하게 보여 준다. 예컨대 (4가)의 밑줄 부분은 '반드시 문을 버리며 문을 돌이킴을 기약한 후에야 지극한 것이다.' 정도로 해석된다. 여기서 '-에'는 '期約ᄒ-[期]'의 대상이 '聞을 ᄇ리며 聞을 두르혀[遣聞反聞]'임을 나타낸다. (4가)은 '너희들이 (小學, 列女傳 등 경전에서 언급한 도를) 마음에 새기며, 뼈에 새겨서 나날이 성인(의 경지)을 기약하라.' 정도로 해석된다. 이때 '-에'는 '期約ᄒ-[期]'의 목표가 '聖人(의 경지)[聖]'임을 나타낸다. (4나)는 앞서 본 (3나)와 동일한 원문을 언해한 것으로, 이때의 '-의게'는 세상 사람들이 '期ᄒ-[期]'는 대상이 역아와 사황임을 나타낸다.

요컨대 후기 중세 언해 자료의 '期於'는 한문과의 통사·의미적 등가[7]를 중시하는 방향으로 처리되었음을 알 수 있다. 이러한 언해 양상은 다음의 (5)에서 보듯 근대 한국어 시기에도 여전히 확인된다.

(5) 가. 서리 눈 우희 홑옷과 버슨 발로 반드시 주그매 긔약ᄒ더라(霜雪上單衣跣足期於必死)<1617 동국신속 신속열녀도 4:24b>
　　가'. 큰 치위예 홑오슬 니버 반드시 주그믈 긔필ᄒ여 조쥭을 랄로 네다슨 술식 마시고(祈寒着單衣期於必死 日啜粟粥四五匙)<1617 동국신속 신속열녀도 5:29b>

7　해당 용어는 김지오(2020)을 참조한 것이다.

나. 반드시 그 당을 궁힉ᄒ고 그 숨은 경상을 나토아 <u>진멸ᄒ야 나</u>
<u>믄 거시 업기로 긔약ᄒ즉</u> 나의 듯고져 ᄒᄂ 배 아니라(必欲窮
其黨與, 發其隱情, <u>期於剿殄滅之</u>, 則非予之所欲聞也) <1782 論中
外大小臣庶綸音:13b>

(2) 이의 발생 과정

근대 한국어 시기, 특히 18세기 초부터 19세기 중반에 이르는 사이
에 통사·의미적 등가의 변화가 감지된다. 다음의 (6)을 보자.

(6) 이제 이 ᄯᅳᆺ으로ᄡᅥ 졔도의 하유ᄒ여 ᄒ야곰 튱의지ᄉ로 각각 칙냑
을 본밧고 용감지인으로 ᄌ원죵졍ᄒ여 <u>긔어히</u> ᄒ가지로 간난을
것[건]지게 ᄒ라(今以此意 下諭諸道 使忠義之士 各效策略 勇敢之人
自願從征 <u>期於共濟艱難</u>) <1720 이후, 조야첨재 28:55>

위의 (6)은 1720년 이후의 문헌으로 추정되는 <조야첨재>에서 발췌
한 것으로, 한문 원문의 '期於X' 구성이 부사 '긔어히'로 나타나 오늘
날의 부사 '기어이'와 형태적으로나 의미적으로 상당히 근접한 모습을
보인다. '긔어히'의 구체적인 의미 양상에 대해서는 후반부에서 자세히
다루고, 여기서는 (6)의 '긔어히'가 (4), (5)와 달리 하나의 부사로 등장
했다는 점에 주목하여 해당 단일어화[8]가 일어날 수 있었던 통시적 과
정에 대해 먼저 탐구하기로 한다.

---

8 해당 용어는 이현희(1992)를 따른 것이다. 이현희(1992:530, 각주 2)에 따르면 종래 어휘
   화로 번역되어 온 'lexicalization'은 합성어가 단일어화하는 과정을 의미한다. 그런데 '어
   휘화'라는 용어를 사용하면, '문법화' 또는 '허사화'의 역개념을 갖는 것으로 혼동되기 쉬
   우므로, '단일어화'로 번역할 것을 제안한 바 있다.

이와 관련하여 <인어대방>의 시기별 이본에서 확인되는 다음의 변천 양상이 특히 주목된다. 아래의 (7)을 보자.

(7) 가. 거번의 求ᄒ던 物貨들은 來月로 <u>期於出來</u>ᄒ여야 믿츳 쓰게 ᄒ엳스오니 愆期치 아니케 비 갈 제 다시 긔별ᄒ여 주읍소(此中誂ましたともは來月中に<u>必定</u>参て社筈に合まするにより必約束の樣に舡の返時重て申しこされ下されませい/ 저번에 주문한 물건은 다음 달 중에 <u>반드시</u> 나와야 사정에 맞기 때문에 반드시 약속대로 배가 돌아올 때에 다시 말씀을 주십시오.) <1790, 인어대방 조선간본 6:16a-16b>

나. 거번의 求ᄒ던 物貨들은 來月로 <u>期於必</u> 出來ᄒ여야 믿츳 쓰게 ᄒ엳스오니…(せんじつ あつらゑた こまもの ともは らいげつ <u>きわまつて まいつて</u> こそ はつよく ひちい まするにより… / 저번에 주문한 물건은 다음 달 <u>반드시</u> 나와야 사정을 맞출 수 있으니….) <1841, 인어대방 아스톤본 5:15b>

나. 거번의 求ᄒ던 物貨들은 來月로 <u>期於必</u> 出來ᄒ여야 믿츳 쓰게 ᄒ엳스오니…(せんきょうを あつらへました 細物とう 来月中に <u>約束の通り</u> きてこそ 筈に 合まするにより…. / 저번에 주문한 잡화들은 <u>약속대로</u> 와야 사정에 맞기 때문에….) <1859, 인어대방 교토대본 3:8b>

위의 (7)은 차례로 <인어대방>의 조선간본(1790년), 아스톤본(1841년), 교토대본(1859년)에서 대응하는 용례를 보인 것이다. 그중 (7가)에서 보듯 일본어 원문 '必定來'는 통사 구조상 [반드시]를 뜻하는 부사 '必定'이 동사 '來'를 수식하는 것으로 파악되며, 이를 조선간본에서는 '期於出來'로 대역하였다. 그중 일본어 원문의 동사 '來'가 조선간본의 '出來'에 대응하므로, 부사 '必定'은 '期於X'에 대응하는 것임을 알 수 있다. 한편, 19세기 중반에 이르러 <인어대방>이 한국어 학습서로 역수

입된 이후에는 기존의 '期於出來'가 (7나, 7나')의 '期於必 出來'로 변개된 모습을 보인다. 그중 (7나)에서는 '期於必'을 'きわまつて'[반드시]로 풀이하였고, (7나')에서는 '約束の通り'[약속대로/기약한 대로]로 풀이하였다. 앞서 이 글에서는 고전 한문 속 '期於'가 [期+[於+X]]라는 술보 구조의 일부임을 언급하였다. 해당 구조에 비추어 (7가)의 '期於出來'를 분석해 보면, '[期+[於+出來]]'로 파악될 수 있을 듯하지만, (7나)와 (7나')에 제시된 '期於必 出來'의 경우, [期+[[於+必]+出來]]보다는 [期+[於+[必+出來]]]가 문법상 적격 형식이므로,[9] 일견 '期於必'이라는 어형을 오기로 판단할 여지가 있다.

다만 (7나, 7나')을 (7가)와 결부하여 생각해 보면, 오기가 아니라 술보 구조였던 '期於(X)'가 부사 어근 '期於-'로 단일어화하는 과도기적 형태일 가능성이 제기된다. 이러한 가능성은 (7)에서 '期於'에 후행하는 '出來'가 동사(ㄱ) 또는 서술어적 성격을 가진다는 것과 연관된다. 앞서 술보 구조 '期於(X)'의 용례로 제시된 (3), (4), (5)의 한문 원문을 다시 보면, 대체로 [期+[於+NP]]의 구조, 즉 전치사 목적어 'X'가 명사(ㄱ)거나 명사화된 모습으로 언해됨을 알 수 있다. 예컨대 (3)에서는 전치사 목적어로 '司里, 易牙, 師曠, 盡' 등의 명사를 취하며, (4가)나 (5가, 5가')의 경우, 한문 원문 '期於遺聞反聞', '期於必死' 등의 전치사 구조가 '聞을 ᄇ리며 聞을 두르혀메 期約ᄒ-', '반ᄃ시 <u>주그매</u> 긔약ᄒ-/반ᄃ시 <u>주그믈</u> 긔필ᄒ-'와 같이 '부사어+서술어' 구조로 언해되는 과정에 전치사 목적어가 명사화된 것이 주목된다.

---

9 이와 관련해서는 (5가), (5가')의 한문 원문 '期於必死'가 '반ᄃ시 <u>주그매</u> 긔약ᄒ-', '반ᄃ시 <u>주그믈</u> 긔필ᄒ여'로 언해된 것을 참고할 수 있다.

참고로 웅건여(2019)를 비롯한 중국어사 논의에서는 'V於X'라는 술보 구성이 훗날 동사, 부사, 전치사 등으로 다양하게 단일어화할 수 있었던 원인으로 흔히 'V於X' 구성이 전치사 목적어 'X'로 명사(구)를 취하던 데로부터[V₁於NP] 점차 동사(구)까지도 취하게 되면서[V₂於VP] 일어나는 '탈범주화' 현상을 상정한다. 간단히 말하면, [V₁於₁NP]였을 때는 'V1'이 문장 내의 유일한 동사로서 서술어의 자격을 가졌지만, [V₂於₂VP]에 이르러 새로 개입된 동사(구) 'VP'가 'V1'의 역할을 대체하면서 'V₁'이 기존의 동사(서술어)로부터 후행 VP를 수식하는 부사 'V₂'로 바뀌고, 전치사 목적어를 이끌던 '於₁' 또한 VP 앞에서 잉여화된 채 'V₂'에 후접하는 무실의(無實義) 어기조사 '於₂'로 바뀌었다는 분석이다.

이에 비추어 (7가)를 재고해 보면, '期於'에 '出來'라는 동사가 후행한 것으로 볼 수 있으므로, '期於(X)'의 '期'가 동사의 자격을 상실함으로써 탈범주화하고, 전치사 목적어를 이끌던 '於' 또한 잉여화되어 '期於'로 단일어화한 후 동사(서술어) '出來(함)'에 선행하는 연고로, 부사의 자격을 얻게 된 것으로 파악할 수 있다. 아울러 한문의 '期' 자체가 [필정(必定)]의 부사로 쓰이기도 하므로, 부사 '期'에 무실의 어기조사 '於'가 통합하여 새롭게 단일어화한 부사 '期於'가 [반드시]의 의미를 지니는 것 역시 자연스러운 일이라 하겠다. 따라서 (7가)는 '지난번에 구하던 화물들은 다음 달로 반드시 나와야 미치어 쓰게 하였으니 정해진 기한을 어기지 않게 배 갈 때 다시 기별하여 주시오' 정도로 해석할 수 있을 것이다.[10] 이러한 해석을 (7나)와 (7나')에 연용하면, '期於必'을

---

10   물론 이 문장의 '出來'를 명사(구)로 보아 '出來를(出來함을) 기약하-' 정도의 술보 구조로 파악할 수도 있다는 점에서 교량 문맥의 성격을 지닌다고 하겠다.

[반드시]의 부사 '期於'에 [반드시]의 부사 '必'이 병용된 것으로 이해할 수 있다. 참고로 한문에서 뜻이 같거나 비슷한 부사를 병용하는 현상과 관련해서는 '但只', '猶尙' 등의 경우가 참고된다.

이제 상기의 해석에 기대어 앞서 제시했던 18세기 초의 용례 (6)을 분석해 보자. 먼저 (6)의 한문 원문을 보면, '期於'에 동사 '濟'가 후행하므로, 동사 '期'의 탈범주화 및 '於'의 잉여화에 따라 단일화한 '期於'가 '濟' 앞에서 부사의 자격을 얻은 것으로 볼 수 있는 경우이다. 따라서 (6)의 '긔어히'는[11] 원문의 술보 구조인 '期於(X)'가 한국어 체계 속에서 내적 구조의 변화를 거쳐 부사 [반드시]를 뜻하는 '期於'로 거듭난 이른 시기의 예라 할 수 있다.

요컨대 이 글은 용례 (6), (7)을 통해 18세기 초부터 19세기 중반에 이르는 사이 '期於'가 동사 '期'의 탈범주화 및 전치사 '於'의 잉여화에 따라 산발적이나마 [반드시]를 나타내는 부사 '期於'로 단일어화했을 가능성을 상정하였다. 실제로 19세기 중반부터는 대역 문헌이 아닌 한글 자료에서도 단일어화한 '기어(X)' 한자어들을 확인할 수 있다. 일례로 19세기 중반의 한글 자료인 <학봉 김성일가 한글 편지>(1848년~1850년)에는 다음의 (8)과 같은 어형들이 등장한다.

> (8) 가. 걸녀 걸녀 못 견듸오나 그 집이셔 <u>그여</u> 잡아가니 홀체 업시
>   보내고 졀통ᄎ 박혀 박혀 어렵슙 <1848, 김성일가37 여강이
>   씨(아내)→김진화(남편)>
>   나. 그듕에 집으로도 아니 오고 의셩 동당 보러 간다 ᄒ오니 갈수
>   록 힝지 민망슙고 동당은 <u>그여이</u> ᄒ다 ᄒ오니 만일 초돌이가

---

11 '긔어히'의 '-히'와 관련해서는 이하 (8)의 예를 다루면서 언급할 것이다.

동당 초시를 혼다 ᄒ여도 광경이 이실 거시니 답답 <1850, 김
성일가-56 여강이씨(아내)→김진화(남편)>

(8가)의 '그여'는 부사로 단일어화한 '期於(긔어)'의 이표기로 판단된
다. 한편, (8나)의 부사 '긔여이'는 또한 앞서 본 '긔여히'와 마찬가지로
현대의 '기어이'와 근접한 모습을 보인다. 여기서 (8나)의 '긔여이' 내
지 (6)의 '긔어히'와 (8가)의 '그여(<긔에'를 비교해 보면, 접미사 '-이/-히'
의 유무로 구별되는 형태적 차이가 포착되기는 하지만, (8)에서 보듯
이 '-이/-히'의 유무가 의미 기능상 유의미한 차이를 일으키는 것으로
보기는 어렵다.[12] 이와 관련해서는 이현희(2010)에서 다룬 근대 한국어
시기 '부사의 잉여적 파생접미사 덧붙음 현상'이 참고된다.

이현희(2010)에서는 크게 다음의 (9)와 같은 세 가지 유형으로 나누
어 부사 뒤에 나타나는 잉여적 파생접미사의 존재와 특징을 고찰하였다.

(9) ① '외오/외오이'류
　　가. 희이 명일 오긱의 <u>외오이</u> 안젓다가 쪼흔 한긔 나거늘(喜兒到
　　　　明日午上時候, 身上又有些寒冷.) <쾌심편 31:115>
　　가. 정신을 ᄎ릴손야 두세가 잇슬손야 <u>외오</u> 안ᄌ 싱각ᄒ니 걸
　　　　인 일도 만아서라 <女兒 슬퍼라 12:301>
② '골오/골오로'류
　　나. 비골ᄒ며 치위홈을 넘녀ᄒ며 ᄀᆺ브며 편안홈을 <u>골오로</u> ᄒ야
　　　　ᄀᆞ장 不得已커야 비로소 ᄭᅮ지즈믈 더을ᄯᅵ니라(軫其飢寒ᄒ며
　　　　均其勞逸ᄒ야 甚不得已라야 始加訶詰이니라) <1737, 어제내
　　　　훈 2:13 b>

12　이밖에 (8나)의 '긔여이'는 [반드시]의 의미를 가지는 데 반해 (8가)의 부사 '그여'가 문맥
　　상 [끝내] 정도의 의미를 나타내는 것에 대해서는 후반부에서 자세히 다룰 것이다.

나. 비 골ᄒ며 치우믈 어엿비 너기며 ᄀᆞᆺᄇ며 便安호믈 <u>골오</u> ᄒ
야 ᄀᆞ장 不得已커ᅀᅡ 비르서 구지주믈 더울디니라(軫其飢寒
ᄒ며 均其勞逸ᄒ야 甚不得已ᅀᅡ 始加訶詰이니라) <1573, 내훈
16a- 16b>

③ '별로/별로이, 별로히'류

다. 或 主祭ᄒᄂ 者ㅣ 可히 뻐 叔伯父의 類를 밋처 祭ᄒ디 몯ᄒᄂ
이어든 곧 모로미 그들희 嗣子를 命ᄒ야 <u>別로</u> 시러곰 祭케
홀디니라 <1632, 가례언해 1:17a-17b>

다'. 늬 몸이 죽은 후에 내 몸이 살아나면 수궁에 일등 공신 너
박게 또 잇난야 <u>별로이</u> 사당 지어 사시향화 나라에서 지내
리라 <수궁별주부산중토처사전 58>

위의 (9)에서 (①가)는 '외오'라는 영파생 부사에 잉여적 파생접미사
'-이'가 덧붙은 경우이고, (②가)는 '-오' 파생부사인 '골오'에 다시 잉
여적 파생접미사 '-로'가 덧붙은 경우이다. 한편, (③가)는 '-로' 파생부
사에 잉여적 파생접미사 '-{이, 히}'가 덧붙은 경우이다. 특히 이현희
(2010:8~9)에서는 (①가)와 같이 영파생 부사 '외오'에서 '외오이'가 새
로이 형성되는 방식이 다음의 (10)처럼 '이미 존재하는 부사에 접미사
'-이'나 '-히'가 더 통합하여 새로운 파생부사를 형성하는 절차와 유사
한 양상을 보인다고 하였다.

(10) 가. '일즈기'(←일즉+-이) / '일즈시'(←일즛+-이)[曾], '믄드기'(←
믄득+-이) / '믄드시'(←믄듯+-이)[便], '이로이'(←이로+-이)
[可], '느리'(←늘+-이)[常]

나. '다티'(←닫+-히)[別], '브듸히'(←브듸+-히)[請], '오즉히'(←오
즉+-히)[豈]

다. 'ᄯ로이'(←ᄯ로+-이)[別], 'ᄀᆞ초이'(←ᄀᆞ초/ᄀᆞᆺ초+-이)[具], '슬
희이'(←슬히/슬희+-이)[厭], '벅벅이'(←벅벅+-이)[應], '홀홀

이'(←훌훌+-이)[忽]
라. '져져이/져져히'(←這這+-이/-히), '전수이/전수히(젼슈히)'(←
全數+-이/-히), '종시히(죵시히)'(←終始+-히), '몰슈히'(←沒數
+-히), '방즈이'(←放恣+-이), '일절이'(←一切+-이), '과연이'(←
果然+-이), '즈서히(즈셰히)'(←仔細+-히), '셰셰이/셰셰히'(←
細細+-이/-히), '초초이/초초히(쵸쵸히)'(←草草+-이/-히), '一定
히'(←一定+-히), '극히'(←極+-히), '지그기/지극히'(←至極+-이
/-히)

위의 (10가)와 (10나)는 부사 어기에 각각 접미사 '-이'와 '-히'가 더
통합한 예이다. 한편, (10다)는 고유어 부사에 접미사 '-이'가 더 통합
한 예이고, (10라)는 한자어 부사에 접미사 '-이'나 '-히'가 더 통합한
예이다. 요컨대 이미 존재하는 '한자어 부사'에 접미사 '-이/-히'가 잉
여적으로 덧붙는 현상이 (10라)와 같이 근대 한국어 시기의 여러 한자
어 부사들에서 흔히 목격되는 것임을 감안하면, 이 글의 '긔여이'나 '긔
어히' 또한 이와 같은 맥락에서 이해할 수 있다. 즉 한자어 부사 '긔여'
나 '긔어'에 잉여적 파생 접미사 '-이'나 '-히'가 덧붙은 형태로 파악하
는 것이다.

아울러 19세기 말부터는 (8나)에 이어 단일어화한 부사 '期於'에 잉
여적 파생 접미사 '-이/-히/-코' 등이 통합한 형태가 본격적으로 문증
된다. 일례로 (11)을 보자.

(11) 가. 인지를 쓰고 벼슬 시기는 길을 널니 여러 셰샹 사름으로 ᄒ
야곰 귀속홀 바를 아라 실샹으로 쓰기를 긔약훈 연후의 글을
닉이는 쟈는 시부와 문즈만 견쥬ᄒ야 구ᄒ지 아니ᄒ며 무예
를 닉이는 쟈는 궁마지직와 칼쓰기와 셕젼ᄒ기만 흔ᄌ 일숨
을 거시 아니라(宏開登進之途 使世人知所指歸 期於實用 而後習

文字 不專求諸詩賦文字 習武者 不徒事於弓馬刀石也.) <1884 이
언언해 2: 40a>

　가. 사룸은 굿투여 만하 부졀 업고 <u>긔어히</u> 쓰기의 맛갓게만 홀
　　거시니(人不在多 <u>期於敷用</u>) <1884 이언언해 4:34a-34b>

　(11)은 19세기 말의 <이언언해>에서 발췌한 것으로, '期於'가 단일어
화하기 전과 후의 모습을 함께 살필 수 있다는 이점이 있다. (11가)에
서는 원문 '期於實用'의 '實用'을 '실샹으로 쓰기'와 같이 NP로 처리하
고, '於'와 '期'를 각각 '-룰', '긔약ᄒ-'로 처리하였는바 후기 중세 및
근대 시기에 술보 구조 '期於X'를 언해하는 전형적인 방식을 연용하고
있다. 이와 달리 (11가')에서는 원문 '期於敷用'의 '敷用'이 '쓰기의 맛
갓게만 ᄒ-'와 같이 VP로 끝나며, [반드시]의 의미를 나타내는 문장 부
사 '긔어히(期於)'의 수식을 받는다. 가령 (11가')을 (11가)의 모습 또는
전대의 술보 구조로 옮긴다면 '쓰기의 맛갓게만 홀[敷用] 거슬[於] 긔
약ᄒ-[期]' 정도가 될 것이다.

　상기의 (11가')에 사용된 '긔어히'를 포함하여 19세기 말부터 개화기
및 현대 한국어 시기(20세기 30년대)에 이르는 사이 '期於'류 부사는 다양
한 형태로 등장하였다. 이들을 잉여적 파생접미사의 통합 여부에 따라
크게 '자립형', '{-이/-히}형', '{-코}형'으로 나눌 수 있다. 기술의 편의
상 [반드시]의 의미를 중심으로, 관련 형태의 예시를 들면 (12)와 같다.

　(12) 가. 자립형 {긔여/긔어/그여/기여}
　　　¶ 관찰군슈 량단 간에 <u>긔어</u> ᄒ나 엇어ᄒ고 큰 밋쳔을 잡은 드
　　　시 운동비를 츠우랴고 <대매-시평 1908.8.13>
　　나. '-이/-히'형 {그여니/그여이/그여희/그여히/그예/그예이/긔
　　　어이/긔어히/긔에/긔여이/긔여희/긔여히/기어히/기여히}

¶ 빅통설합은 못 되면 큰 낭픠게시니 뉵노로라도 <u>긔여이</u> 올니라 쏘 긔별ㅎ야라 <1882, 명성황후→민영소(조카)>

¶ 왕이 딕경 왈 느을 <u>그여히</u> 불의에 쌔지게 ㅎ기난 다 경등이로다(漢中王驚曰:"陷孤於不義, 皆卿等也.") <1891, 삼국-모종 13: 49>

　　다. '-코'형 {긔어코/긔여코}

　　¶ <u>긔어코</u> 결혼을 하신다면 재산이나 난호가지고 <1927, 남충서(상편) 염상섭 72>

위의 (12)에서도 어느 정도 알 수 있듯 이 시기 '期於'류 부사의 형태 가운데서 특히 강세를 보이는 것은 '{-이/-히}형'이다. 반면, 그에 앞서 문증되는 '자립형'은 쓰임이 줄어드는 경향을 보인다. 이밖에 '{-코}형'은[13] 1920년대부터 문증되는바 '자립형'이나 '{-이/-히}형'에 비해 늦게 나타난 신형이라 할 수 있으며, 1930년대까지는 출현 빈도가 높지 않음을 알 수 있었다.

이로써 한국어사 자료를 대상으로, '期於'류 부사의 단일어화 과정을 상정하고, 단일어화 이후에 문증되는 다양한 형태들을 살펴보았다. 아래에는 '期於'류 부사의 의미 변화 과정에 대해 좀더 구체적으로 탐구해 보려 한다.

이 글에 앞서 (6), (7)의 용례를 통해 한국어 '期於(X)' 한자어의 단

13　'긔어히'나 '긔어코'가 있다는 자체가 '期於ㅎ-'의 존재를 방증하는 단서로 여겨질 수도 있겠으나 문헌 자료상 '期於ㅎ-'와 같은 형태가 서술어로서 논항을 취하는 등의 실제 사례가 확인되지 않으므로, 이를 직접 입증하기는 어렵다. '긔어코'의 '-코'를 접미사로 파악하는 이유 또한 여기에 있다. 아울러 이 글은 '期於' 자체가 부사로 사용된 '자립형'이 '-코형'에 비해 일찍 나타나고, 더 나아가 '期於'에 통합한 '-이/-히'를 잉여적 파생접미사로 파악할 수 있음을 종합적으로 고려하여, '期於'에 통합한 접미사 '-코' 또한 잉여적 파생접미사로 보는 입장을 취한다.

일어화 과정을 '期於X'의 술보 구조로부터 동사의 탈범주화 및 전치사의 잉여화를 거쳐 [반드시]의 부사 '期'에 무실의(無實義) 어기조사 '於'가 통합한 것으로 파악하였다. 한편, (8가)와 관련된 21번 각주에서 간접적이나마 언급하였듯 (6) 이후 19세기 중반부터 [반드시] 이외 [끝내]의 의미를 나타내는 용례가 등장한다는 사실도 확인하였다. 따라서 이 두 가지 의미가 주로 어떤 문맥 속에서 시현되고 구분되는지 알아보기로 한다.

먼저 아래의 예문 (13)을 보자.

(13) 가. 그듕에 집으로도 아니 오고 의셩 동당 보러 간다 ᄒ오니 갈수록 ᄒᆡᆼ지 민망습고 동당은 긔여이 ᄒᆞᆫ다 ᄒ오니 만일 츳돌이가 초시ᄅᆞᆯ ᄒᆞᆫ다 ᄒᆞ여도 광경이 이실 거시니 답답 <1850, 김성일가-56 여강이씨(아내)→김진화(남편)>

나. 긔여이 작쳐ᄅᆞᆯ ᄒᆞ야ᄒ 셜한을 ᄒᆞ게다 향ᄂᆡ 염가 슈쇄 일노 다시 아라보아 긔별ᄒᆞ니 븍빅의게 보ᄂᆡ여라 <1882, 명셩황후→민영소(조카)>

다. 빅통셜합은 못 되면 큰 낭픽게시니 뉴노로라도 긔여이 올니라 또 긔별ᄒᆞ야라 <1882, 명셩황후→민영소(조카)>

라. 이 밤듕에 엇의 가 차질 슈ᄂᆞᆫ 도뎌히 업스니 뒤으로 가게시오 우리가 붉는 날이면 긔어히 뎡탐을 ᄒᆞ야 통지ᄒᆞ오리다 <1912, 옥호기연 6>

마. 오날 당쟝 어머임 압흘 하직ᄒᆞ고 나아가 몃 ᄒᆡ가 되던지 긔어히 원슈를 갑ᄒ 아버님 텬딕에 게신 흘령을 위로ᄒᆞ고야 말겟ᄂᆞ니다 <1913, 비파셩 122>

바. 한경이와 직접 맛나든지 쏘는 전인을 노츤지 긔어히 그 돈을 바다쥘 작뎡이엇다. <1929, 황원행 83>

위의 (13)에 나타난 '期於(X)' 한자어는 대체로 [반드시]의 의미를 나타낸다. 일례로 (13나)의 경우, '기어이 죄를 처단하여 원한을 씻겠다' 정도로 파악되며, 이때의 '긔여이'는 [반드시]를 나타냄을 알 수 있다. 마찬가지로 (13라) 또한 '날이 밝으면 기어이 정탐을 하여 통지하겠다' 정도로 파악되므로, 이때의 '긔어히' 역시 [반드시]의 의미를 갖는다.

반면, 다음 예문 (14)의 '기어'류 한자어는 이와 다른 의미 양상을 보인다.

> (14) 가. 걸녀 걸녀 못 견듸오나 그 집이서 <u>그여</u> 잡아가니 홀체 업시
>   보내고 졀통ᄒ 박혀 박혀 어렵습 <1848, 김성일가-37 여강
>   이씨(아내)→김진화(남편)>
>   나. 왕이 딕경 왈 ᄂ을 <u>그여히</u> 불의에 ᄲᅡ지게 ᄒ기난 다 경등이
>   로다(漢中王驚日 陷孤於不義 皆卿等也) <1891, 삼국-모종 1891
>   13:49>
>   다. <u>그예</u> 큰소리가 나게 ᄒ고야 말지 <1908, 홍도화 12>

위의 (14가)는 '그 집에서 기어이 잡아가니 할 수 없이 보내고' 정도로 해석된다. 요컨대 이때의 '그여'는 [반드시] 보다 [끝내]의 의미로 파악하는 것이 더 자연스럽다. (14나)도 '왕이 크게 놀라면서 말하기를, 나를 기어이 불의에 빠지게 하는 이는 다 경들이로다.' 정도로 해석된다. 따라서 이때의 '그여히'도 [끝내]로 파악될 수 있다. (14다)의 '그예'도 마찬가지로 [끝내]로 해석된다.

이에 [반드시]로 해석되는 (13)과 [끝내]로 해석되는 (14)를 비교해 보면, 한 가지 흥미로운 경향을 발견할 수 있다. 곧 '기어'류 한자어가 미래의 사태 또는 의지를 나타내는 데 사용될 경우, 대체로 [반드시]의 의미를 보이는 한편, 과거의 사태나 경험을 나타내는 데 사용될 경우,

[끝내]의 의미로 해석된다는 점이다.

이처럼 하나의 부사가 미래와 과거의 사태를 기술하는 데 두루 쓰이면서 의미 차이를 보이는 현상은 비단 한자어 '기어이'에만 국한되는 것이 아니다. 일례로 다음의 (15)를 보자.

> (15) 가. <u>이믜셔</u> 世間애 얽미여슈믈 免티 몯홀식 時時예 예 와 奔走ᄒ 던 모믈 쉬노라(旣未免羈絆 時來憩奔走) <1481, 두시언해 9: 22a>
>
> 나. 이 물께 실은 져근 모시뵈도 <u>이믜셔</u> 풀고져 ᄒ야 가노라(這馬 上馳着的些少毛施布 一就待賣去) <1670, 노걸대언해 상 7b>

위의 (15)는 한국어사 자료에서 확인되는 부사 '이믜셔'의 예시이다. 그중 (15가)의 '이믜셔'는 [이미] 정도의 의미를 나타내고, (15나)의 '이믜셔'는 [곧] 정도의 의미를 나타낸다.

3) 소결

이상의 논의를 통해 한국어 체계 속 '期於(X)' 한자어는 적어도 18세기 초부터 내적 구조의 변화, 구체적으로는 한문과 같이 술보 구조의 '期於(X)'로부터 동사 '期'의 탈범주화 및 전치사 '於'의 잉여화를 거쳐 부사 '期'에 무실의(無實義) 어기조사 '於'가 결합한 '期於'로 단일어화되었으며, 후행하는 동사(서술어) 앞에서 [반드시]를 나타내는 부사로 정착되었을 가능성을 상정하였다. 한편, '期於'에 통합한 접미사 '-이/-히/-코'와 관련해서는 문헌 자료상 '期於' 자체가 부사로 사용된 용례가 이른 시기부터 확인되며, 이들 접미사의 통합 유무가 의미 기능상의 차이를 일으키는 것은 아니라는 점, 동시기(근대 한국어 시기)에 이미 존재하는 부

사 뒤에 '잉여적 파생접미사'가 덧붙는 현상이 대거 목격된다는 점 등
에 근거하여 부사 '期於'에 덧붙은 '잉여적 파생접미사'로 파악하였다.
아울러 '期於(X)' 한자어가 [반드시]뿐 아니라 [끝내]의 의미도 나타내
게 된 것과 관련해서는 '期於(X)' 한자어가 미래와 과거의 사태를 수식
하는 데 두루 쓰이면서 분화된 결과로 파악하고, 평행 사례로 고유어
'이믜셔'의 경우를 들었다.

2. '一切'

1) 현대 한국어 '一切'의 의미적 특징

주지하듯 현대의 '일절'은 '일체'와 공히 '一切'에 대응하는 한자어이
지만,[14] 다음의 (1)과 같이 독법의 차이뿐 아니라 그 용법에 있어서도
구분하는 것으로 알려져 있다.

> (1) "싱싱청과물의 주인 사내는 이제 막 이사 와서 동네 형편은 전혀
> 모르는 듯하였다. 무작정 과일전만 벌였으면 혹시 괜찮았을 것을

---

14 김양진(2013:35, 각주 3)에서는 한국어의 한자어 가운데 구성 한자들의 자형이 같지만
발음이 다른 한자어를 '동자이음 한자어'라 함을 밝히고, 여기에 '동자이의이음 한자어'와
'동자동의이음 한자어'가 포함됨을 언급한 바 있다. 그중 '동자이의이음 한자어'는 '구성
한자들의 자형이 같지만 뜻이 다르고, 그에 따라 발음도 다른 한자어'로, 흔히 '度[도]/
[탁]', '更[경]/[갱]', '切[절]/[체]' 등의 '동자이의이음 한자'에 의해 형성되는 것이라 하였
다. 한편, '동자동의이음 한자어'란 '乾[간/건]', '喝[갈/할]' 등의 '동자동의이음 한자'에
의해 형성되는 한자어를 가리킨다. 해당 연구는 후자를 대상으로 진행된 현대 공시적 논의
로, 전자에 대해서도 종합적인 정리가 필요함을 언급하였다. 요컨대 이 부분에서 논의될
'一切[일체/일절]'의 의미 변화 과정은 '동자이의이음 한자어'를 대상으로 한 통시적 연구
의 성격을 지닌다고 하겠다.

눈치도 없이 '부식 ①일절 가게 안에 있음'이란 종이쪽지를 붙여
놓고 파·콩나물·두부·상치·양파 따위 ②부식 일절이 아닌 부식
일체를 팔기 시작하였다." —양귀자(1987:213), <원미동 사람들:
일용할 糧食>

위의 (1)은 종이쪽지에 적힌 ①'부식 일절'이라는 표현이 마땅히 ②
'부식 일체'와 같이 정정되어야 함을 보인 것이다. 그렇다면 '일체'와
'일절'의 용법을 구분 짓는 '변별 요소'는 무엇일까? 아래 <표 1>을[15]
통해 여러 사전의 해석을 비교해 보기로 한다.

<표 1> 현대어 사전의 '일체'와 '일절'

	〈표준〉	〈고려〉	〈연세〉
일체	명사 ①모든 것 ¶도난에 대한 일체의 책임을 지다. ②(('일체로' 꼴로 쓰여)) '전부' 또는 '완전히'의 뜻을 나타내는 말. ¶오늘부터는 장군한테 병정 단속하는 권한을 일체로 맡길 테니, 장군은 나를 버리지 마시오. 《박종화, 임진왜란》	명사 ①모든 것 ¶일체의 관계를 끊다	명사 ①['~ 일체'의 꼴로 쓰이어] 특정한 것 모두. ¶그가 수술비와 입원비 일체를 대납해 준 데 대해 감사할 따름이다. ②['일체의 ~'의 꼴로 쓰이어] 모든 것, 온갖 것. ¶그녀가 대학원 공부하는 데 드는 일체의 비용은 그 장학 재단에서 제공된다고 한다. ③[관형사적으로 쓰이어] 모든, 온갖. ¶불교에서 말하는 중생은 빈부, 상하, 귀천을 망라한 일체 중생을 뜻하는 것이다.
	부사 ①모든 것을 다 ¶걱정 근심일랑 일체 털어 버리고 자, 즐겁게 술이나 마시자. ②→일절²	부사 ①모든 것을 다 ¶그 스님은 식사를 일체 거부하고 안거(安居) 중이다.	

---
15 이하 <표준국어대사전>, <고려대 한국어사전>, <연세한국어사전>을 각각 <표준>, <고려>, <연세>로 지칭할 것이다. 도표 속의 밑줄과 음영(陰影)은 필자가 추가한 것이며, 예문은 일부만 제시하였다.

| | 부사 **아주, 전혀, 절대로**의 뜻으로, 흔히 행위를 그치게 하거나 어떤 일을 하지 않을 때에 쓰는 말. ¶ 출입을 일절 금하다. | 명사 '일체'의 비표준어 | 명사 '일체'의 잘못 |
| 일 절 | | 부사 '일체'의 비표준어 | 부사 **부인하거나 금지하는 말과 어울려서]** 아주. 도무지. 결코. 전혀. ¶ 다른 얘기도 일절 하지 말아야 해. |

    <표 1>에서 확인되는 '일체'와 '일절'의 차이점과 공통점을 추려 보면 다음과 같다. 첫째, 세 사전에서는 명사로 [전부]를 뜻하는 '일체'만을 인정하며, '일절'의 명사적 용법은[16] 인정하지 않는다. 둘째, '일체'와 '일절'의 부사적 용법에 있어서는 인정 여부가 서로 엇갈린다. '일체'의 경우, <표준>과 <고려>에서는 [전부]의 의미를 갖는 부사 '일체'를 인정하지만, <연세>에서는 부사로서의 '일체'를 제시하지 않았다. '일절'의 경우, <표준>과 <연세>에서는 [전반 금지]나 [전반 부정]의 부사 '일절'을 인정하였으나 <고려>에서는 [전부]를 뜻하는 부사 '일체'의 '비표준어'라 하여 해당 용법을 배제하였다. 특히 <표준>에서는 부사 '일체'의 두 번째 의항으로 '→일절2'을 제시하고 있음이 주목된다. <표준>의 '일러두기' 제4조 '뜻풀이/뜻풀이 번호'에 따르면 '→'는 '표준어 뜻풀이 참고'를 지시한다. 이는 [전반 금지]나 [전반 부정]을 내포하는 부사적 용법에 있어 '일절'을 '일체'의 '참고' 또는 '표준어'로 파악하였다는 점에서 <고려>의 기술과 상당히 대조적이다. 이상의 비교 결과를 도식화하면 <표 2>와 같다.

---

16   <표준>에는 <고려>나 <연세>에 제시되지 않은 명사 표제어 '일절¹(一切): 종이 따위를 한 번 끊음.'이 보인다. '일절¹(一切)'과 '일절²(一切)'은 어깨 번호가 구별된다는 점에서 별개의 동음이의어로 처리되었음을 알 수 있다. 한편, 참고 어휘로서의 '일체(一切)'는 이들 중 부사 '일절²(一切)'에만 제시되어 있다.

〈표 2〉 현대어 '일체'와 '일절'의 기술 양상 비교

| | 일체 | | | 일절 | |
	명사	부사		명사	부사
표준	[전부]	[전부]	[전반 금지/부정]	∅	[전반 금지/부정]
고려	[전부]	[전부]	∅	비표준어	비표준어
연세	[전부]	∅		비표준어	[전반 금지/부정]

　　요컨대 현대의 '일체'와 '일절'은 대체로 통사 범주와 어휘적 의미에 따라 구분되는 것으로 정리할 수 있다. '일절'은 흔히 [전반 금지]나 [전반 부정]을 내포하는 부사로 쓰이는 반면, '일체'는 대개 [전부]를 뜻하는 명사 또는 부사로 쓰인다는 것이다. 그중 '일절'의 의미 자질인 [전반 금지]나 [전반 부정]은 '전부에 대한 금지나 부정'으로 바꾸어 이해할 수 있다. 결국 부사 '일절'과 '일체'는 [전부]라는 자질을 공유하면서도 그에 대한 '금지나 부정의 유무'에 의해 대별되는 셈이다.

　　이렇듯 '一切'이라는 한자어가 현대 한국어에서 '일체'와 '일절'과 같이 복수 한자음에 의한 형태 분화와 함께 의미 분화를 보이는 것과 달리, 현대 중국어의 '一切/yī qiè/'는 흔히 [전부]를 나타내는 지시 대명사로만 기술된다. 다음의 (2)를 보자.

　　(2) 一切「指示代詞」
　　　　① 全部 ; 各種
　　　　▎ 調動~積極因素.
　　　　② 全部的事物
　　　　▎ 人民的利益高於~.
　　　　▎ 夜深了, 田野里的~都是那麼靜.

　　위의 (2)는 <현대한어사전>(제7판)에서 발췌한 것으로, 현대 중국어의

'一切'가 단일한 독법을 갖는 한편, [전부/각종], [전부의 사물] 등 [전부]와 연관된 의미를 지닌 채 긍정·부정의 여부와 관계없이 두루 쓰임을 알 수 있다.

이에 아래에는 '一切'에 대응하는 한자어 '일체'와 '일절'의 통시적인 출현 양상 및 의미 분화 과정에 대해 살펴보고자 한다. 본격적인 논의에 앞서 '일체'와 '일절'의 관계를 다룬 기존의 사적 연구를 간략히 짚어 봄으로써 문제의식을 좀 더 분명히 하고자 한다. 이와 관련해서는 김종훈(1967), 남광우(1973, 1993) 등의 연구가 선행된 바 있어 중요한 참고가 된다. 먼저 김종훈(1967)에서 제시한 다음의 예문 (3), (4)를 보자.

(3) 가. 선친은 일절(一切) 그리하오신 배 아니 겨오시고 <1795, 한중록>

　　나. 일절(一切) 입밧긔 내디 아니하고 늠모르는 근심을 근심을 하되 <17세기, 계축일기>

　　다. 세간 사정을 일절(一切) 모르고 글 닑기만 됴화하되 <1829, 의유당일기>

　　라. 일절(一切) 원수를 미즌 곳시 업더니…[후략] <17세기, 사씨남정기>

(4) 가. 차시 육궁비빙(六宮妃嬪)이 짐작하여 의복하여 올리니 휘 일체(一切) 받지 아니하시니 <미상(조선시대), 인현왕후전>

　　나. 크며 져근 명상(名相)이 잃쳬(一切) 셔디 아니호미 <1462, 능엄경언해 1:8b>

　　다. 잃쳬 법을 내야 삼밍왕을 득하리니(得出生一切法三昧王) <1460, 몽산법어언해 48b>

　　라. 잃쳬(一切) 즐거븐 것 봉싱(布施)홀만하야 공득(功德)이 그지업스니 <1447, 석보상절 19:7a-7b>

김종훈(1967:59~61)에서는 위 (3)에 제시된 <한중록>, <계축일기>,

<의유당일기>, <사씨남정기> 등의 용례에 근거하여 고문헌의 '일절'이
전부 '부사'로서 '사물을 부인하거나 금지하는' 뜻으로 사용되었음을
언급하였다. 한편, '일체'에 대해서는 (4)에 근거하여[17] '일체'가 과거에
도 명사와 부사로 두루 쓰였으며, 그것이 문장 내에서 갖는 기능적인
가변성에 비추어 독음과 의미면에서 '일절'을 대체할 수 있다고 하였다.

이밖에 <왜어유해>, <신증유합>, <석봉천자문> 등에 '切'이 '졀(>절)'
로 표기된 사례도 있지만, 한국어사 자료를 기준으로 '一切'가 <普皆廻
向歌>에서 '一切善陵頓部叱廻良只'와 같이 최초로 문증될 뿐 아니라
여러 불경언해에서도 확인되는바 그 어원이 불교 용어에 있다는 점 등
에 근거하여 '一切'의 독음을 '일체'로 통일하고 시정할 것을 제안했다.

아울러 남광우(1973, 1993)은 김종훈(1967)을 한층 더 발전시킨 논의라
할 수 있다. 남광우(1973, 1993)에서 제시한 다음의 (5), (6)을 보자.

(5) 가. <u>一切</u> ㅣ 眞實ᄒᆞ야 <1469, 육조법보단경 20b>
　　나. <u>一切</u> 種種 智慧를 일워 <1459, 월인석보 1:10b>
　　다. 믄득 져근 名相이 <u>一切</u> 셔디 아니호미 <1462, 능엄경언해
　　　　1:8b>

(6) 가. <u>일절</u> 두창이 나디 아니 ᄒᆞᄂᆞ니 <1663, 두창경험방 5a>
　　나. <u>일절</u> 두려 쩌리지 아니ᄒᆞ더라 <1774, 삼역총해 1:12b>
　　다. 切 <u>일절</u> 절 <1781, 왜어유해 하 40b>

남광우(1973:51~52, 1993:341~343)에서는 (5)를 예시로, 임진왜란 전후
의 문헌을 통틀어 명사, 관형사, 부사로 쓰인 '一切'가 '일체'로 실현되

17　이 가운데 (4나, 다, 라)의 '잃쳉'는 원전에 '힗쳉'로 되어 있다.

었다는 점을 지적하고, 영조·정조 시대(18~19세기)의 <삼운성휘>, <규장전운>에서도 '割也·急也·大凡'의 뜻으로는 '일체/一切'가 제시되었음을 언급했다. 또한 (6)을 예시로, '임진왜란' 이후의 문헌에서는 부사 '一切'이 '일절'로도 적잖이 나타나 '일체'와 혼동된다고[18] 하였다. 아울러 남광우(1973, 1993) 역시 '일체'가 더 '일절'에 비해 더 일찍, 더 광범위하게 문증될 뿐 아니라 현재까지도 사용되며, 양음(兩音)의 병용으로 인한 혼란을 방지할 수 있다는 점에서 '일체'로 고정할 것을 제안했다.

위의 연구 내용 가운데 '일절'의 통시성과 연관되는 것으로 크게 세 가지를 들 수 있다. 첫째, '일체'는 이른 시기부터 명사·부사·관형사로 두루 쓰인 반면, '일절'은 임진왜란 이후부터 비로소 문증되며 부사로만 사용되었다는 점이다. 둘째, '일절'의 의미폭은 '일체'보다 좁아서 '사물을 부인하거나 금지하는 뜻'으로만 사용되었다는 점이다. 셋째, '일체'는 불교 용어에 기원을 두고 있는 '일절'의 선대형이라는 점이다.

이처럼 기존의 연구에서는 '일체'가 용법상 '일절'을 대신할 수 있다는 논지 하에 '일절'보다는 '일체'에 비중을 두고 논의되어 왔다. 다만 '일절'의 통시적 양상과 관련해서는 재고의 여지가 남아 있는 것으로 보인다. 첫째는 '일절'을 '일체'에 비해 후대에 나타나는 어형이라 단언할 수 있는가 하는 점이다. 둘째는 '일절'이 '일체'에 의해 온전히 대체될 수 있는 것이라면 부사 '일절'이 별도로 나타난 연유, 특히 부정 및 금지 표현과 특히 밀접한 호응 관계를 형성하게 된 연유 등에 대해서 변화의 관점에서 탐구해 볼 필요가 있다는 것이다.

---

[18] 해당 논의에서 비록 명시하지는 않았지만, '일절'의 예시로 든 용례들은 전부 '일절'이 '아니'와 같은 부정 표현과 공기하는 경우였다.

요컨대 아래에는 기술의 편의상 일단 선행 연구에서 '더 오래되고, 보편적인 용법'으로 간주되어 온 '일체'와 부정 또는 금지 표현에 특화된 '일체'의 후대형 내지 혼동형으로 간주되어 온 '일절'을 잠정적으로 각각 '본래 의미'와 '이의 발생 과정'에 두고 통시적 고찰을 진행한 후, 문증 양상의 실제에 비추어 상기의 두 의문에 대한 해답을 시도해 보려 한다.

2) 통시적 의미 변화

(1) 본래 의미

여기서는 '일체'의 통시적 문증 양상을 짚어 보기로 한다. '일체'의 선대형은 15세기부터 확인되며, 20세기 초까지 지속적으로 문증된다. 관련 어형의 시기별 분포를 정리해 보이면 <표 3>과 같다.

<표 3> '일체' 관련 어형의 시기별 분포

	15세기	16세기	17세기	18세기	19세기	20세기 초
일체[19]	○	○	△[20]	○	○	○
일체히					○	
일톄				○	○	○
일톄히				○	○	
일체						○

---

19 이하 기술의 편의상 원전에 '일쳉'로 되어 있는 것은 '일체'로 적을 것이다.

20 필자의 조사에 따르면, 한국어사 자료를 기준으로, 17세기에 '一切'이 문증되는 문헌은 <선가귀감언해>(1569)의 중간본인 <송광사판 선가귀감언해>(1610) 정도였는데 초간본과 중간본 모두 '一切'로만 되어 있고, 한자음이 기록되어 있지 않아 구체적인 독음을 알기 어렵다. 다음의 용례들로 보아 '일체'일 가능성도 있지만, 후술할 바와 같이 16세기 20~70년대나 17세기 초는 '一切'이 '일절'로도 나타나는 시기이기도 하거니와 종성 'ㄹ' 뒤에서 주격조사 'ㅣ'나 복합조사 '-앳' 등이 저지되는 것도 아니므로 반드시 '일체'라 단언하기

위 <표 3>의 용례들을 살펴본 결과, 15세기부터 20세기 초에 이르기까지 가장 강세적인 쓰임을 보이는 것은 '일체'('일톄', '일체' 포함)의 명사적 용법이었다. 그에 비해 '일체히', '일톄히' 등 부사들과 '일체', '일톄', '일체' 등이 부사로 쓰인 경우는 차지하는 비중이 크지 않으나 후대로 갈수록 증가하는 추세를 보인다. 아래에는 문증되는 시기와 비중을 고려하여 '일체', '일톄', '일체히/일톄히', '일체'의 순으로 약간의 예시와 함께 살펴보기로 한다.

다음의 (7)을 보자.

(7) 가. 이 經을 닐거 외오며 그 뜨들 ᄉᆞ랑ᄒᆞ야 불어 닐어 여러 뵈면 一切(일체) 願이 다 이러 長壽를 求ᄒᆞ면 長壽를 得ᄒᆞ고(讀誦此 經思惟其義 演說開示 隨所樂願一切皆遂 求長壽 得長壽) <1447, 석보상절 9:23b>

　가´. 一切(일체)ㅅ 聲聞과 辟支佛의 몰롤 거시라(一切聲聞辟支佛所不 能知) <1447, 석보상절 13:37a-37b>

　나. 그 光이 보ᄃᆞ라바 一切(일체)를 너비 비취ᄂᆞ니 이 보ᄇᆡ옛 소ᄂᆞ 로 衆生 接引ᄒᆞ며(其光柔軟普照一切 以此寶手接引衆生) <1459, 월인석보 8:36a>

　다. 발 드듸ᇙ 저긔 金剛摩尼花ㅣ 一切(일체)예 ᄀᆞᄃᆞ기 질이ᄂᆞ니(下足 時 有金剛摩尼花 布散一切莫不彌滿) <1459, 월인석보 8:36b>

어렵다. 특히 (다)의 경우, 16세기 문헌인 <장수경언해>에 '일체옛'과 같은 어형이 문증되는 데 반해, (다)에서는 복합조사가 '-옛'이 아닌 '-엣'으로 되어 있어 이때의 '一切'이 '일절엣'일 가능성도 제기될 수 있다.

　가. 一切 分別를 다 노하 自心을 셰면 三家村裏예 愚夫愚婦이 다 常例 正法을 니르며<1610, 송광사판 선가귀감언해 4b>

　나. 一切ㅣ 다 ᄀᆞ줄싀 性 아니며 相 아니며 理 아니며 事 아니며 부텨 아니며 衆生 아닌 等이라 <1610, 송광사판 선가귀감언해 9a>

　다. ᄯᅩ 니ᄅᆞ샤ᄃᆡ 一切옛 萬法이 ᄆᆞᅀᆞᄆᆞᆯ 브텨 幻生ᄒᆞ니(又云一切萬法이 從心幻生ᄒᆞ 니) <1610, 송광사판 선가귀감언해 30a>

다. 이 菩薩 ᄒᆞ닐 쩌건 十方 世界 다 震動ᄒᆞ딕(此菩薩行時 十方世界 一切震動) <1459, 월인석보 8:40a>

다″. 因 업스며 行 업스며 닷곰 업스며 證 업스며 了와 不了ㅣ 업서 크며 져근 名相이 一切(일체) 셔디 아니호미 이 眞實ㅅ 首楞嚴畢竟堅固 ㅣ 라(無因ᄒᆞ며 無行ᄒᆞ며 無修ᄒᆞ며 無證ᄒᆞ며 無了不了ᄒᆞ야 大小名相이 一切不立호미 此ㅣ 眞首楞嚴畢竟堅固者也ㅣ 라) <1462, 능엄경언해 1:8b>

위의 예들은 15세기에 문증되는 '일체' 관련 용례를 모은 것이다. 그 중 (7가)와 (7가′)은 <석보상절>의 예로, 명사 '일체'가 직접 후행하는 명사 '願'을 수식하는가 하면, 명사 '일체'에 관형격조사 '-ㅅ'이 통합한 형태가 '聲聞과 辟支佛의 몰롬 거시'라는 명사구를 수식해 주고 있는 모습이다. (7나~다)은 <월인석보>의 예시이다. 그중 (7나)는 명사 '일체'가 '비취-'의 목적어로 쓰인 것이며, (7다)에서는 명사 '일체'가 부사격조사 '-예(에)'와 통합하여 문장 속에서 부사어를 담당하고 있다. 아울러 (7다′)의 경우, 한문 원문 및 문맥상 부사로서의 '일체'가 상정될 만한 자리에 부사 '다'가 사용됨을 본다. 우연의 일치인지는 모르겠으나 이처럼 15세기에 문증되는 '일체'의 용법 가운데 부사로 쓰인 사례는 매우 드물며, 기존의 선행 연구에서 언급되었던 (7다″) 정도만이 확인될 뿐이다.

이처럼 명사적 쓰임이 강세를 보이는 한편, 부사적 쓰임이 드문 경향은 비단 15세기 뿐 아니라 그 이후로도 오랫동안 이어진다. 다음의 (8)을 보자.

(8) 가. 一切(일체)ㅅ 거시 다 업스나 오직 ᄆᆞᅀᆞᆷ 變티 아니ᄒᆞ야 어린 시져레도 쏘 아로딕 아ᄂᆞᆫ 거슨 本릭로 어리디 아니ᄒᆞ며(一切

皆空ᄒ니 唯心은 不變ᄒ야 迷時예도 亦知ᄒ되 知元은 不迷ᄒ며)
<1522, 법집별행록 49b>

나. 一念 中에 <u>一切(일체)</u> 法空ᄋᆯ 알시라(於一念中에 悟<u>一切</u>法空ᄒᆯ
시라) <1567, 몽산화상육도보설 33b>

다. 션ᄉᄒᄂᆫ 주ᄅᆯ 알며 이 경을 베퍼 닐어 <u>일쳬</u>예 죄 듕ᄒ 즁ᅀᅵᆼ
ᄃᆞᆯ 살와 내오져 ᄒ노져 ᄒ고 니거늘(作善知識 宣說是經 救度
<u>一切</u> 罪苦衆生) <16세기, 장수경언해 31b>

라. <u>일체</u> 만인을 극낙국토로 인도ᄒ여스라(<u>一功</u>萬人引道極樂國土)
<1776, 염불보권문, 50b>

마. 월젼에 ᄂᆡ부에셔 각 ᄉ무국에 륜죠를 ᄒ엿ᄂᆞᆫ되 <u>일체</u> 공문 셔
류를 쳐판과 반포ᄒ기 젼에 텽문이 랑쟈ᄒ고 그 공문 번등ᄒ
것이 ᄉᄉ로 다닌다니 <1899.11.20. 매일신문 27>

바. <u>일체</u> 즁ᅀᅵᆼ을 살니랴고 유도션도를 내신 후에 불도가지 내셧구
나 <1907.7.20. 대한매일신보 시사평론 >

위 (8)은 16세기부터 20세기 초까지 확인되는 '일체'의 일반적인 용
법을 정리한 것으로, 15세기와 마찬가지로 명사적 용법이 우세함을 알
수 있다. 그중 (8가)에서는 명사 '일체'가 관형격조사 '-ㅅ'과 통합하여
의존명사 '-것'을 수식하고 있으며, (8다)에서는 명사 '일체'가 부사격
조사 '-예(에)'와 통합하여 부사어를 담당한다. 그 외의 예들에서는 명
사 '일체'가 직접 후행하는 명사를 수식하고 있음을 본다. 이는 앞서
본 15세기 (7)의 양상과 다르지 않다.

전반적으로 이러한 경향성을 보이는 가운데 18세기부터 19세기 말
20세기 초로 이행하는 사이 기존의 명사적 쓰임과 함께 부사적 용법도
조금씩 강화되는 양상이 포착된다. 다음의 (9)를 보자.

(9) 가. 취락과 셩읍 궁뎐의 텨ᄒ니와 내지 <u>일톄</u> 텬룡 팔부인 비인 등
과 […] 다 뎨의게 슈슌ᄒ야 젼셜ᄒ며 <1760, 보현행원품,

8b>

가′. 듯즈오니 미릭 세 듕의 흐다가 션남즈 션녀인과 일체 텬농이
이 경뎐과 디장 일홈을 듯거나 샹을 쳠례흐면 <1762, 지장경
언해 하 22a-22b>

나. 간신이 오국흐야 혼이 되며 외 되는 쟈룰 일톄히 뭇지 아니흐
시고 도로혀 쟉질을 놉히고 공신의 호룰 젼례로 더흐시니(奸
臣誤國爲昏 爲妖者 一切不問 反崇以爵秩 例加功臣之號) <1720년
이후, 조야첨재 13:66>

위의 (9가)는 18세기 문헌인 <보현행원품>에서 발췌한 것으로, 비슷
한 시기 (9가′)에 나타난 명사 '일체'에 비추어 과도교정형이라 할 수
있다. 한편, (9나)는 1720년 이후의 문헌으로 추정되는 <조야첨재>에
서 발췌한 것으로, 한문 원문 '一切'에 대당하는 부사로 '일톄히'가 새
롭게 확인된다. 앞서 (7다″)에서 확인하였듯 '일체' 자체만으로도 부사
로 쓰일 수는 있었다는 점, '*일체하-' 또는 '*일톄하-'와 같은 용언형
의 부재 등으로 미루어 이때의 '일톄히'는 형태상 '일체'의 과도교정형
'일톄'에 잉여적 파생접미사 '-히'가[21] 통합한 것으로 이해할 수 있다.
즉 18세기 이전에는 '일체'가 주로 명사적 용법을 보이면서 부사로 쓰
이는 일이 드물었음에 비해 18세기 경 '일톄히'의 출현은 명사와 함께
부사로서의 쓰임도 서서히 강화되기 시작했음을 시사한다.

실제로 19세기 말 20세기 초에 이르러 문헌상 기존의 명사적 용법
뿐 아니라 부사로서의 쓰임도 증가함을 보게 된다. 먼저 다음의 (10)을
보자.

---

21 '잉여적 파생접미사'의 덧붙음 현상과 관련해서는 앞서 2.1.2.2에서 부사 '期於'에 대응하
는 '期於이/期於히'와 연관 지어 논의된 바 있거니와 후술할 '일체히'나 부사 '일절'에 대응
하는 '일절이', '일절히' 등 형태에도 적용됨을 미리 밝힌다.

(10) 가. 일긔에 회송흔 싸 보고□ 친젼홀 글을 긔록ᄒ야 그 잇흔날
　　　긔록과에 보내고 뎐보ᄂᆞ 곳 풀어보되 뎐신과 <u>일체</u> 공문이
　　　시급에 관계가 되거든 그 쇼쟝흔 국쟝 과쟝의게 통지ᄒ고
　　　<1899.11. 20. 매일신문 40>

　나. 뎨오 죠ᄂᆞᆫ 민ᄉ 판ᄉᆞᄂᆞᆫ <u>일톄</u> 민ᄉ 쇼송을 심리ᄒ되 판결을
　　　스스로 힝치 못ᄒ고 판결셔에도 수반 판ᄉ의 인쟝을 반ᄃᆞ시
　　　찍으며 […] 뎨십이 죠ᄂᆞᆫ <u>일톄</u> 인범을 한셩 지판쇼에 압령ᄒ
　　　여 오거던 지판쇼에셔 밤을 지내지 못ᄒ게 ᄒ고 <1897.11.4.
　　　독립신문, 1>

　다. 뷘 산 직힌 승도들아 셰속 도망 웬일인가 <u>일톄</u> 즁싱 구졔키
　　　ᄂᆞ 우리 슈즁 잇다 ᄒ여 <1909.1.9. 대한매일신보 시사평론>

　라. <u>일체</u> 즁싱 번뇌세계 천상 인간 젼뉸셩황 역딕 왕후 만고 호
　　　걸 부귀영화 존비귀쳔 일체 기시 몽환이다 어이 ᄒ야 그러흔
　　　고 <20세기, 몽환별곡>

　　위의 (10)은 기존과 같이 명사적 쓰임을 보이는 것으로, (10가)의
'일체' 이외에도 그 과도교정형인 '일톄', 단모음화된 '일체' 등이 공존
함을 알 수 있다.

　　한편, 이와 동시기에 등장하는 아래의 (11)은 어형의 다양화와 함께
전형적인 부사로 쓰인 예들이라 할 수 있다.

(11) 가. 농상공부에셔 이들 십오일에 각도 관찰ᄉᆞ의게 훈령ᄒ기를 등
　　　짐 쟝ᄉ와 보짐쟝ᄉ들의 림방 명쇡을 <u>일톄</u> 혁파홀 젼후에 훈
　　　령으로 신칙흔 것이 신엄홀 ᄲᅮᆫ이 아닌즉 <1897.10.21. 독립신
　　　문 3>

　가′. 졔천군 쟝슈셰를 밧치지 안흔다고 쟝감고리 법규를 츙쳥북
　　　도 관찰부에셔 샹ᄉᆞ 식혀 엄슈ᄒ엿다니 쟝감고 내여 준 사
　　　룸(름)은 누구인지 자셰히 탐지ᄒ야 긔지ᄒ려니와 슈셰라고
　　　ᄂᆞ <u>일체</u> 혁파ᄒ엿ᄂᆞ딕 <1899.11.20, 매일신문 2>

가″. **홍순과 경무관이 나와서 경무스의 명령을 전ᄒ기를 향일에**
우희셔 죄 잇는 쟈를 일체 **탕쳑ᄒ신다 ᄒ엿거늘 <1899.11.**
20, 매일신문 3>

나. 조각을 나눈 새 문셔도 홈의 반다시 원리 온 조각 쌍문셔의
정식을 좃치며 부계 졀결을 아올나 <u>일체히</u> 죠판홀 것이니
<1897. 11.27, 독립신문 1>

나′. 조각을 난운 새 문셔도 홈의 반다시 원리 온 조각 쌍 문셔의
덩식과 아올나 부계 졀결을 좃차 <u>일톄히</u> 죠판홀 거시니
<1897, 증남포목포각국죠계쟝졍 10>

위 (11가~가″)에서는 '일체'와 그 과도교정형인 '일톄'가 후행하는
동사 '혁파ᄒ-' 또는 '탕쳑ᄒ-'를 수식하는 등 부사의 용법이 확인된다.
한편, (26나, 나′)은 사실상 동일한 내용을 반영한 것으로, 부사 '일체'
또는 '일톄'에 잉여적 파생접미사 '-히'가 덧붙어 형성된 부사 '일체히',
'일톄히'가 후행하는 동사 '죠판ᄒ-'를 수식해 주고 있다. 주지하듯 오
늘날에 이르러 잉여적 파생접미사가 통합한 것으로 파악되는 '*일체히'
나 '*일절히'는 더이상 쓰이지 않는다.

(2) 이의 발생 과정

여기서는 기존의 연구에서 '임진왜란 이후에 나타난 부사 '일체'의
혼동형'으로 파악되어 온 '일절'의 통시적 문증 양상을 다루기로 한다.
물론 '일절'은 후술할 바와 같이 임진왜란 이후부터 본격적으로 문증되
고, 부사로서의 쓰임 또한 우세한 것이 사실이지만, 그렇다고 하여 임
진왜란 이전의 문례가 전혀 없는 것도 아니며, 부사로서의 단일 용법만
을 지녔다고 단정하기도 어렵다.

최근에 황선엽(2022:64)에서 제시한 다음의 용례 (12)를 보자.

(12) 一일切졀 邪神이 갓가이 오디 몯ᄒᆞᄂᆞ니라(一切邪神 不敢近) <1578,
　　　간이벽온방 4a>

(12)에 나타난 '일졀'의 용법을 논의하기에 앞서 해당 어형이 출현하는 문헌인 <간이벽온방>의 간행 시기에 주목할 필요가 있다. 황선엽(2022:57)에서 언급하였듯 (12)의 출처는 1578년의 <간이벽온방> 을해자본[22]이지만, 'ㅇ'이 15세기 문헌과 같이 규칙적으로 사용되고 있는 등으로 보아 1525년 초간본의 표기를 그대로 가져온 흔적을 발견할 수 있다. 물론 1578년의 을해자본에 '일졀'이 나타난다는 사실만으로도 임진왜란 이전에 '일체'뿐 아니라 '일졀'도 존재했음이 입증되지만, 1525년 초간본의 표기를 그대로 답습하였을 가능성에 비추어 보면, '일졀'이 16세기 초반에도 존재했음을 시사하는 대목이라 할 수 있다. 또한 황선엽(2022:64)에서 언급했듯 (12)의 '일졀'은 그 수식 대상을 어떻게 파악하느냐에 따라 두 가지 해석이 가능하다. 가령 언해에서 '일졀'이 후행하는 '邪神'을 수식하는 것으로 본다면, '일체'와 같이 [전부]를 뜻하는 명사(또는 관형사)로[23] 파악할 수 있다. 한편, '일졀'이 '邪神이 갓가이 오디 몯ᄒᆞᄂᆞ니라'라는 문장 전체를 수식하는 것으로 본다면, [전반 부정]을 뜻하는 부사로 파악할 수 있다. 요컨대 적어도 16세기에 '일졀'

22　해당 문헌이 을해자본, 즉 활자본이라는 점에서 목판본과 달리 글자 하나하나에 따로 음을 넣어야 한다는 작업 특성도 고려해 볼 수 있겠으나 일반적으로 각수의 작업이 정해진 판하에 의해 엄격히 수행되는 것임을 감안할 때 이 문헌에서 '一切'이 '일졀'로 실현됨은 우연한 결과라 하기 어렵다.

23　이하 '관형사'는 생략하기로 한다.

도 '일체'와 마찬가지로 명사나 부사의 쓰임을 두루 갖추었던 것으로 이해할 수 있다.

아울러 16세기~20세기 초의 한국어사 자료를 기준으로, 이렇듯 양가적인 해석을 허용하는 '일절'의 예가 더러 있다. 다음의 (13)을 보자.

> (13) 가. 밧씌셔는 그믐날 느믜 쇼상의 가 겨시다가 둥히 편치 아녀
>   일절 음식을 몯 자시고 <17세기 전기, 진주하씨묘출토언간,
>   34>
>   나. 쇼제의 집녜ᄒ시미 야힝(夜行)의 무쵹(無燭)이면 일절 계졍을
>   밟지 아니시고 <17~18세기, 완월회맹연 20:33a>

위 (13가)의 '일절'은 '음식'을 수식하는 명사로 볼 수도 있고, '음식을 몯 자시-' 전체를 수식하는 [전반 부정]의 부사로 볼 수도 있다. (13나)도 이와 마찬가지로 '일절'은 '계졍'을 수식하는 명사로 이해할 수도 있고, '계졍을 밟지 아니시-'를 수식하는 [전반 부정]의 부사로 파악할 수도 있다.

한편, 다음의 (14)는 '일절'의 전형적인 명사적 쓰임을 보여 주는 사례이다. 이는 주로 18~19세기에 걸쳐 확인된다.

> (14) 가. 이 일절을 일즉 고샹ᄃ려 딕답ᄒ 일이 이시니 이제 오히려
>   닛디 못ᄒᄂ니 <1762, 어제경세문답언해 17b>
>   나. 내 굴오디 미매 일절은 스신도 간예ᄒᄂ 일이 업ᄂ니 내 무
>   삼 권녁으로 다른 사람을 분부ᄒ리오 <18세기, 을병연행록
>   8:59a>
>   다. 듯ᄂ 쟈 갈오디 글언즉 뉘 능히 구완ᄒ리잇가 갈오샤디 사름
>   이 능치 못ᄒᄂ 바롤 하나님인 즉 능ᄒᄂ니라 피들이 갈오디
>   우리 일절을 버리고 쥬롤 조찻ᄂ이다 ᄒ니 <1887, 예수셩교젼

서 209>

　라. 당쵸에 팔고 무슴 억지를 쓴다고 휘욕이 틱심ᄒ더라 ᄒ니 그
　　　집 일졀과 옥닌 어미의 간활흔 흉계ᄂ 동즁 사름이 다 아는
　　　빅라 <1899.11.20, 매일신문, 4>

　마. 뎨오죠 의장은 즁츄원에 쇽흔 일졀 ᄉ무를 총관(總管)ᄒ고
　　　<1899.11.20, 매일신문, 3>

　위에서 보듯 (14가~라)의 '일졀'이 전형적인 명사라는 점은 '일졀'에 '-을', '-은', '-을', '-과' 등의 여러 조사 또는 보조사가 통합하였다는 데서 쉬이 알 수 있다. 특히 (14나)의 '믜매 일졀'과 같은 [명사+일졀]NP 구성은 오늘날 실생활에서 접할 수 있는 '안주 일절'과 다르지 않다. 아울러 (14마)의 '일졀'은 관형사형 '(즁츄원에) 쇽흔'의 수식을 받는 명사구 '일졀 ᄉ무'의 일부라는 점으로부터 명사로 쓰인 것임을 알 수 있다. (14)와 같이 전형적인 명사의 쓰임을 보이는 '일졀'은 [전부]의 의미를 나타내는바 전술한 명사 '일체'의 쓰임과 다르지 않다.

　이로써 '일절'의 선대형 '일졀'의 출현 시기는 적어도 임진왜란 이전인 16세기 20~70년대에 소급될 수 있음을 확인하였다. 아울러 용법에 있어서는 16세기부터 19세기 말에 이르는 동안 부사뿐[24] 아니라 [전부]의 명사로도 사용된 예가 더러 있음을 함께 확인하였다.

　요컨대 아래에는 한국어사 자료 속 '일절'의 통시적 문증 양상을 짚어 보고, 그중에서도 특히 주축을 이루는 부사적 쓰임과 그 의미 양상에 대해 분석해 보기로 한다. 다음의 <표 4>는 16~20세기 문헌에 나타난 '일절' 관련 어형과 그 시기별 분포를 정리한 것이다.

24　'일절' 관련 부사의 의미에 대해서는 아래 부분에서 자세히 다룰 것이다.

〈표 4〉 '일절' 관련 어형의 시기별 분포

	16세기(임진 이전)	17세기	18세기	19세기	20세기
일절	○	○	○	○	○
일졀이		○	○	○	○
일졀히			○	○	○
일져리		○			
일뎔			○		
일졀				○	○

〈표 4〉에서 제시한 '일절'류 어휘들의 용례를 관찰한 결과, 앞서 본 16세기 임진왜란 이전 양가적 쓰임을 보이는 (12)를 포함하여 20세기 초에 이르기까지 전반(全般)에 걸쳐 '부정'이나 '금지' 표현과 긴밀히 공기하는 부사적 용법이 압도적이다.

참고로 17~20세기 초에 걸쳐 두루 확인되는 '일절'의 예시를 들면 (15)와 같다.

(15) 가. 샹시 훈회예 뎐교 나오신 일이나 일절 승슌티 아니 ㅎ고
     〈16xx, 계축일기上:3a〉
   나. 긔운 편안ㅎ읍샨 긔별 일별 듣줍디 몯ㅎ와 일시도 닛줍디 몯
     ㅎ오며 〈16xx,현풍곽씨언간, 130-3〉
   다. 샹검이 일졀 누셜티 말 쯧으로 손을 잡고 신신히 당부ㅎ더이
     다 〈1756, 천의소감언해2:51a〉
   라. 다만 고루혼 소견은 일절 밋디 아니코 오직 손오병법을 유쟈
     의 혼번 보암죽 혼 글이라 ㅎ노라 〈18세기, 을병연행록14,
     102〉
   마. 다만 탐ㅎ는 관원을 죽이며 블의옛 지믈을 앗고 일졀 냥민을
     해티 아니ㅎ니 우리 근쳐 빅셩이 평안ㅎ더니 〈낙선재 필사
     본 후슈호젼 1:5a〉
   바. 요ᄉ이 손힝직 당즁을 드리고 화렴산을 못 넘어 혼듯 ㅎ니
     부쳐를 빌나 와도 일졀 쥬지 말고 깁히 간슈ㅎ라 〈1856, 셔

유기(경판59장본)상 20a>

사. 방경이 셜즁의 동ᄉᆞ흔 거슬 주그가 구흔 말은 <u>일졀</u> 제긔치
<u>아니코</u> 다만 니ᄅᆞ뒤 <1884, 진주탑 3:28a>

아. 또 과거 보이ᄂᆞᆫ뒤 셔양 학문을 <u>일졀</u> 쓰지 <u>말고</u> 이전 복구례
만 ᄒᆞ라고 ᄒᆞ엿다ᄂᆞᆫ뒤 <1900, 제국신문 0307>

자. 역토 외에 민ᄉᆞ를 <u>일졀</u> 간섭지 <u>못ᄒᆞ게</u> 하라 하엿더라 <1902,
제국신문 0821>

(15)에서 보듯 현대어 '일절'의 선대형인 '일졀'은 17~20세기 초에
지속적으로 '아니', '못' 등의 부정 표현과 '말-' 등의 금지 표현에 선행
하여 사용되었음을 알 수 있는바 현대 한국어 '일절'의 모습과 크게 다
르지 않다. 아래에는 이처럼 '일절'이 부정 또는 금지 표현과 긴밀히
공기하게 된 구체적인 과정을 살피기로 한다.

기술의 편의상 먼저 17세기 초의 문헌 <언해두창집요>(1608)에서 발
췌한 다음의 예문 (16)을 보자.

(16) 힝역홀 제 여러가짓 더러운 내며⋯③흔글ᄀᆞᆫ 비린내 누린내 머
리터럭 ᄉᆞᆫ 내둘홀 갓가이 마티디 ①<u>말라</u> 의혹졍뎐의 글오디 힝
역이 ᄀᆞ장 더러운 내를 두려ᄒᆞᄂᆞ니 밧그로셔 온 사름이며 빌 즁
이며 도ᄉᆞ들로 경 닐기며 왕ᄂᆞ기ᄅᆞᆯ ②<u>일졀이</u> 긔휘ᄒᆞ라(痘瘡①
<u>切忌</u>諸般臭穢⋯③<u>一切</u>腥躁燒頭髮等氣 醫學正傳曰 痘瘡最怕穢惡之氣
②<u>切忌</u>外人及僧道看經往來) <1608, 언해두창집요 하 42b-43a>

(16)에서 밑줄 그은 ①'말라'와 ②'일졀이 긔휘ᄒᆞ라'는 공히 원문의
'切忌'에 대응하는 대역어이다. '切忌'는 '절대로 삼가다' 정도에 해당
하는 [경계(儆戒)]의 동사이다. 이때 '切忌'의 '切'은 '절대로/필히' 정도
의 '당위성'을 강조하는 어기(語氣) 부사로 분석하는 것이 일반적이며,

부정극성을 갖는 것으로 보는 견해가 일반적이다.[25] 요컨대 (16)의 '일절이 긔휘하라'에서 '긔휘하라'가 '믈'에 대응함을 감안하면, '일절이'는 자연히 '切忌' 내의 당위성 어기 부사 '切'에 대응하는 대역어임을 알 수 있다. 특히 (16)에서 [전부]의 지시 대명사[26] '一切'를 ③의 '흔글ㄱ 튼'과 같이 언해하고, '切忌'의 당위성 강조 어기 부사 '切'을 ②처럼 부사 '일절이'로 구분하여 언해했다는 점이 주목된다.

한편, 다음의 (17) 역시 17세기 문헌인 <두창경험방>(1633)에서 발췌한 것으로, 이러한 현상과 관련하여 더욱 풍부한 단서를 제공해 준다.

> (17) 삼가 풍한을 피ᄒ고 ①일절 싱닝을 <u>금긔호ᄃᆡ</u>…ᄯᅩ 금긔ᄂᆞᆫ 비홍시 슈박 납셜슈 대쵸 건시 돔은 믈…부쳐졸 싱강 향내 사오나온 내 ②<u>일절</u> <u>금긔ᄒ</u>며 믈읫 스로소 내 굽지지ᄂᆞᆫ 내 길름의 쵸ᄒᆞᄂᆞ 내…③<u>일절히</u> 갓가이 말고…ᄯᅩ 밧사람과 즁 거스와 무당을 ④<u>일 절히</u> 문뎡의 드리디 말고…⑤<u>일절히</u> 잡디 말고 그 ᄒᆞᄂᆞᆫ 대로 두 라(謹避風寒①<u>切忌</u>生冷…又②∅忌生梨紅柿西苽臘雪水棗子乾柿沉 水…韭薤生薑香臭惡臭 凡燒煑油炒烟臭 ③<u>一切不可近</u>…且禁外人僧尼 巫覡 ④∅<u>勿入門庭</u>…⑤<u>切勿把持任其所爲</u>) <1633, 두창경험방 14a>

(17)에서 밑줄 그은 ①은 (16)의 사례와 같이 '금지' 표현 동사 '切忌'를 당위성 부사 '일절[切]'과 동사 '금긔ᄒ-[忌]'로 나누어 언해한 것이다. ⑤의 '切勿' 역시 '切忌'와 비슷하게 '절대/결코(…하지 마라)' 정도의 '금지'를 나타내는 부사로,[27] 이때의 '切' 또한 당위성을 강조하면서 부

---

25   한문의 당위성 부사 '切'의 부정극성 및 '切X'류 어휘[切忌, 切須, 切勿, 切莫, 切切, 切不可 /切不得]들의 단일어화 양상에 대해서는 段琰(2017)이 참고된다.

26   한문 문법의 용어로는 '總括代詞'에 해당한다.

27   견해에 따라서는 '切勿'을 동사로 보기도 한다.

정극성을 띠는 어기 부사로 파악하는 것이 일반적이다. 요컨대 해당 언해에서 '切勿'을 '일절히[切]'와 '말-[勿]'과 같이 양분하여 그중의 당위성 어기부사 '切'을 '일절히'로 처리한 것은 ①과 동궤의 것이라 할 수 있다. 더욱이 (17)의 ②와 ④는 한문 원문에 당위성 부사 '切'이 시현되지 않았음에도 '일절' 관련 어형을 추가하여 언해했다는 점에서 특히 주목된다. ②의 경우, 원문에 나타난 '피하다/ 금기하다' 정도의 동사 '忌'를 '금긔ᄂᆞᆫ…금긔ᄒᆞ며'와 같이 두 번에 걸쳐 대역하였는데 그중 서술어 '금긔ᄒᆞ며'에 선행하여 부사 '일절'을 추가한 것이다. ④에서도 마찬가지로 원문에는 금지를 나타내는 부사 '勿'뿐인데 언해에서는 여기에 부사 '일절히'를 추가하여 '일절히…말-'과 같이 처리하였다. 이렇듯 원문에 없는 부사 '일절', '일절히' 등을 추가로 의역하였다는 사실은 해당 시기 한국어 체계 속에서 부사 '일절'이 금지 표현과 상당히 밀접하게 호응할 수 있었음을 단적으로 보여 준다.

이처럼 부사 '일절'이 언해에서 추가로 의역되는 양상과 관련하여 <두창경험방>(1633)의 예문 (18)을 좀더 보기로 한다.

> (18) 가. 그 틱독을 업게 ᄒᆞ면 후에 <u>일절</u> 두창이 나디 아니ᄒᆞᄂᆞ니(以
> 去其胎毒 洗後不生痘也) <1633, 두창경험방 5a>
> 나. 황겁ᄒᆞ야 <u>일절</u> 고기를 머기디 아니ᄒᆞ야(痘家惶懼不敢與小許
> 魚肉) <1633, 두창경험방 11b>

위에서 보듯 (18가)는 한문 원문에 당위성의 어기부사가 실현되지 않은 경우임에도 언해에 '일절'이 추가되어 부정 표현 '아니-[不]'와 공기한 사례이고, (18나)는 한문 원문 '不敢與小許魚肉'에서 부정 표현 '不(敢)'과 호응하여 '조금도'의 의미를 나타내는 '小許'가 '일절'로 의역

된 경우이다. 이처럼 원문에서 부정극성을 띠는 당위성의 어기부사
'切'이 '일절'로 처리된 문례 또는 그것으로 의역된 사례는 18~19세기
의 문헌에서도 확인할 수 있다. 약간의 예시를 보이면 (19)와 같다.

(19) 가. 일절히 그릇 用心ᄒᆞ여 術을 假ᄒᆞ여 家計를 營티 말라(切莫錯
用心 假術營家計) <1721, 오륜전비언해 45b>

나. 삼을 명조고 모시를 삼으되 굴그며 ᄀᆞ는 거슬 굳디 아니케
ᄒᆞ며 車機로 紡織ᄒᆞ기를 일절 匆匆이 말올디니라(紃麻絹苧ᄒᆞ
되 粗細를 不同ᄒᆞ며 車機紡織을 切勿匆匆이니라) <1736, 여사
서언해 2:4a>

다. 이거시 구려의 계괴라 우리 통[동]티 아니믈 보고 짐짓 이 말
로 널위를 격동ᄒᆞ니 일절 통티 말라(此乃九黎之計 見我不動 故
出此言 以激列位 切不可動) <조선후기, 개벽연의-규장2:86>

라. 네 일절 댱관인을 들먹이디 말고(你千萬莫說出張官人來) <17XX,
선진일사12:95>

마. 싱각건듸 대군이 오면 힐문치 못홀 줄 알고 일절 ᄇᆞ려두미라
(都是大兵來 盤詰不得 索性撤了) <1884, 여선외사 31:70>

아울러 상기의 경향성에 비추어 짚고 넘어갈 것은 부사 '일절'이 부
정 또는 금지 표현에 특화되는 통시적 과정에 '일체'처럼 '긍정 표현'에
쓰인 사례가 전혀 없었던 것은 아니었다는 점이다. 해당 용례는 각각
17세기 전반(前半)기와 19세기 말에 소수 확인된다. 아래의 (20)을 보자.

(20) 가. 셩이 지극흔 효되러니 부모 상ᄉᆞ 만나 일절의 가례를 좃고
삼 년 쥭 머그니라(性至孝遭父母喪一遵家禮啜粥三年) <1617,
동국신속삼강행실도 4:35b>

나. 高氏ᄂᆞᆫ 一절히 禮經을 뻐셔 襲斂애 옷 쓰기를 하게 홀 거시라
ᄒᆞᆫ 故로 襲애 冒ㅣ 잇고(高氏一用禮經 而襲斂用衣之多 故襲有

冒) <1632, 가례언해 5:18b>

다. 일절히 간의 병을 고티느니 블의 달온 침을 흔 촌을 주라(治
一切肝家病ᄒᆞᄂᆞ니 火針入一寸ᄒᆞ라) <1682, 마경초집언해 상
63b- 64a>

라. 만일 일절히 브어 알프기늘 환ᄒᆞ거든 흰 침으로 슝슝 주면
독흔 긔운을 흐터 슬와 ᄇᆞ리ᄂᆞ니라(如患一切腫痛이어든 白針
鑽消散毒氣ᄒᆞᄂᆞ니라) <1682, 마경초집언해 상 69b>

마. 뎨일됴는 각 디방관의 치젹은 각 히 관찰ᄉᆞ와 목ᄉᆞ의 론보
를 거ᄒᆞ야 일절히 관보에 게지ᄒᆞ되 <1898, 매일신문 2>

(21) 가. 일절히 갓가이 말고…또 밧사람과 즁 거ᄉᆞ와 무당을 일절히
문뎡의 드리디 말고…일절히 잡디 말고(一切不可近…且禁外人
僧尼巫覡 勿入門庭…切勿把持) <1633, 두창경험방 14a>

나. 프른 플과 녹두를 믈의 둠가 먹기고 일절히 싱뇨를 금긔ᄒᆞ라
(믄一切生料ᄒᆞ라) <1682, 마경초집언해 상 85b>

　　(20)에 제시된 '일절히', '一졀히', '일졀이' 등은 전술한 바와 같이
부사 '일졀'에 잉여적 파생접미사 '-히'나 '-이'가 덧붙은 형태라 할 수
있다. 그중 (20가~라)는 17세기 전반기의 용례이고, (20마)는 19세기
말의 용례로, [전부]의 뜻을 나타내는 문장 부사로 파악할 수 있다. 특
히 (20다~라)와 (21나)는 동일한 문헌의 용례로, '일절히'가 긍정과 금
지 표현에 두루 사용될 수 있었음을 보여 준다.
　　이제 17세기 이전의 자료에서 문증되는 당위성의 어기 부사 '切'의
대역 양상을 제시함으로써 앞서 제시했던 내용과 비교해 보려 한다. 먼
저 한문 원문에 [전부]의 지시 대명사 '一切'과 당위성의 어기 부사
'切'이 함께 문증되는 <초발심자경문>(1577)의 용례 (22)를 보자.

(22) 가. ᄒᆞ다가 죵시 좌애 올라 셜법호믈 맛나거든 모디 법에 어려온

혜믈 지어 몯ᄒ리로다 ᄒ야 믈러날 ᄆ슴 내디 말며(若遇宗師
ㅣ 陞座說法이어든 切不得於法의 作懸崖想ᄒ야 生退屈心ᄒ며)
<1577, 초발심자경문 14a>
나. 일체 시즁에 바ᄅ 모로매 방변을 모로매 더욱 힝ᄒ야 디혯
히믈 뻐(一切時中에 直須用加行方便智慧之力ᄒ야) <1577, 초발
심자경문 19b>

위의 (22가)에서 보듯 16세기 문헌인 <초발심자경문>의 경우, [당위
성]을 나타내는 부사 '切'은 '모딕'로 되었는바 (22나)에서 [전부]의 지
시 대명사 '一切'의 대역어로 등장한 '일체'와 구분된다. 아울러 '切'의
독음에 대해서도 다음의 <그림 1>과 같이 용법에 따라 구분하고 있음
을 알 수 있다.

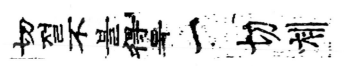

14a   19b
〈그림 1〉『초발심자경문』(1577) 속 '切'의 독법

즉 [당위성] 어기부사로 사용된 경우에는 '졀'로, [전부]의 지시대명
사로 사용된 경우에는 '체'와 같이 구분하고 있는 것이다. 이러한 양상
은 전술한 17세기의 대역 양상과 극명한 대조를 이루며, 다음의 (23)과
같이 16세기뿐 아니라 15세기에도 확인된다.

(23) 가. 녯 聖人ᄉ 보라믈 보미 맛당컨뎡 모딕 杜撰을 마롫디니 아란
다(宜觀先聖標格이언뎡 切忌杜撰이니 會麼아) <1460, 몽산법
어언해 20a>
가'. 모딕 文字를 잡디 말오 바ᄅ 모로매 ᄠ들 아라 一一히 自己

　　예 나샤가 本宗애 마즈면 스승 업슨 智慧 ㅣ 自然히 알픽 나
　　트며(切莫執文코 直須了義ㅎ야 一一歸就自己ㅎ야 契合本宗ㅎ
　　면 則無師之智 ㅣ 自然現前ㅎ며) <1467, 목우자수심결 42b>

나. ㅎ다가 가ᄉᆞ미 ᄃᆞᆺㅎ면 ㅎ룻 內ᄂᆞ 어루 救ㅎ리니 <u>잢간도</u> 노
　　긋디 <u>말오</u>(若心上溫一日已上猶可救 切不可截斷繩) <1466, 구급
　　방언해 상 77a>

나'. 子孫이 길리니 <u>잢간도</u> 제 믿고 德을 힘쁘디 아니ㅎ고 이리
　　偶然ㅎ니라 너기디 <u>마롤디니</u>(乃可長世니 切不可自恃而不務德
　　ㅎ고 謂事有偶然也 ㅣ 니) <1573, 내훈2 하 57a>

　　(23)에서 보듯 15~16세기의 [당위성] 어기부사 '切'은 17세기의 모
습과는 달리 (23가, 가')의 '모딕' 또는 (23나, 나')의 '잢간도'와 같이
실현되었음을 알 수 있다. 여기서 '모딕'는 부사 '切'의 [당위성]을 그
대로 반영한 것이고, '잢간도'는 [단기 지속]을 나타내는 '잢간'에 첨가
초점사 양보를 이끄는 '-도'를 통합시킴으로써 총망라성, 즉 [당위성]을
획득하는[28] 우회적인 대역 방식을 취한 것이라 할 수 있다. 여기서 특
히 짚고 넘어갈 것은 15~16세기 '切忌'의 대역어가 (23)과 달리 아래
의 (24)처럼 실현된 경우가 있다는 사실이다.

　　(24) 가. 이 經 닐긇 사ᄅᆞ믄 光明을 두르혀 제 비취요미 貴ㅎ고 숀가
　　　　　　락 자ᄇᆞ며 筌 두미 <u>ᄀᆞ장</u> 슬ㅎ니라(讀是典者ᄂᆞ 所貴廻光以自照
　　　　　　ㅣ오 切忌執指而留筌이니라) <1459, 월인석보 서 22a-22b>[29]

28　이러한 양보의 실현 방식에 대해서는 4.3.2.2에서 상론할 것이다.

29　<월인석보 서>에는 해당 부분에 '切은 時急홀씨니 ᄀᆞ장 ㅎ논 ᄠᅳ디라 忌ᄂᆞ 저플씨라'로
　　된 협주가 달려있다. 박금자(1994:135)에서 언급하였듯 15세기 불경언해의 부사류 협주는
　　흔히 'Aᄂᆞ [B]{ㅎ논, ㅎᄂᆞ} {ᄠᅳᆮ, 말}이라' 또는 'Aᄂᆞ [B] ㅎᄃᆞᆺㅎ {ᄠᅳᆮ, 말}이라'와 같은
　　명사구 보문으로 실현되는바 <월인석보 서>의 이 협주는 전자의 형식을 취한 것이라 할
　　수 있다. 따라서 해당 협주에서는 '切'을 ('ᄀᆞ장ㅎ-'와 같은 동사가 아니라) 중세 한국어

가′. 그르 아로물 ᄀ장 아쳐롤디어다(切忌錯會어다) <1482, 금강
　　경삼가해언해 2:49a>

나. 縣令 楊侃과 刺史 柳無忝괘 글워를 得ᄒ야 ᄀ장 힘뻐 자ᄇ니
　　五日에 石角村애 도죽을 자바 韶州ㅣ 보내야 져조니(縣令楊侃
　　과 刺史柳無忝괘 得牒ᄒ야 切加擒捉ᄒ니 五日에 於石角村애 捕
　　得賊人ᄒ야 送韶州ᄒ야 鞫問ᄒ니) <1469, 육조법보단경 87a>

나′. 샐리 光祿卿 徐興祖ᄃᆞᆯ홀 브르샤 ᄀ장 외다 ᄒᆞ시니 [光祿卿은
　　벼슬 일후미라] 興祖ᄃᆞᆯ히 다 붓그려 降伏ᄒ니라(亟音棘召光祿
　　卿徐興祖等ᄒᆞ샤 切責之ᄒᆞ시니 興祖等이 皆慚服ᄒ니라) <1573,
　　내훈2 하 61a-61b>

나″. 그르 아로물 ᄀ장 아쳐롤디어다(切忌錯會어다) <1482, 금강
　　경삼가해언해 2:49a>

　　(24가, 가′)에서 보듯 한문 원문의 '切忌'가 [당위성 어기부사+금지
동사] 구성으로 이루어진 것이 아니라는[30] 점에서 앞서 본 (22), (23)
내지 17세기부터 활발히 문증되는 ['일절'+금지 표현]류의 대역 양상들
과 구별된다. 여기에서는 '切忌'의 '切'이 정도부사 'ᄀ장'에 걸리고,
'忌'가 심리 형용사 '슬-'이나 심리 동사 '아쳐러ᄒ-'에 걸림을 본다. 즉

부사 'ᄀ장'에 대응시킨 것이라 하겠다. 후술할 바와 같이 이때의 '切'을 정도부사 'ᄀ장'과
같이 해석하는 것의 타당성은 <한어대사전>의 '切忌' 관련 풀이 및 관련 중국어사 논의의
연구 결과를 통해서도 방증된다. 문제는 'ᄀ장 ᄒᆞ논 쁘디라' 앞에 '時急ᄒᆞᆯ씨니'가 선행한
다는 점인데 차익종(2014:19)에서는 이 협주와 <한어대사전>의 '切:急切, 急迫¶ 吾與女
未有過切, 是何與我之深也. <穀梁傳·僖公十年>에 근거하여 (24가)의 '切'을 '時急ᄒᆞ-'의
의미로 파악하였다. '切'에 [시급함]의 의미가 있는 것은 사실이다. 다만 이 글은 해당 협주
에서 '時急ᄒᆞ-'와 'ᄀ장'의 의미적 연결 고리를 어떻게 파악하였는지 분명히 알기 어렵다
는 점, (24가)의 맥락상 '*시급함이 싫어한다'에 직접 대응하는 것으로 보기 어렵다는 점과
해당 협주에서 '時急ᄒᆞ-'라는 표현을 사용한 것은 궁극적으로 'ᄀ장'을 설명하기 위한 것
이라는 점을 고려하여 해당 용례의 '切'을 [매우]의 의미로 파악하려 한다.

30 후술할 바와 같이 (22가, 가′)처럼 의미를 달리하는 '切忌'인 경우에도 '切'의 독법은 여전
히 '체(>체)'가 아닌 '절(>절)'로 실현되었다.

이때의 '切'은 심리 형용사나 심리 동사를 수식해 주는 정도부사로 파악된다. 이는 다음의 (25)에서 보듯 한문의 '切忌' 자체가 지니는 다의성을 적절히 반영한 결과라 할 수 있다.

> (25) 切忌
> ① 深忌 ; 十分忌恨.
> ¶但主上曉察, 情多猜忍, 切忌諸李, 強者先誅, 金才 既死, 明公豈非其次? <舊唐書·忠義傳上·夏侯端>
> ② 務必避免. 儆戒之辭.
> 須教自我胸中出, 切忌隨人腳後行. 宋 戴復古 <論詩十絕>之四

위 (25)에서 알 수 있듯 한문의 '切忌'는 ①[매우 싫어함]의 의미와 ②[절대 금지]의 의미를 두루 지닌다. 한문의 용법상 ①[매우 싫어함]의 의미로 쓰일 때는 흔히 단일어화하지 않은 통사적 구성, 즉 정도 부사 '切'('매우' 정도의 의미)에 [싫어함]이나 [시기]의 동사 '切'의 통합형에 해당하며, ②[절대 금지]의 의미로 쓰일 때는 앞서 언급하였듯 당위성 부사 '切'에 [금지]를 뜻하는 동사 '忌'가 하나의 새로운 당위성 부사로 단일어화한[31] 것으로 파악한다(단엄 2017:15 참고). 따라서 '忌'와의 통합 여부를 막론하고 (24)의 '切'이 정도 부사 'ㄱ장'으로 언해된 것은 이러한 연유에 기인하는 것이라 하겠다.

이로써 우리는 한문의 '切忌'가 두 가지 용법, 즉 [매우 싫어함] 정도의 통사적 구성으로 쓰이는 경우와 [절대 금지]를 뜻하는 당위성 부사로 쓰이는 경우가 있음을 확인하였다. 아울러 대역 문헌에서 한문 원문의 (단일어화한) '切忌'가 [절대 금지]의 당위성 부사로 사용되었을 경

---

31 물론 한국어 체계 속에서 '切忌'는 하나의 부사로 단일어화하지 않았다.

우, 이때의 '切'은 독법으로 '졀(>절)'을 취하여 '一切'의 '切[체(>체)]'와 구분하였으며, 그 본연의 내적 구조에 따라 [당위성 부사/'切'+금지 동사/'믇']와 같이 언해되었다는 사실을 확인하였다. 특히 [당위성 부사/'切'+금지 동사/'믇']의 구조를 언해함에 있어 당위성 부사 '切'은 17세기를 전후하여 '모딖/갏간도'와 '일절(-이/-히)'로 달리 실현됨을 보았다.

이 지점에서 특히 '일절(>일절)'로 읽히는 한국어 체계 속의 '一切'이 부정 또는 금지 표현과 긴밀히 호응하는 부사로 쓰이게 된 연유를 상정해 볼 수 있지 않을까 한다.

참고로 차익종(2014:169)에서는 다음의 (26)과[32] 같이 <동국정운>, <월인석보>를 비롯한 15세기의 여러 문헌들에서 '切'이 거성 'H체'와 입성 'H졀'의 복수음으로 나타남을 제시하고, 특히 <월인석보 서>의 '時急ᄒᆞ-'의 의미(이 글에서는 'ᄀᆞ장'의 의미로 파악함)로 쓰인 '切'이 입성의 '졀'로 실현된 것을 제외하고는 '一切'의 주음으로 모두 거성의 'H체'가 사용되었다는 사실을 언급하였다. 아울러 이러한 독음의 차이는 분명히 의미의 차이에 따른 결과로, '동자다음다의(同字多音多義)'의 파음자(破音字) 용법을 따른 것이라 하였다.

> (26) 동운H쳉<월석서22ㄱㄴ(切믇執指而留筌이니라, 切은 時急 홀씨니)>
> H쳉<석상6-8ㄴ,9-3ㄱ,13-1ㄱ,19-4ㄴ/석상23-3ㄱ/석상24-17ㄴ/월석서6ㄴ,26ㄱ/월석1-10ㄴ,2-15ㄴ/법언1-6ㄴ/능활1-3ㄱ/영험1ㄱ/남명서2ㄴ/남명 상-12ㄱ,하-8ㄴ>
> [SK] H체, H졀
> [광운] <u>七計切</u>, 蟹開4H霽清(衆也)
> 　　　千結切, 山開4入屑清(割也刻也近也迫也義也[說文]折[33]也)

---

32 밑줄은 필자.

[거요] R七計切, 淸母, 寄자모운(衆也又一切大凡也…)
　　入 千結切, 淸母, 結자모운
　　([說文]折刌也…[廣韻](割也刻也近也追也[增韻]又急也…)

　이러한 논의를 바탕으로, 위 (26)에서 밑줄 그은 부분을 관찰해 보면, [전부]를 뜻하는 '一切'의 '切'가 일반적으로 '체(>체, 七計切)'로 실현되는 것은 해당 독음의 '切(체)'가 '衆也(又一切大凡也…)'의 의미로 특화되었다는 점(또는 그러한 인식)과 맞물린다. 가령 '衆也' 등의 의미가 입성의 '절(>절, 千結切)'에도 포함되어 있었다면, 이러한 파음자 용법은 실현되기 어려웠을 것이 예상된다.

　이에 비추어 이 글의 (16), (17), (19)에서 확인하였듯 17세기 이후부터 당위성 부사 '切'의 대역어로 '일절(-이/-히)'이 새롭게 등장한다는 점, 당위성 부사 '切'의 한자음이 '입성자'에 해당한다는 점[34]을 종합해 보면, 부정 및 금지 표현과 긴밀히 호응하는 '일절(>일절)'의 형성은 한자어 '一切'의 '切가[35] '衆也'의 의미에 특화된 것으로 기술하는 위 <광운>, <고금운회거요>, <설문해자> 등 전통 운서나 자서의 파악 방법과는 달리 '一切'의 '切'을 입성의 [당위성] 부사 '절(>절)'로 파악한 결과일 가능성이 있다.

33　참고로 여내영(2008:491)에서는 <설문해자>에 의거하여 <광운>의 이 '折'을 '刌'의 오기로 보았다.

34　<한어대사전>의 기술 '切 II. qiè ㄑㄧㄝˋ 千結切, 入屑, 淸. <廣韻> 12. 務必 ; 一定. ¶ 獄屋皆當完固, 厚其草蓐, 切無令漏濕. <北堂書鈔·卷四五引·晉令>'을 참고할 수 있다.

35　<설문해자>에서 '切'을 '刌也. 從刀七聲. 千計切로 풀이한 것에 대해 단옥재의 <설문해자주>에서는 '(切)刌也. 二字雙聲同義. 古文禮刌肺. 今文刌爲切. 引伸爲迫切. 又爲一切. 俗讀七計切.'라 하여 '절(>절)'을 '切'의 본음으로, '체(>체)'는 속음으로 파악하였다. 이에 따르면, '一切'가 '일체'나 '일절'로 읽히는 것은 '切'의 본음과 속음에 의해 구별되는 것으로 볼 수도 있다.

3) 소결

이로써 현대 한국어 '일체'와 '일절'의 통시적 변화 과정을 살펴보았다. 이에 기초하여 이들의 의미 분화 과정을 정리해 보면 다음과 같다. 먼저 '일체'의 경우, 15세기부터 확인되며, 20세기 초까지 명사로서의 쓰임이 주류였다. 부사적 쓰임과 관련해서는 15세기에 전혀 없었던 것은 아니지만 드물었으며, 18세기 후반부터 19세기 말 20세기 초로 이행하면서 소략하나마 증가되는 추세를 보이기 시작한다. 한편, '일절'의 경우, 기존의 선행 연구에서 언급한 것과는 달리 임진왜란 이전 시기(16세기)부터 확인된다. 16세기부터 20세기 초에 이르는 동안 명사적 쓰임을 보이기도 하였으나 '일체'에 비해서는 적었던 반면, 부사적 쓰임이 압도적이었다. 특히 '일절'이 본격적으로 문증되는 17세기부터 이미 한문에서 부정극성을 띠는 당위성의 어기부사 '切'의 대역어로 특화되는 모습을 보이는 등 부정 또는 금지 표현과 긴밀히 공기하는 경향성을 보였다. 이처럼 부정 및 금지 표현과 긴밀히 호응하는 '일절(>일절)'의 형성과 관련해서는 전통 운서나 자서의 파악 방법과는 달리 한자어 '一切'의 '切'을 입성의 [당위성] 부사 '절(>절)'로 파악한 결과일 가능성을 상정하였다.

따라서 현대의 '일체'와 '일절'이 독법의 차이를 보이는 한편, [전부]라는 자질을 공유하면서도 그에 대한 '금지나 부정의 유무'에 의해 대별되는 양상은 통시적으로 한국어 체계 속에서 서로 다른 의미 기능을 분담하였던 '일체'와 '일절'의 흔적을 보여 주는 것이라 하겠다.

3. 기타 한자어

□ 하필(何必)

현대 중국어의 '何必'은 다음의 (1)에서 보듯 [어찌 반드시]의 의미를 지닌 채 수사 의문문에 사용되어 '그렇게까지 할 필요가 없음'[不必]을 나타낸다. 아울러 이전 시기 한문의 '何必'은 (2)의 ①처럼 현대 중국어의 (1)과 동일한 의미로 사용되었는가 하면, (2)의 ②처럼 수사 의문문에서 '꼭 그러한 것은 아닐 수 있음'[未必]의 의미를 나타내기도 하였다.

> (1) 何必「副詞」
> 　　用反問的語氣表示不必. ❡ 旣然不會下雨, <u>何必</u>帶傘！<현대한어사전>
> 　　(제7판)

> (2) 何必
> 　　① 用反問的語氣表示不必. ❡ 都邑可優游, <u>何必</u>棲山原? 三國 魏 嵇康
> 　　　　<秀才答> 詩之三
> 　　② 用反問的語氣表示未必. ❡ 高才<u>何必</u>貴? 下位不妨賢. 唐 張祜 <題孟
> 　　　　處士宅>詩 <한어대사전>

한편, 현대 한국어 '하필'은 아래의 (3)에서 보듯 '어찌하여 꼭' 정도로 풀이되어 있으며, 수사 의문문에 사용되기도 한다는 점에서는 현대 중국어 또는 한문의 ①번 '何必'과 유사한 면이 있다. 그러나 오로지 수사 의문문에만 쓰이는 중국어(또는 한문)의 '何必'과 달리, 현대 한국어의 '하필'은 (4)와 같이 의문문이 아닌 문장에도 나타날 수 있으며, 대개 [굳이, 공교롭게도][36] 정도의 의미로 해석하는 것이 자연스럽다.

(3) 하필(何必)「부사」
다른 방도를 취하지 아니하고 어찌하여 꼭. ≒해필. ¶ 다른 사람도
많은데 왜 <u>하필</u> 제가 가야 합니까? <표준>

(4) 마을 사람들 모두가 나서서 편싸움을 벌인 이 사건이 <u>하필</u> 자기의
관할 안에서 일어났다고 하는 게 그는 유쾌하지가 않았다.≪한승
원, 해일≫ <표준>

이와 관련하여 한자어 부사 '하필'의 의미사를 다룬 김한결(2019)의
논의를 간략히 짚어 보기로 한다. 김한결(2019)에서는 아래의 (5)를 거
쳐 단일어화한 한국어의 '하필'이 (6)과 같은 과정을 통해 [어찌 반드
시]로부터 [군이, 공교롭게]의 의미로 변화되었을 가능성을 상정하였
다. 먼저 (5)를 보자.

(5) 가. <u>엇뎨 구틔여</u> ᄒᆞ오사 後五百歲를 니ᄅᆞ뇨(<u>何必</u>獨言後五百歲오)
<금강경언해 상:76a>
가́. <u>엇디 반ᄃᆞ시</u> 고텨 作ᄒᆞ리오(<u>何必</u>改作이리오) <논어언해 3:6b>
나. 모든 의논이 다 ᄀᆞᄐᆞ니 이제 <u>엇지</u> 지란ᄒᆞ야 의심ᄒᆞ리오(僉謀
旣同 今<u>何必</u>持疑) <자휼전칙 2b>

위의 (5가, 가́)은 후기 중세 '何必'의 언해 양상을 보인 것으로, '엇
뎨 구틔여', '엇디 반ᄃᆞ시'에서 보듯 의문사 '何'와 부사 '必'의 의미가
축자적으로 반영되어 있다. 근대에 이르러서는 (5나)와 같이 원문의
'何必'이 '엇지'로만[37] 실현된 예가 확인된다. 김한결(2019:207)에서는 (5

---

36 현대 한국어 '하필'이 지니는 해당 자질은 김한결(2019:231)을 참조한 것임을 밝힌다.
37 이는 다음의 (가), (나)와 같이 한문에서 '何'만으로 '何必'[어찌하여 반드시]의 의미를 나
타내는 경우와 유사하다.

나)가 '何'와 '必'의 긴밀해진 관계를 시사하는 것으로, 내적 구조의 이러한 긴밀성에 기초하여, 19세기 이후 '하필'이 단일어화할 수 있었던 것이며, 의미에 있어서도 기존의 [어찌 반드시]뿐 아니라 [어찌]까지도 나타내게 된 것으로 보았다. 다음의 (6)은 단일어화한 '하필'의 의미 양상을 보인 것이다.

> (6) 가. 디방관의 스무가 하필 만스 쇼송쑨이리오 <1897.05.06. 독립
>   신문 2면>
>   나. 공쥬 사름 즁에는 결전 못하서 샹랍홀 이가 엽셔서 하필 강화
>   사람 의게 막즁흔 샹랍을 주엇다가 뎌런 디경에 이르럿는지
>   <1899.10.03. 독립신문 2면-3면>
>   다. 다믄 토론 문제로 통샹회에 연셜ᄒᆞᄂᆞᆫ 것이 곳 동회(同會)라 일
>   업고 연셜문 ᄒᆞᄂᆞᆫ 동회야 하필 문 안에셔 ᄒᆞ쟐 것 무엇 잇쇼
>   <1898.09.23. 독립신문 2면>
>   다'. 누구든지 별 열심으로 제 본분을 다 ᄒᆞ엿스면 셩인인 줄을
>   알 것이라 ᄒᆞ셧습닌다 그런즉 하필 별 일을 싱각지 마시오
>   <경향보감 2:387-388>
>   라. 응 옹이에 마디로다 불션불후 하필 오늘 병이 낫단 말이냐 오
>   냐 그리ᄒᆞ라 보내쥬먀 <화의혈 29>

김한결(2019:209~213)에 따르면 (6가)의 '하필'은 [어찌, 어찌 반드시]를 나타내며, (6나)의 '하필'은 [어찌, 어찌 반드시] 이외 [굳이, 구태여]의 의미로도 해석된다. 그에 비해 (6다, 다')은 이러한 양가적 해석을 허용하지 않고 [굳이, 구태여]의 의미만을 나타낸다. 한편, (6라)는 [굳

가. 始皇曰: 將軍行矣, 何憂貧乎? <史記·白起王翦列傳>
나. 今委國一人, 其道必守, 何順心佛命群臣? <吳越春秋·勾踐入臣外傳> 原注: 言一
　　人足矣, 何必從心所欲大命群臣也.

이, 구태여]와 [군이, 공교롭게]로 두루 해석되는 예이며, (6라′)은 현대
와 같이 [군이, 공교롭게]의 의미로만 해석되는 예이다. 즉 [군이, 공교
롭게]를 뜻하는 현대 한국어 '하필'이 통시적으로 ①[어찌 반드시]>②
[어찌, 어찌 반드시]>③[어찌, 어찌 반드시][군이, 구태여]>④[군이, 구
태여]>⑤[군이, 구태여][군이, 공교롭게]>⑥[군이, 공교롭게]의 의미 변
화 과정을 겪었다는 분석이다.

이 글은 내적 구조의 긴밀성이 '하필'의 단일어화 내지 의미 변화의
바탕이 되었다는 상기 논지에 대해서는 대체로 공감한다. 다만 용례 (6
다, 다′)를 중심으로, '何必'의 내적 구조에 좀더 천착함으로써 현대 이
전의 [어찌, 어찌 반드시]로부터 현대의 [군이, 공교롭게]를 이어주는
교량적 의미인 [군이, 구태여]가 나타나게 된 과정을보다 자세히 탐구
할 수 있지 않을까 한다.

김한결(2019:210)에서는 (6다)의 '하필'이 일견 의문문과 호응하였으나
'무엇 잇쇼'가 사실상 '그럴 것 없다'를 나타내는 평서문과 다름없으므
로, 이때의 '하필'에 '어찌'의 의미는 없고, [군이, 구태여]의 의미를 나
타낸다고 하였다. 가령 '하필'이 '어찌'의 뜻이라면 이 부분은 '*어찌~
무엇 잇쇼'라는 비적격 형식의 이중 설명 의문문이 되기 때문이다. 아
울러 (6다)에서는 '하필' 뒤에 의문문이 아닌 명령문이 후행함을 근거
로, 이때의 '하필'에는 '어찌'의 의미가 없고, [군이, 구태여]를 나타낸
다고 하였다. '하필'이 '어찌'의 뜻이라면 '*어찌 별일을 생각지 마시오'
라는 비문을 이루기 때문이다. 여기서 두 가지 특이점이 주목된다. 하
나는 현대 중국어 및 한문과 마찬가지로 (수사) 의문문과 긴밀히 호응
하던 한국어의 '하필'이 어떻게 (6다, 다′)이나 현대처럼 비의문문에도
쓰일 수 있게 되었는가 하는 점과 (6다, 다′)의 '하필'이 '어찌'를 나타

내지 않는다고 하여 바로 [굳이, 구태여]로 이어질 수 있는가 하는 것이다.

이에 (6다, 다')에 근거하여 '何'와 '必'의 구조적 긴밀성에서 한 걸음 더 나아가 '何必' 속 의문사로서의 '何'의 의미가 잉여화되었을 가능성을 타진해 볼 수 있다. 김한결(2019:205)에서 언급하였듯 '何'는 의문문을 만드는 요소, 즉 의문사의 기능을 갖고 있다. 따라서 '何'가 의문사로 작용하는 한 (6다, 다')처럼 (수사) 의문문이 저지되는 현상을 이해하기 쉽지 않다. 이는 김한결(2019:205~207)에서 제시한 '何況'의 경우 (7)을 통해서도 방증된다. 다음의 (7)에서 보듯 '엇뎨[何] ᄒᆞ물며[況]'로 언해되던 '何況'이 'ᄒᆞ물며[況]'로만 실현되었어도 '何'는 여전히 의문문이라는 통사적 구문으로 그 흔적을 남기고 있다.

> (7) 가. 本來 몯 보는 거시어니 <u>엇뎨 ᄒᆞ물며</u> 드로몰 得ᄒᆞ리잇고(本所不
>   見이어니 <u>何況得聞</u>이리잇고) <능엄경언해 4:3b>
>   나. <u>ᄒᆞ물며</u> 이 中엣 生住異滅 分劑頭數ㅣ ᄯᆞ녀(<u>何況</u>此中엣 生住異滅
>   分劑頭數ㅣ ᄯᆞ녀) <능엄경언해 4:102b>

이에 '하필'이 사용되었음에도 의문문과 호응하지 않는 (6다)를 다시 관찰하면, (6다)의 문장부사 '하필'이 있음에도 불구하고, 의문대명사 '무엇'이 후행함을 본다. 만약 '하필'의 '하(何)'가 의문사의 기능을 갖고 있다면, 앞서 언급된 바와 같이 '하필'과 '무엇'이 이중 설명의문문이라는 비문을 이루게 되므로 기능상 상충한다. 요컨대 (6다)에서 '하필'에 '무엇'이 후행하였다는 것은 '何'와 '必'의 구조적 긴밀성에 이어 '하필'의 '하(何)'가 지녔던 의문사로서의 기능 또한 점차 잉여화되고 있음을 시사하는 것으로 파악해 봄 직하다. 아울러 '하필'에서 본디 '何'가 '어

찌'의 의미를 나타내고, '必'이 '반드시' 정도의 [당위성]을 나타냈음을
감안할 때 (6다)의 '하필'에서 '어찌'의 의미가 포착되지 않는 대신, [군
이, 구태여]의 의미가 읽히는 것은 '하필'의 '하(何)'에 깃든 의문사로서
의 기능이 잉여화되는 한편, 사실상 '필(必)'에 깃든 [당위성]의 의미만
이 남게 된 결과와 연관 지어 볼 수 있다. 예컨대 (6다)의 '일 업고 연
셜만 ᄒᄂᄂ 동화야 하필 문 안에셔 ᄒ잘 것 무엇 잇쇼'에서 '하필'의 내
적 구조가 [(하)필](소괄호는 기능이 잉여화됨을 표시)일 것을 상정하고, '일 없
고 연설만 하는 동화야 꼭/군이[必, 당위성] 문 안에서 하잘 것 무엇 있
소'와 같이 파악하는 것이다. 위의 (6다') 또한 이와 같은 맥락에서 이
해할 수 있다. '하필'이 명령문과 같은 비의문문에 사용될 수 있었던
것은 '何'의 의문사적 기능이 잉여화되었기 때문인바 이때의 '하필… -지
마시오'는 사실상 '必'에 깃든 [당위성]에 대한 부정이나 금지로 파악
하여 '군이…-지 마시오' 정도의 의미가 나타나는 것으로 파악할 수
있다.

　즉 이 글은 '하필' 속 '하(何)'가 잉여화되는 내적 구조의 변화로 의문
문과 비의문문에 두루 쓰이는 [군이, 구태여]의 '하필'이 나타날 수 있
었으며, 이를 교량으로 대안 집합 표현들과의 긴밀한 공기(김한결 2019:
210~214 참고)를 거쳐 현대 한국어 '하필'이 갖는 [군이, 공교롭게도]의
의미로 변화하였을 가능성을 상정하는 바이다.

제3장 연어 관계에서 파악되는 의미 변화

이 장에서는 '工巧(X)'와 '慇懃(X)'을 중심으로, 연어 관계 속에서 파악되는 한자어의 통시적 의미 변화를 구체적으로 분석하고, 이밖에 '可觀', '苟且', '恍惚', '景況' 등 한자어들의 의미 변화 또한 비슷한 맥락에서 파악 가능함을 보이고자 한다.

1. '工巧(X)'

1) 현대 한국어 '工巧(X)'의 의미적 특징

'工巧(X)' 한자어의 통시적인 의미 변화 양상을 본격적으로 탐구하기에 앞서 현대에 주로 사용되는 '공교하-'와 '공교롭-' 관련 <표준국어대사전>의 기술 및 한문 또는 현대 중국어 동형어와 대비되는 의미적 특이점을 확인해 보기로 한다. 먼저 아래의 (1)을 보자.

(1) 공교하다(工巧하다) 「형용사」
　　가. 솜씨나 꾀 따위가 재치가 있고 교묘하다.
　　　　☞ 공교한 조각술. / 말솜씨가 공교하다. / 온전히 돌이란 한 가
　　　　　　지 원료로 이토록 공교하고 굉걸하고 아름다운 건축물을 낳
　　　　　　은 것은…<현진건, 불국사 기행에서>
　　나. 생각지 않았거나 뜻하지 않았던 사실이나 사건과 우연히 마주
　　　　치는 것이 매우 기이하다.
　　　　☞ 살려고 그랬던지 그는 공교하게도 그날 배탈이 나서 사고 난
　　　　　　배를 타지 않았다고 한다. / 일이 공교하게 되자면, 귀신도
　　　　　　생각지 못하는 일이 생기는 법이오.<현진건, 적도>

(2) 교묘하다(巧妙하다) 「형용사」
　　가. 솜씨나 재주 따위가 재치 있게 약삭빠르고 묘하다. ☞ 교묘한
　　　　반칙.
　　나. 짜임새나 생김새 따위가 아기자기하게 묘하다. ☞ 교묘한 공예품.

　　(1)에서 보듯 현대의 '공교하-'는 흔히 [정교함]과 [우연함]의 의미를
두루 갖는 형용사로 해석된다. 참고로 (1가)의 뜻풀이에 따라 '공교하-'
의 첫 번째 의항의 자질을 [정교함]이 아닌 [교묘함]으로 설정할 수도
있을 것이다. 다만 '교묘하-'에 대한 <표준국어대사전>의 해석 (2)의
①에서 보듯 현대 한국어의 '교묘하-'에는 부정적인 의미가 강하므로,
긍정적 의미가 다분한 (1가)의 용법과 구분할 필요가 있다고 판단하였
다. 이에 이 글은 이하 용례의 '공교하-'를 분석함에 있어서도 긍정적
인 의미를 취할 경우에는 의미 자질을 [정교함]으로 설정하고, 부정적
인 의미를 취할 경우에는 [교묘함]으로 구분하려 한다.
　　이처럼 현대 한국어의 '공교하-'가 [정교함] 이외에 [우연함]을 내포
하는 데 반해 현대 중국어의 '工巧'는 이와 양상을 달리한다. 먼저 <현

대한어사전>(제7판)에서 발췌한 다음의 (4)를 보자.

    (4) 工巧 「形容詞」
        細緻, 精巧(多用於工藝品或詩文、書畫)
        ▶ 陝北剪紙~纖細, 鄉土氣息濃郁.

    (5) 가. [工巧] 섬세하다. 정교하다 [공예품·시문·서화 등에 주로 쓰
          임] <중한사전>(1995:798)
      나. [工巧] 섬세하다. 세밀하고 정교하다. [주로 예술품 제작의 기
          교나 수법을 가리킴.] <연세중중한사전>(2015:1381)

    (4)에서 보듯 현대 중국어의 '工巧'는 예술품, 시문, 서화 등 작품들의 [정교함]을 뜻하는 형용사로만 쓰이는바 [우연함]의 의미를 나타내지 않는다. 참고로 현대의 여러 중한사전들에서 중국어 표제어 '工巧'를 현대 한국어의 '공교하-'에 직접 대응시키지 않고, 위의 (5가), (5나)와 같이 '섬세하다, 세밀하다, 정교하다' 등으로 풀이한 것은 이러한 사정과 연관된다고 하겠다.

    아울러 [우연함]은 고전 한문의 '工巧'에서도 쉽게 포착되지 않는다. 다음의 (6)을 보자.

    (6) 가. 婦功, 不必工巧過人也. <後漢書·列女傳·曹世叔妻>
      나. 今其民幸富完安樂, 又其俗習工巧, 邑屋華麗. 宋 歐陽修 <有美堂
          記>
      다. 文不與前相似, 安得名佳好, 稱工巧. 漢 王充 <論衡·自紀>
      라. 固時俗之工巧兮, 偭規矩而改錯. <楚辭·離騷>
      마. 賢人易為民, 工巧易為材. <韓詩外傳>

위의 (6)은 <한어대사전>에서 발췌한 고전 한문 속 '工巧'의 예시로, 각각 [技藝의 뛰어남], [정교한 技藝], [정교하고 미묘함], [교활한 행동을 취함], [뛰어난 장인] 등의 의미를 취한다. 요컨대 한국어의 '공교하-'가 지니는 [우연함]은 독특한 의미라 할 수 있다.

여기에 보태어 '공교하-'와 동일한 어근을 공유하는 또 하나의 형용사 '공교롭-'의 사전 해석 (7)을 보기로 한다.

> (7) 공교롭다(工巧롭다) 「형용사」
> <u>생각지 않았거나 뜻하지 않았던 사실이나 사건과 우연히 마주치게 된 것이 기이하다고 할 만하다.</u>
> ▌<u>공교롭게도</u> 아들과 아버지의 생일이 같다. / 영수를 보고 싶다는 생각을 하고 있었는데, 마침 그가 왔으니 참으로 <u>공교로운</u> 일이다. / 미라와 싸우는 날마다 <u>공교롭게</u> 전차를 타게 되는 우연이 까닭 없이 불길하게 여겨졌다. <최인훈, 가면고>

위의 (7)에서 보듯 '공교롭-'은 [우연함]이라는' 의미에 특화되어 '공교하-'와 함의 관계²에 있는 것으로 이해할 수 있다.

---

1 참고로 이광호(2003:187~188)에서는 현대 한국어의 '공교롭-'이 부정적인 맥락에 쓰이는 경향이 짙음을 언급한 바 있다. 해당 논의에서 언급한 다음의 예시 (가), (나)를 보자.
 가. <u>마침</u> 그곳을 지나가는 반가운 친구를 만났다.
 나. <u>공교롭게도</u> 그곳을 지나가는 트럭에 치였다.
 이광호(2003:187~188)에서는 현대 한국어의 '마침'과 '공교롭-'을 통사론적 변별 기제에 의해 의미 차이를 보이는 유의어로 분류한 후 '마침'은 (가)와 같이 통사론적으로 긍정의 의미를 지닌 서술어와 공기하고, '공교롭-'은 (나)처럼 주로 부정의 의미를 가진 서술어와 공기함을 지적한 바 있다.
2 현대의 관점에서 상이한 동일한 어근에 형용사 파생접미사 '-하', '-롭', '-스럽-'이 각각 통합될 경우, 의미적 차이가 발생하는지, 발생한다면 구체적으로 어떤 구별이 있는지에 대해 이견이 존재한다. 이를테면 '-롭-'은 '-하'에 비해 '어기의 속성이 더욱 풍부함'을 나타내고, '-스럽-'은 근접성을 의미한다는 견해(김창섭 1984), 형용사를 이루는 '-하'와

이에 이 글은 한국어사 자료 속 '공교'류 한자어의 출현 양상을 분석한 데 기초하여 [정교함] 이외에 [우연함]이라는 독특한 의미가 나타나게 된 과정을 탐구하고, 더 나아가 '공교하-'와 '공교롭-' 사이의 통시적 의미 관계에 대해서도 조명해 보려 한다.

2) 통시적 의미 변화

(1) 본래 의미

먼저 후기 중세에 확인되는 '공교하-' 관련 어형들을 살펴 보기로 한다. 후기 중세 한국어사 자료에서 확인되는 '공교하-'의 가장 이른 시기 용례로, <용비어천가>(1447)의 (8가)를 들 수 있다.

> (8) 가. 讒口ㅣ 만ᄒᆞ야 罪 ᄒᆞ마 일리러니 功臣을 살아 救ᄒᆞ시니 <u>工巧ᄒᆞᆫ</u>
>   하리 甚ᄒᆞ야 貝錦을 일우려 커든 이 ᄠᅳ들 닛디 마ᄅᆞ쇼셔(讒口
>   旣噂沓 垂將及罪戮 功臣酒救活 簧巧讒譖甚 謀欲成貝錦 此意願毋
>   忘) <1447, 용비어천가 123장, 50b-51a>
>   나. 嫉妬ᄒᆞ며 諂曲ᄒᆞ며 [曲ᄋᆞᆫ 고ᄇᆞᆯ씨라] 佞濁ᄒᆞ며 [佞ᄋᆞᆫ <u>工巧히</u> 기
>   릴씨라] 邪僞ᄒᆞ며 [僞ᄂᆞᆫ 거츨씨라](嫉妒諂曲 佞濁邪僞) <1459,
>   월인석보 23:38b-39a>

주지하듯 <용비어천가>는 국문 가사가 먼저 작성된 후 한역(漢譯) 작

'-롭' 사이에는 실질적인 의미 차이가 없으며, '-스럽'은 '-롭'에 비해 완화 표현(hedge)의 기능을 부가적으로 지닌다는 견해(안예리 2008) 등을 들 수 있다. 이러한 사실을 감안하면, 현대의 '공교하다'와 '공교롭' 또는 후술할 '공교스럽'은 함의 관계 그 이상의 구별을 지닐 가능성이 있을 것이다. 다만 현재로서는 이러한 논란의 합의점을 찾기 어려우므로, 여기에 대해서는 더 이상 천착하지 않기로 한다.

업이 이루어진 문헌이다. 요컨대 국문 가사에서 '工巧ㅎ'이 부정적 의미를 갖는 '하리'[讒譖]를 수식하고 있다는 점과 '거짓으로 꾸며서 하는 말이 교묘함'을 뜻하는 '簧巧'로 한역되었다는 점은 '工巧ㅎ-'가 적어도 15세기 중반에 이미 [교묘함]으로 사용되었음을 시사한다. 이밖에 <월인석보>의 협주 (8나) 역시 '工巧ㅎ-'가 아첨할 '侫'자를 정의하고 있다는 점에서 (8가)와 동궤의 것이라 할 수 있다. 아울러 이 시기 '工巧하-'의 용법을 살펴보면, (8)처럼 [교묘함]으로 사용될 뿐 아니라 다음의 (9)와 같은 의미도 확인된다.

> (9) 가. 方便은 權變이라 ᄒᆞ둧 ᄒᆞᆫ 마리니 諸法을 工巧히 써 機를 조차
>   衆生을 利케 홀씨라 權은 저욼 ᄃᆞ림쇠니 ᄒᆞᆫ 고대 固執디 아니
>   ᄒᆞ야 <1447, 석보상절 13:38a>
> 나. 이 사ᄅᆞ미 이 經 디녀 希有ᄒᆞᆫ 짜해 便安히 住ᄒᆞ야 一切 衆生의
>   깃그며 ᄃᆞᄉᆞ며 恭敬호미 ᄃᆞ외야 能히 千萬 가짓 이든 工巧ᄒᆞᆫ
>   말로 골히야 說法ᄒᆞ리니 法華經 디닌 젼ᄎᆞ라 <1463, 법화경언
>   해 6:67b>
> 다. 三四 句ᄂᆞᆫ 達磨ㅅ 工巧ᄒᆞᆫ ᄇᆞ름 부루믈 기드리디 아니ᄒᆞ야도 自
>   然 곳 펴 여름 여ᄂᆞ다 홀시니 봆 ᄇᆞ름 가디 아니ᄒᆞᆫ 고대 블 ᄀᆞᆮ
>   ᄒᆞᆫ 千萬 가지라 닐옴과 ᄀᆞᆮᄒᆞ니라 <1482, 남명집언해 25b>
> 라. 六凡 四聖이 이롤브터 ᄂᆞᆫ호며 經과 글와 말와 工巧ᄒᆞᆫ 직조왜
>   이롤브터 나ᄐᆞ며(六凡四聖이 自此而分ᄒᆞ며 經書語言工巧技藝도
>   自此而彰ᄒᆞ며) <1567, 몽산화상육도보설 3a>

(9)는 재주나 방책 운용의 [정교함]을 나타낸 경우라 하겠다. 예컨대 (9가)는 '方便'에 대한 협주로, '諸法을 工巧히 쓰-'라는 표현의 '工巧히'는 '기이할 만큼 알맞게 또는 정교하게' 정도의 의미, 즉 [정교함]을 내포한다. 이러한 의미는 '諸法'을 쓰는 주체가 '부처'라는 점과 '중생

을 이롭게 한다'는 후행절의 내용 등을 통해 쉽게 방증된다.

이처럼 후기 중세의 '공교하-'는 [정교함]과 [교묘함]의 의미로 두루 사용되었는바 고전 한문의 용법과 다르지 않다고 하겠다.

아울러 '공교하-'가 15세기부터 문증되는 것에 비해 어근 '공교-'에 형용사 파생접미사 '-롭-'이 통합된 '공교롭-'은 16세기 초부터 소략하나마 문증되기 시작한다.

(10) 가. 便便흔 양ᄒ고 不直ᄒ니를 벋 사ᄆ며 부드러움 공교로이 ᄒ
　　　 ᄂ니를 벋 사ᄆ며 말 재오 아당ᄃ외니를 벋 사ᄆ면 유해ᄒ
　　　 ᄂ니라(友便辟ᄒ며 友善柔ᄒ며 友便佞이면 損矣니라) <1518,
　　　 번역소학 3:35b>
　　가′. 橫渠先生이 니ᄅ샤ᄃᆡ 이제 붕위 그 아당 잘 ᄒᄂ니로 굴히
　　　 여 ᄡᅥ 서르 사괴여 엇게 티며 ᄉᆞ매 자바 ᄡᅥ 긔 합다 ᄒ고(橫
　　　 渠先生이 曰 今之朋友ㅣ 擇其善柔以相與ᄒ야 拍肩執袂ᄒ야 以
　　　 爲氣合ᄒ고) <1518, 번역소학 7:45b>
　　가″. 거동만 니ᄅ 이를 벋ᄒ며 아당ᄒ기 잘 ᄒᄂ 이를 벋ᄒ며
　　　 말ᄉᆞᆷ만 니ᄅ 이를 벋ᄒ면 해로온이라(便辟ᄒ며 友善柔ᄒ며
　　　 友便佞이면 損矣니라) <1587, 소학언해2 66b-67a>
　　나. 竇氏의게 간ᄂ 쏠이 뵈라 와셔 請ᄒ야 굴오ᄃᆡ 玉바치 흔 빈
　　　 혀를 ᄑ니 긔특고 공교로온디라 七十萬 돈을 바도려 ᄒ덩이
　　　 다 <1587, 소학언해6:114b>
　　나′. 녠나릭 보리슈 나모미틱 겨샤 첫 부텨로 법다이 안자 겨시
　　　 거늘 우리 세 겨지비 공교롭고 고오미 모든 텬녀 듕에 읏쓰
　　　 미ᄉ와 <16세기, 장수경언해 50a>

예컨대 (10가)에서는 '善柔'가 '부드러움 공교로이 ᄒ-'로 언해되어 '공교로이 ᄒ-'라는 수식 구성과 '善'이 대응을 이룬다. '善' 자체만으로는 부정적인 의미를 나타내기 어려운 데 반해 '善柔'는 동일 문헌의

(10가′)이나 <소학언해>의 (10가″)에서도 잘 드러나듯 '아당(ᄒᆞ기) 잘 ᄒᆞ-', 즉 [아첨을 잘함]이라는 부정적 의미를 나타낸다. 요컨대 (10가)의 '공교로이'는 [교묘함]에 배속되는 것으로 파악할 수 있다. 한편, (10나′)의 '공교롭-'은 미모를 형용하는 긍정적 맥락에서 [정교함]을 나타내고 있다.

이로써 후기 중세를 기준으로, '공교하-'는 15세기부터 확인되고, '공교롭-'은 16세기 초부터 문증된다는 시차가 존재하나 의미에 있어서는 공히 [정교함]과 [교묘함]으로 두루 사용되었다는 공통점을 확인하였다.

(2) 이의 발생 과정

아래에는 '工巧(X)' 한자어의 의미가 후기 중세 이후 근대, 개화기 및 현대로 이행하면서 겪은 변화를 살펴보기로 한다. 전반적으로 해당 시기 '공교'류 한자어의 의미적 특징은 기존의 [정교함]과 [교묘함]이 유지되는 한편, [우연함]이라는 새로운 의미가 형성되고 고착화되었다는 점을 요체로 삼는다. 이를 구체적으로 피력하면 다음과 같다.

먼저 아래의 (11)과 (12)는 각각 17~20세기에 확인되는 '공교하-'가운데 [정교함]과 [교묘함]으로 해석되는 용례를 옮긴 것이다.

> (11) 가. 이러모로 비록 나지라도 브듸 죠희심지예 블 브텨 비취라 보
> ᄂᆞᆫ 법 공교호미 오로 예 인ᄂᆞ니라(故白日亦麻油紙撚照之 眼法
> 神巧全在於此) <1608, 언해두창집요 상 55a>
> 나. 아릭 궁근 집을 두어 위ᄉ 오빅 인을 금초고 디왜롤 옷츠로
> 칠ᄒᆞ고 금으로 혓가릭롤 ᄒᆞ고 은으로 들보롤 ᄒᆞ고 진쥬로 쥬
> 렴을 ᄒᆞ고 옥으로 브람을 ᄒᆞ고 공교ᄒᆞ기 극ᄒᆞ고(下穿伏室 置

衛士五百人 以漆灌瓦、金瑺、銀楹、珠簾、玉璧 窮極工巧) <18세기, ᄌᆞ티통감 5:56>

다. 쥬대내내ᄂᆞᆫ 본ᄃᆡ ᄆᆞ음이 졍셰ᄒᆞ고 동부즁 대내내도 ᄯᅩᄒᆞᆫ 믈졍을 도져히 아나 공교ᄒᆞᆫ 며ᄂᆞ리가 ᄡᆞᆯ 업ᄂᆞᆫ 밥을 짓지 못ᄒᆞᆫ다 ᄒᆞ니 이거시 뎨일 어려온 일이니라(珠大奶奶本來細心 東府裏大奶奶也是見過陣仗的 就是巧媳婦做不出無米飯 是頭一件難事) <1884, 홍루몽보 11:24>

다′. 호인이 털을 짜셔 공교히 가늘고 무로녹아시니 흰 것슨 버들곳즐 펴고 블근 거ᄉᆞᆫ 지초를 믈드리도다(胡人織毳巧纖濃白鋪楊花紫染茸) <조선시대, 학석집 34b>

다″. 비록 화원이 공교ᄒᆞᆫ 슈단으로 그리려 ᄒᆞ여도 능히 모ᄉᆞ치 못ᄒᆞᆯ 거시오 <유이양문록 18:46>

라. 구공침과 오ᄉᆡᆨ실로 공교ᄒᆞᆷ을 빈다 ᄒᆞ니 녀ᄌᆞ 학도 반양복에 문명 긔샹 슈ᄅᆞᆯ 노와 <1908.8.4. 대한매일신보 시사평론>

(12) 가. 네 家門을 請ᄒᆞᆫᄃᆞᆫ 曾祖브터 닐오리니 太后이 朝ᄅᆞᆯ 當ᄒᆞ얏거ᄂᆞᆯ 工巧히 詆壞ᄒᆞ리 ᄒᆞ더니라(汝門請從曾公說 太后當朝多巧詆) <1632, 중간 두시언해 8:17a>

나. 이제 셰 위ᄐᆡᄒᆞᆫ 후의 와 공교ᄒᆞᆫ 말로 달래ᄂᆞ뇨(今日勢危 故來巧言令色 欲全其身) <18세기 초, 삼국-가정 27:41>

나′. 셔울셔들 분명 우리ᄅᆞᆯ 괴이히 너길 쁫ᄒᆞ되 공교히 쳘듀ᄒᆞᄂᆞᆫ 일 만흐니 실노 답ㆍ ᄒᆞ외 봄 젼으로나 부ᄃᆡ ᄃᆞᆫ녀오려ᄂᆞᆫ ᄒᆞ거니와인ᄃᆞᆯ 계규와 ᄀᆞᆺ틀 줄 어이 아올고 <언찰유묵-24 이종욱(1713- 44, 남편) 1732 → 반남박씨(아내)>

나″. 공교이 말ᄒᆞ다(巧辯) <1770, 한청-언론 7:12b>

다. 이에 유쇼를 쳐 그 달긔란 계집을 어드니 오ᄃᆡᆨ 달긔의 말을 이에 ᄡᅳ고 그이ᄒᆞᆫ 잡기와 공교ᄒᆞᆫ 음난을 지어 깃거ᄒᆞ게 ᄒᆞ더라(至是伐有蘇 得其女妲己 惟妲己之言是用 作奇技淫巧以悅之) <19세기, 강감정사약 1:32a>

다′. 요악ᄒᆞᆫ 혀ᄅᆞᆯ 공교히 놀녀 허언을 쥬츌ᄒᆞ므로써 ᄌᆞ위 이러ᄐᆞᆺ 달쵸ᄒᆞ시니 엄하의 두 번 슈장ᄒᆞ고 <윤하뎡삼문녹 17:35>

다″. 공교훈 말노 심시와 싱의게 넘시 모즈를 업시훈믈 춤쇼호니
<화씨충효록 7:30>

라. 말숨을 공교히 마오 <1904, 교린수지 교정본 271>

라′. '簧鼓'. 巧言. 공교히 하는 말(簧) <1915, 신자전 3:28b>

위의 (11)에서 (11가, 다″) 등은 수단의 [정교함]을 내포하고, (11나, 다, 다′) 등은 솜씨나 재주의 정교함을 내포한다. 한편, (12가, 나, 다)를 비롯한 (12)의 여러 예들은 언행이나 계략의 [교묘함]을 내포하는 것으로 파악할 수 있다.

아울러 다음의 (13)과 (14)를 보자.

(13) 가. 부용지를 년호여 스오간 정즈를 지어시니 난창의 정묘홈과
옥난의 공교로이 삭인 거시 완연이 직녀궁 은하슈 줄기의
빅옥정즈를 지은 것 갓더라 <엄씨효문충효록 5:13>

나. 일즉는 조션과 부모 신후를 잠간 빗니고 이즉는 평싱 녀지
되여 격인 종부호여 공교로이 아미를 그리고 슈션 방젹을 다
스리고 <윤하뎡삼문녹 68:58>

(14) 가. 정셩 업고 공교로운 놈(乖覺的) <1690, 역어유해 상 28b>

가′. 쓰들 마자 아당호며 공교로이 깃기는 퇴되 업는 고로 <행장
-인조 20>

가″. 츠필이 졍일호여 바로 즁심에서 써러졋시니 곳고 바르며
완젼호고 방졍호여 일즉 편획이라도 공교로이 붓 끝츨 날
녀 지조를 즈랑호미 업는지라 <17~18세기, 명힝졍의록 4:
69>

나. 엇던 놈의 즈식이 늄 부체 어드려 호는듸 쏭을 공교로이 그
나모 밋딕다가 누엇는고 호옵데 <1703~1705, 유년공부 89>

나′. 노부인이 굴오디 공교로온 말이 바로 니롬만 곳디 못호다
호니(老夫人道 : 巧言不如直道) <1760, 손방연의 4:7>

　나″. <u>공교로온</u> 비츠로 엇게를 움죽이고 아당ᄒ야 우서 나오는
　　　 바를 그 올흔 거슬 붉히고 사오나온 거슬 숨기며 믈리티는
　　　 거스로 사오나온 거슬 뮈오며 그 어딘 거슬 긔이기는 이는
　　　 간신이오(巧言令色 脅肩媚笑 所進者明其善而隱其惡 所退者彰
　　　 其惡而諱其善 此佞臣也) <18세기, 개벽연의 5:106>
　나‴. <u>공교로이</u> 히ᄒ는 간인이 잇습는가 ᄒ웁ᄂ니 딘영슈 뎡셰
　　　 홍 등 나리ᄒ시기는 잠간 늣추시고 <18세기, 명주보월빙
　　　 57: 37>

　위의 (13), (14)는 해당 시기 [정교함]과 [교묘함]으로 해석되는 '공교
롭-'의 용례를 모은 것이다. 예컨대 (13)은 조각(彫刻) 또는 화장(化粧) 기
법의 정교함을 내포하고, (14)는 언행의 교묘함을 나타낸다는 점에서
(11)~(12)에 제시된 '공교하-'의 용법과 크게 다르지 않다.

　그런데 17세기 말부터는 [정교함]이나 [교묘함]과는 다른 의미로 해
석되는 '工巧(X)'의 용례가 발견되기 시작하여 특히 주목된다. 다음의
(15)를 보자.

　(15) 가. 시예는 히가 쾌히 비최니 그는 극흔 다힝이레 장ᄉ 디낸 날
　　　　 들도 붉던 거시어니와 새볘 째 뇌뎡이 진동ᄒ니 그 째 셥고
　　　　 안심티 아니키를 어이 다 니를고 비 ᄌ로 오ᄃᆡ 죵시 일의 해
　　　　 롭긔 아니ᄒ니 그는 더욱 <u>공교로온</u> 듯ᄒ여 다힝ᄒᄃᆡ <창계
　　　　 -10, 1649~1696년, 임영(오빠)→나주임씨(막내여동생)>
　　　나. 빅난의 <u>공교히</u> 만남도 이상흔 비어늘 교지 만여 리 챵파의
　　　　 밀니여 형댱의 어드시미 아니 이상ᄒ니잇가 <17~18세기, 완
　　　　 월회맹연 145:54>

　위에서 보듯 (15가)는 '비가 비록 자주 오기는 하나 마침 일에 해롭
게 내리지는 않음이 다행'이라는 심경을 나타낸다. 따라서 이때의 '공

교롭-'은 '날씨'의 [우연함]을 지시하는 것으로 봄 직하다. (15나)의 '공교히' 역시 예상치 못한 '만남'을 수식해 주고 있는바 [우연함]의 의미로 풀이된다.

즉 기존의 '工巧(X)' 한자어들과 달리 논항 또는 수식 대상의 속성 변화가 관찰되는 것이다. 앞서 [정교함]과 [교묘함]을 나타내는 '工巧(X)' 한자어의 경우, 비록 의미적 색채에 있어서는 긍정과 부정의 차이를 보이기는 했지만, 그들이 취하는 논항 또는 수식 대상들은 대개 주관적인 의지에 의해 결정될 수 있는 언행이거나 그 산물이었다. 이를테면 '하리, 말, 諸法, 수단, 노릇, (얼굴)빛, 비녀, 蛾眉, 詆壞하-, 새기-, 날리-, 해하-, 掣肘하-' 등이 이에 속한다. 그러나 (15)는 '工巧(X)' 한자어의 용법이 더 이상 여기에 국한되지 않고, 자연적으로 발생하거나 예기치 못한 사태, 이를테면 '날씨', '만남' 등의 [정교함] 또는 [교묘함], 즉 [우연함]까지 형용할 수 있게 됨을 보여주는 것이라 하겠다.

이처럼 [우연함]으로 해석되는 '工巧(X)' 한자어는 18세기 중후반부터 본격적으로 문증되면서 현대에 이른다. 아래 관련 용례를 좀더 보기로 한다. 다음의 (16)은 해당 시기 '工巧(X)' 한자어의 예시를 보인 것이다.

(16) 가. 오늘이 이 開倉ᄒ여 뿔 ᄐᆞᆫ 날이라(今日卻是開倉関米的日期) 이러면 심히 공교ᄒ다 내게 두 둘 녹뽈이 이셔 ᄐᆞ려 ᄒᆞ노라(這麼甚湊巧 我有兩箇月俸米要関) <1765, 박통사신석언해 1:12a>

    가'. 공교히 마조치너(湊巧) <1775, 역어유해보 53a>

    가″. 경신후 뫼셧던 하인이 가져가 픈즉 공교히 션희궁 닉인 친쳑의게로 말미암아 미득ᄒᆞ오셔<18세기, 한중록 32>

    나. 네가 鯉魚를 먹으려 ᄒᆞ면 可히 공교ᄒ고 可히 좃타(你老要吃鯉魚麼 可巧可好) <1883, 화음계몽언해 상 8a>

나′. 衣裳도 바로 입지 못ᄒ고 벌거벗고 後門으로 좃ᄎ 다라나 東
　　으로 슯피고 西흐로 바라보와도 숨을 씌히 업셔 졍히 어려올
　　씌의 <u>공교히</u> 집 귀[뒤]의 ᄒ 土地廟 잇ᄂ 늬가 急忙히 거긔 가
　　一夜를 숨어 언마 고싱ᄒ고 붉기를 기다려 店裏의 가보니 銀
　　錢은 니ᄅ지도 말고 行李좃ᄎ 다 가져 갓거늘(連衣裳也穿不好
　　赤條條的從後門跑出來　東張西望也沒有躲著的地方　正在爲難的時
　　候兒　<u>可巧</u>房後頭有一坐土地廟　我急忙到裏冒一夜　找多大的罪　等
　　天亮到店裏一看　別說銀錢連行李也都拿走咧) <1883, 화음계몽언
　　해 상 14b>

나″. 쏘흔 <u>공교흔</u> 일이 잇ᄂ지라 다만 보미 일기 인가 후변담의 사
　　름이 그 속으로 쮜여 드러가는 그림직 뵈거늘(也是事湊巧 只見
　　一家後墻有個人影往裏一跳) <19세기, 충렬협의전 5:26>

다. 츄물을 ᄌ손의 젼ᄒ여 빙물을 삼게 ᄒ여시므로 진왕과 승상이
　　부듸 쟝ᄌ의 신물을 슘고져 ᄒ던 거시니 <u>공교히</u> 몬져 화벽의게
　　도라가니 망망텬의롤 가지러라 <엄씨효문충효록 7: 46>

다′. 진실노 져의 ᄌ최롤 츄심ᄒ던 관군의 무린가 ᄒ듸 쳐ᄉ는 <u>공
　　교히</u> 만난 줄 망미부지ᄒ더라 <한조삼셩긔봉 12:14>

다″. 어마님젼 상슬이 져졔 하셔 든ᄒ 못내 알외오며 넌ᄒ여 긔후
　　안녕ᄒ옵시니잇가 누의님 와셔 뵈옵고 오린 지내니 죽히 든
　　든ᄒ오이다 깃부오나 ᄌᄂ 의외 <u>공교히</u> 어긔여 ᄒ가지로 못
　　지내니 셥ᄒ ᄒ오이다 <신현-문우ᅳ어마님젼>

다‴. <u>공교치</u> 아니면 말이 되지 아니ᄒ다(無巧不成話) <수호-보 116>

라. 귀신이 시긔를 ᄒ여도 이럿틋 악착ᄒ게 만달 수 업고 사람이
　　ᄒ려 ᄒ여셔 되는 일 ᄀᄐ면 참아 못 홀 일이 계옥이 압혜 다
　　다르니 동지셧달 셜한풍에 슝빅의 졀기 알 듯이 계옥이 마음
　　을 흔드러 보랴고 그럿튼지 <u>공교ᄒ고</u> 긔막혀 엽혀셔 듯ᄂ 사
　　람이 다 말 한마듸 안이 나울 일은 원산 박사과 부음(訃音)이요
　　<1908, 송뢰금 74>

라′. 쵹불을 ᄡ고 나와셔 ᄌ긔 신발을 찾는 거시 급ᄒ 바름에 <u>공교
　　의</u> 과듹의 신발을 박구어 싯고 집뒤 으슥ᄒ 곳에 가셔 동졍을
　　살피더니 <1912, 마상루 77>

라″. 공교이 우리 사돈이 여기롤 왓다가 再三再四 나롤 나가자고 請ㅎ고 나도 또 固辭ㅎ기가 아니되여서 나갓더니 윈걸 늬가 막 나가자 老兄이 곳 오실 쥬롤 想覺ㅎ엿습잇가(偏巧我們舍親 上這兒來了 再三再四的約我出去 我又不好固辭 那兒想到我纔走 您 就來了) <1913, 화어교범 62>

라‴. 言東西無不可. 공교호 일(湊四合六的勾當) <1919, 서유어록 79b>

(16)의 '工巧(X)' 한자어들은 수식 대상이나 논항으로 '마주치-', '만남', '일' 등을 취함은 물론, 대체로 '예상치 못한 사태가 마침 발생했다는' 맥락에 사용되었는바 [우연함]의 의미가 선명하게 나타난다. 일례로 (16나)의 경우, '황급히 달아나와 숨을 곳이 없어서 한창 헤매고 있을 때'라는 선행절의 내용에 대하여 '집 뒤에 土地廟가 있었음'이라는 후행 사태의 [우연함]을 '공교히'로 표현한 것이다. (16라′) 역시 '공교이'라는 표현으로 '寡宅의 신발을 바꾸어 신었다'는 후행절의 결과가 '자기 신발을 급하게 찾는 바람에'라는 선행절에 비추어 전혀 의도치 않게 [우연히] 발생한 것임을 표현하였다.

이처럼 (16)의 '工巧(X)' 한자어들이 [우연함]의 의미를 지닌다는 사실은 비단 맥락뿐 아니라 그에 대응하는 한문 원문이 존재할 경우, 대역 양상에 의해서도 명시적으로 방증된다. 이를테면 (16가, 가′, 나″)의 '湊巧', (16나, 나′)의 '可巧', (16라″)의 '偏巧' 등은 한문(또는 중국어) 특히 白話文에서 [우연함]을 나타내는 전형적인 어휘들인데 언해나 번안 과정에 공히 '工巧(X)' 한자어로 대역된 것이다. 아울러 이러한 대응 관계 중의 일부는 대역 과정에 '湊巧', '可巧' 등의 원문을 어휘로 처리 했는지 아니면 통사적 구조로 간주했는지에 따라 또다시 양분되는 모습을 보인다. 기술의 편의를 위해 관련 예시에 새로운 일련번호를 부여하면 (17), (18)과 같다.

(17) 가. 이러면 심히 <u>공교호</u>다 내게 두 둘 녹뿔이 이셔 트려 호노라
　　　　(這麼甚<u>湊巧</u>　我有兩箇月俸米要関) <1765, 박통사신석언해 1:
　　　　12a>
　　나. <u>공교히</u> 마조치다(湊巧) <1775, 역어유해보 53a>
　　나'.<u>공교이</u> 마죠치다(湊巧) <1778, 방언유석 4:31b>
　　다. <u>공교</u> 모이다(湊巧) <19세기, 니니귀셩 22a>
　　라. <u>공교이</u> 만닉다(逢巧) <19세기, 니니귀셩 22b>

(18) 가. <u>공교히</u> 집 귀[뒤]의 흔 土地廟 잇닉(<u>可巧</u>房後頭有一坐土地廟)
　　　　<1883, 화음계몽언해 상 14b>
　　나. 네가 鯉魚를 먹으려 호면 可히 <u>공교호</u>고 可히 죳타(你老要吃
　　　　鯉魚麼 <u>可巧</u>可好) <1883, 화음계몽언해 상 8a>

　　위의 (17)은 '湊巧'의 대역 양상을 정리한 것이다. (17가)에서 '湊巧'
를 직접 '공교호-'로 처리한 것과 달리 (17나, 나')에서는 '공교히 마주
치다' 정도의 수식 구성을 취하였다. 주지하듯 한자 '湊'는 '마주치다,
모이다, 만나다' 등의 의미를 지닌다. 따라서 (17나, 나')의 '마조치다/
마죠치다'는 '湊'에 걸리고, '공교히/공교이'는 '巧'에 대당하는 것으로,
(17다)의 '공교 모이다'나 (17라)의 '공교이 만닉다' 역시 이와 동궤의
것임을[3] 알 수 있다. 아울러 (18)은 동일한 문헌인 <화음계몽언해>에서
발췌한 '可巧'의 대역 양상을 옮긴 것으로, 여기서도 서로 다른 대역
양상을 확인할 수 있다. 예컨대 (18가)에서 '可巧'를 직접 '공교히'로
처리한 것과 달리 (18나)에서는 수식 구성인 '可히 공교호-'로 분리하

3　이러한 대역 양상은 (19)에서 살펴볼 '공교롭'에서도 마찬가지이다.

여, '공교ᄒ-'가 사실상 '巧'에 대당하는 것임을 분명히 하고 있다. 이처럼 한문(또는 백화문) 원문에서 굳어진 어휘 전체가 [우연함]을 뜻하는 '湊巧'나 '可巧'에서 '巧'를⁴ 분리해내면서까지 이를 '공교(工巧)ᄒ-'로 대역했다는 사실은 앞서 (6)에 제시된 바와 같이 중국 한문 자료의 동형어 '工巧'가 [우연함]의 의미로 해석되지 않는다는 사실과 극명하게 대조된다.

이어서 다음의 예문 (19)를 보자.

> (19) 가. 문안 알외읍고 년ᄒ여 힝ᄎ 엇디 ᄒ오며 긔운 엇더 오신고
> 일긔는 <u>공교로이</u> 년ᄒ여 볏도 되 아니ᄒ읍고 바람긔 서늘ᄒ
> 오니 **츅슈**를 ᄒ오ᄃᆡ 졈졈 문안 아완디 날포 되오니 복념 즉
> 냥 업ᄉ오며 <1756 여흥민씨(며느리)→송요화(시아버지)>
>
> 나. 오기를 <u>공교로이</u> 못ᄒ엿도다 빅녹대션의 곳의 강법ᄒ라 가
> 겨시니 공이 보려곳 ᄒ시면 사흘만 일 오더면 됴흘랏다(來得
> 不湊巧 往白鹿大仙處講法去了 公要見時 蚤來三日便好) <1760,
> 손방연의 1:129>
>
> 다. 두 집이 각각 아들을 나ᄒ니 안고 어릴 제 <u>공교로이</u> 서르 굿
> 도다(兩家各生子 提孩巧相如) <18~19세기, 고문진보언해 1:
> 30>
>
> 라. 내 남의 옷슬 닙고 단기기 어렵더니 <u>공교로이</u> 돈과 집을 어
> 더시니 이는 하늘이 날을 살오고져 ᄒ시미니 <한조삼성기봉
> 7:33>
>
> 라'. 채싱이 용냑ᄒ야 협공ᄒ믈 쳥ᄒᄆᆡ 일비지력을 도으려 간 거
> 시 <u>공교로이</u> 믜흥 등을 만나니 대경ᄒ야 쇼져의 근본을 무
> ᄅᆞ려 ᄒᄂᆞ가 <화졍션행록 8:5>
>
> 라". 홀연 일야간의 거체 업ᄉ니 하늘이 <u>공교로이</u> 구ᄒ여 사로시
> 고 또 죽이실 빅 아니엇마는 만경창파의 가신 곳이 업ᄉ니

---

4   물론 '巧'자 자체에는 [우연함]의 의미가 있다.

<유이양문록 25:50>

위의 (19)에서도 '工巧(X)' 한자어는 논항 또는 수식 대상으로 '日氣', '같-', '만나', '(하늘이) 구하-' 등 자연적으로 발생하거나 예기치 못한 사태를 취하면서 [우연함]의 의미를 나타낸다. 일례로 (19가)는 '시아버지의 행차와 건강 상태가 염려된다'는 사건에 상대하여 설상가상으로 '볕도 들지 않고 바람 기운이 서늘하다'는 후건, 즉 기상 악화의 [우연함]을 '공교로이'로 표현하고 있다.

아울러 [우연함]의 '工巧(X)' 한자어와 관련하여 18세기 후반에 이르러서는 비단 한국어사 자료뿐 아니라 한국의 한문 자료에서도 동일한 용법을 보이는 '工巧'가 발견되어 특기할 만하다. 한국 한문 자료 속 대부분의 '工巧'는 고전 한문의 용법과 마찬가지로 재주나 솜씨 또는 언행의 [정교함]이나 [교묘함]을 나타내는 것이 일반적이다. 먼저 아래의 (20)을 보자.

(20) 가. 文燗啓曰: "臣語成俊曰, 士洪之家甚爲工巧耳, 暫無他語."(정문형이 아뢰기를, "신이 성준에게 말하기를, 임사홍의 집이 매우 공교(工巧)하다고 하였을 뿐, 조금도 다른 말이 없었습니다." 하였다.) <조선왕조실록, 성종 19년(1488) 12월 2일>

나. 欲攻言者之工巧, 而不自知流入於傾危之習, 可嘆也已.(말하는 자의 공교함을 공박하고자 하되, 스스로 음험한 버릇으로 흘러드는 것을 모르니, 한탄스럽다.) <조선왕조실록, 중종 11년(1516) 1월 23일>

위에서 보듯 (20)의 '工巧'는 각각 '솜씨나 재주'의 [정교함] 또는 언행의 [교묘함]을 나타낸다는 점에서 고전 한문의 용법과 다르지 않다.

그런데 18세기 후반의 한국어사 자료, 이를테면 <박통사신석언해>b (1765) 등에서 [우연함]의 '工巧(X)' 한자어가 본격적으로 문증되던 동시대에 한국의 한문 자료인 <경현당수작시등록(景賢堂受爵時謄錄)>(1765)에도 [우연함]으로 풀이되는 '工巧'가 나타난 것이다. 아래의 (21)을 보자.

> (21) 左副承旨李重祜 復命日 出考 三聖誕辰則 太祖十月十一日矣 上日工巧
>   矣 (좌부승지 李重祜가 '살펴보니 三聖의 탄신일은 곧 태조가 나
>   신 10월 11일이었습니다.'라고 보고하자, 임금께서 말씀하시기를
>   '공교하구나/공교롭구나'라고 하였다.) <1765, 경현당수작시등
>   록 19>

(21)에서 보듯 '三聖과 태조의 탄신일이 마침 같다'는 사실의 우연함에 대하여 임금이 '工巧'라는 표현으로 감탄을 표하였다. 이는 한국어사 자료와 한국의 한문 자료 속 '工巧' 관련 용법의 교호적인 특징[5]을 보여주며, 더 나아가 18세기 중반에 [우연함]의 '工巧'가 한국어 한자어 체계 속에서 안정적으로 수용되었음을 시사하는 것이라 하겠다.

아울러 20세기부터는 다음의 (22)와 같이 어근 '공교'에 형용사 파생 접미사 '-스럽-'이 통합한 형태가 소략하나마 나타나기 시작하며, 주로 [우연함]의 의미를 보인다.

> (22) 가. 성공이니 흥기로 그런 일을 엇지 예료 홀ㅅ 수 잇ᄂ치만 만
>   일 공교스러히 되면 우리 둘이 ᄌ네 쳥ᄒ는 것을 응종ᄒ기
>   로 ᄒ세 <1911 죽서루 1:21>
>   가'. 우리가 자리를 잡은 차ㅅ간에는 공교스럽게 세 나라 사람이

---

5   한국어사 자료와 한국 한문 자료의 용법에서 포착되는 이러한 교호적인 특징은 후술할
     '如干'에서도 확인된다.

다 모이엇스니 <1926 그의 얼굴, 현진건>

위의 (22)에서 보듯 '공교스럽-'의 형태가 '공교하-' 또는 '공교롭-'에 비해 뒤늦게 나타난 것에는 여러 가지 원인이 있을 수 있겠지만, 형용사 파생접미사 '-스럽-' 자체가 '-하-'나 '-롭-'에 비해 뒤늦은 18세기 중후반부터 나타난 형태임을 고려할 필요가 있다. 참고로 석주연(1995: 62)에서는 '-스럽-'이라는 접미사가 이전의 문헌에서는 등장하지 않다가 18세기 중반에 이르러서야 갑작스레 모습을 드러냈던 만큼 그 기원에 대한 설 역시 다양함을 지적한 바 있다.

이로써 20세기 초에 이르러 형태면에서는 '공교'를 어근으로 하는 형용사로 '공교하-', '공교롭-', '공교스럽-' 등 세 가지 어형이 공존하게[6] 되었음을 확인하였다. 상기의 논의를 종합하여 15세기부터 20세기 초에 이르는 이들의 통시적인 출현 양상 및 의미 변화를 도표로 정리하여 제시하면 <표 1>과 같다.

〈표 1〉 '공교하-', '공교롭-', '공교스럽-'의 통시적 출현 양상 및 의미 변화

[정교함] [교묘함] [우연함]	15세기	16세기	17세기	18세기	19세기	20세기
공교하[7]						
공교롭						

---

6 오늘날의 '공교스럽다'는 사전에 따라 등재 여부를 달리한다. 이를테면 <표준국어대사전>과 <연세 현대 한국어사전>에는 등재되어 있지 않지만, <고려대 한국어대사전>에서는 이를 표제어로 수록하였으며, 해당 뜻풀이 '[(명)이] (뜻하지 않은 일) 우연히 일어나 매우 기이하다'는 표제어 '공교롭-'의 것과 일치한다.

공교스럽-						

3) 소결

한국어사 자료 속 '工巧(X)'의 통시적 의미 변화 양상을 정리하면 다음과 같다. 후기 중세에는 크게 '공교하-'와 그 부사형 '공교히', '공교롭-'과 그 부사형 '공교로이' 두 부류의 어형이 확인되며, 이들은 솜씨나 재주의 [정교함]과 언행 또는 계략의 [교묘함]을 두루 나타냈다. 근대 한국어 시기에 이르러서는 상기의 두 가지 의미가 유지되는 한편, [우연함]의 의미가 새롭게 포착된다. 이러한 의미 변화는 문헌상 '공교하/공교롭-'의 논항이나 '공교히/공교로이'의 수식 대상이 내포하는 속성의 변화로 체현된다. 예컨대 [정교함]이나 [교묘함]의 경우, 논항이나 수식 대상은 '수단, 하리'와 같이 주관적 의지에 의해 결정될 수 있는 언행이거나 그 산물로 귀결된다. 이에 반해 [우연함]은 '날씨' 등 '자연적으로 발생하거나 예기치 못한 사태'를 논항이나 수식 대상으로 삼는다. 아울러 20세기 초부터는 '공교하/공교롭-' 이외에 형용사 파생접미사 '-스럽'이 통합한 '공교스럽-'이 소략하나마 등장하는데 [우연함]에 특화된 모습을 보인다. 이에 비추어 '공교하-'와 '공교롭-'은 적어도 20세기 초까지는 [정교함], [교묘함], [우연함] 전반에 걸쳐 유의 경쟁 관계에 놓여 있었음이 확인된다. 따라서 오늘날과 같이 [우연함]을 기반으로 하는 '공교하-'와 '공교롭-'의 함의 관계는 20세기 초 이

---

7   여기에는 '공교이'라는 어형도 포함된다.

후에 점차 형성된 것으로 보인다.

2. '慇懃'

1) 현대 한국어 '慇懃(X)'의 의미적 특징

현대 한국어 가운데 '慇懃'을 어근으로 하는 '慇懃(X)' 한자어에는
명사 '은근', 형용사 '은근하다', 부사 '은근히'[8] 등이 포함된다. 본격적
인 기술에 앞서 아래의 (1), (2)를 통해 이들에 대한 <표준국어대사전>
의 해석부터 살펴보기로 한다.

> (1) 은근(慇懃) 「명사」
>   야단스럽지 아니하고 꾸준함.
>   ¶ 은근과 끈기.

> (2) 은근-하다(慇懃하다) 「형용사」 (은근-히 「부사」)
>   ① 야단스럽지 아니하고 꾸준하다. (야단스럽지 아니하고 꾸준하게.)
>   ② 정취가 깊고 그윽하다. (정취가 깊고 그윽하게.)
>   ¶ 달빛이 비치는 안마당은 은근하고 아늑한 기운이 감돌았다.
>   ③ 행동 따위가 함부로 드러나지 아니하고 은밀하다. (행동 따위

---

8   비록 <표준국어대사전>을 비롯하여 <고려대 한국어대사전>, <연세 현대한국어사전> 등
    사전들에 등재되어 있지는 않지만, 현대 한국어에서 '은근'이 부사로 쓰이는 일이 있다.
    참고로 국립국어원 <모두의 말뭉치>에서 발췌한 약간의 용례를 들면 다음과 같다. 이처럼
    그 자체만으로도 부사로 쓰이는 '은근'과 파생접미사가 통합한 부사 '은근히'의 관계에
    대해서는 아래에 통시적 문증 양상을 다루면서 언급하기로 한다.
        가. 사실 나도 은근 기대하긴 했지만.
        나. 열쇠 갖고 다니는 것도 은근 귀찮아.

가 함부로 드러나지 아니하고 은밀하게.)

¶ 은근하게 말하다. / 대장은 패거리들을 멀리 뒤로 부른 다음 은근한 소리로 다그쳤다. / 도현은 그의 태도에 그다지 신뢰감이 가지 않으면서도 여동생을 소개해 주겠다는 말에는 은근한 기대가 없지 않았다.≪손창섭, 낙서족≫

④ 겉으로 나타내지는 아니하지만 속으로 생각하는 정도가 깊고 간절하다. (겉으로 나타내지는 아니하지만 속으로 생각하는 정도가 깊고 간절하게.)

¶ 은근한 사랑. / 얼마든지 더 묵어서 가라는 말에는 은근한 진정이 품겨 있었다.≪김구, 백범일지≫ / 꽃이여, 너는 부디 은근하고 정중하고 곧은 마음으로 네가 받은 명을 잘 받들어….≪최명희, 혼불≫

위의 (1), (2)에서 보듯 명사 '은근'은 [꾸준함]의 의미로만 풀이되는 반면, 형용사 '은근하다'와 부사 '은근히'의 경우, [꾸준함] 이외에도 [그윽함], [은밀함], [간절함]⁹ 등의 의미를 더 갖는다. 아울러 (1)과 (2)의 뜻풀이를 관찰해 보면, 점선 부분에서도 확인되듯 전반적으로 '드러내지 않는 은밀함'의 의미가 내포되어 있음을 발견하게 된다. 예컨대 (1), (2)에서 공통되는 [꾸준함]도 '야단스럽지 않은' 꾸준함을 가리키며, (2)에서 추가로 나타나는 ③번의 [은밀함]은 물론, ④번의 [간절함]도 '겉으로 나타내지 않는 속깊음'을 전제한다.

이처럼 [은밀함]이 부각되는 현대 한국어 '은근'류 한자어의 의미적

---

9 여기서 [간절함]이라는 의미 자질은 사전의 뜻풀이에 기대어 설정한 것이다. 현대 한국어 '간절하─'의 경우, '간절한 사랑'과 같이 ①'정성이나 마음 씀씀이가 더없이 정성스럽고 지극하다.'는 의미와 '간절한 부탁'과 같이 ②'마음속에서 우러나와 바라는 정도가 매우 절실하다.'라는 두 가지 뜻을 겸한다. 여기서는 '은근(하─)'에서 파악되는 의미의 실제에 비추어 [간절함]을 이 가운데의 ①번 의미로 사용할 것임을 밝힌다.

특징은 동형의 현대 중국어 어휘 또는 고전 한문 속 '慇懃'이 나타내는 의미와의 비교를 통해 더욱 극명하게 드러난다. 다음의 (3)은 <현대한어사전>(제7판)에 수록된 '慇懃'의 뜻풀이이고, (4)는 서진방(2017:238)에서 정리한 '慇懃'의 통시적 의미를 옮긴 것이다.

(3) 慇懃「形容詞」
　　<u>熱情而周到</u>.
　　¶ 慇懃招待.

(4) 慇懃
　　① 情誼深厚 ② 形容熱情周到 ③ 形容巴結討好 ④ 懇切的情意 ⑤ 藉指 禮物 ⑥ 關注貌 ; 急切貌 ⑦ 頻繁貌 ; 反反復復貌 ⑧ 懇切叮嚀貌 ⑨ 勤奮.

(3)에서 보듯 현대 중국어의 '慇懃'은 [극진함] 정도의 형용사로만 사용되는 데 반해 고전 한문(조기 백화 포함)에서는 (4)와 같이 [극진함] 외에도 8가지 정도의 의미를 더 지녔던 것으로 확인된다. 아울러 (4)에 제시된 ④[간절한 마음], ⑨[부지런함] 등은 앞서 현대 한국어 (1), (2)의 [꾸준함], [간절함] 등과 유사한 면이 있으나 '겉으로 드러내지 않는' 등의 [은밀함]을 전제하지는 않는다. 특히 (4)에 [은밀함] 정도의 의미 자체가 따로 설정되어 있지 않다는 점에서 현대 한국어의 '慇懃(X)' 한자어와 구별된다.

　　요컨대 아래에는 한국어사 자료를 중심으로 '慇懃(X)' 한자어의 다양한 의미 양상을 짚어 보고, 그 의미 변화 과정을 구체적으로 탐구해 보고자 한다.

　　'慇懃(X)' 한자어의 통시적 의미 변화를 고찰하기에 앞서 '慇懃'이

기원적으로는 '연면사'(連綿詞)라는 점에 주목할 필요가 있다. 문영희
(2011:189)에서 언급하였듯 한문의 '연면사'란 '두 음절이 긴밀하게 연결
되어 하나의 형태소로서 의미상 단순성을 띠는 2음절어'로 정의되며,
대체로 '參差'[초모(初母)]와 같이 '쌍성(雙聲)에 의한 것'과 '徘徊'[미부(微
部)]와 같이 '첩운(疊韻)에 의한 것'이 대부분이다. 결국 연면사란 '2음절
로 구성된 단일어'로, 연면사에 사용된 한자들은 개개의 뜻을 취하지
않고 단지 표음 부호로만 기능할 뿐이다. 따라서 하나의 연면사가 유사
한 음상을 지닌 다양한 이표기를 갖는 것 또한 자연스러운 일이라 하
겠다. 이렇듯 연면사의 정의와 특징은 상대적으로 명확하지만, 개개의
한자가 의미를 내포한다는 인식 하에 이를 구분하기 쉽지 않으며, 실제
로 연면사를 쪼개어 해석하는 사례가 종종 포착되어[10] 주의를 요한다.

아울러 서진방(2017:238)에 정리된 바와 같이 이 글의 논의 대상인 '慇
懃'의 경우, '慇'[영뉴 문부(影紐文部)]과 '懃'[군뉴 문부(羣紐文部)]의 운모
는 모두 '문부'(文部)로, 첩운에 의한 연면사에 해당하며, 문헌상 '慇勤,
殷懃, 憿懃, 因懃, 因勤' 등의 이표기가 확인된다. 요컨대 '慇懃'을 비롯
한 연면사의 의미 또는 그 변화를 고찰함에 있어 개개 자의(字義)의 환
영에 사로잡혀서는 안 되며, 반드시 구체적인 문맥 속에서 고찰해야 함
을 알 수 있다.

---

10 일례로 강소(1991:88)에서는 일부 참고서들에서 한문 '城中死者, 無慮五六萬'<閻典史傳>
의 '無慮'를 '無須計慮就可知道, 即不會少於(헤아리지 않고도 알 수 있음, 즉 '적어도'의
의미임).'과 같이 '無/無須; 慮/計慮'로 쪼개어 해석하는 것은 지나친 천착임을 지적한
바 있다. 이때의 '無慮'는 첩운에 의한 연면사로, [대략]의 의미를 나타낸다. 문헌상 확인되
는 '無慮'의 이표기로는 '亡慮', '摹略', '莫絡' 등이 있다.

2) 통시적 의미 변화

(1) 본래 의미

먼저 후기 중세 및 근대 한국어사 자료에서 확인되는 '慇懃(X)' 한자
어의 의미를 짚어 보기로 한다. 아래의 (5)를 보자.

(5) 가. 世尊하 엇던 因緣으로 諸佛ㅅ 第一 方便 甚히 기픈 微妙ᄒᆞᆫ 아디
　　어려ᄫᅳᆫ 法을 브즈러니 讚嘆ᄒᆞ시ᄂᆞ니잇고(世尊！何因何緣慇懃稱
　　歎諸佛第一方便 甚深微妙 難解之法) <1447, 석보상절 13:44a>
나. ᄒᆞ다가 衆生이 안해 智性이 이셔 佛 世尊을 조차 法 듣고 信受
　　ᄒᆞ야 브즈러니 精進ᄒᆞ야 三界예 ᄲᆞᆯ리 나고져 ᄒᆞ야 제 涅槃 求
　　ᄒᆞᄂᆞ닌 이 일후미 聲聞乘이니(若有眾生 內有智性 從佛 世尊聞法
　　信受 慇懃精進 欲速出三界 自求涅槃 是名聲聞乘) <1459, 월인석
　　보 12: 43b-44a>
다. 너늘 브즈러니 도 닷그라 ᄒᆞ여 권ᄒᆞ노니 ᄲᆞᆯ리 불과를 일워 미
　　륜을 제도홀디니라(勸汝慇懃修善道 速成佛果濟迷倫) <1577, 초
　　발심자경문 84a>
라. 내 이제 널로 인ᄒᆞ야 어딘 이를 무러 뉘이츠믈 브즈러니 ᄒᆞ니
　　우 업슨 법을 올며 닐오믈 즉시 어드니(我今因汝 善問慇懃 懺悔
　　即得轉說 無上法輪) <16세기, 장수경언해 18b>

위의 (5)는 15~16세기의 문헌에서 발췌한 것으로, 원문의 '慇懃'이
대체로 '브즈러니(<부지런히)'에 대응하는바 [꾸준함]의 의미를 보인다.
참고로 후기 중세와 근대 시기 문헌을 통틀어 '慇懃'이 '구틔여'로 대
역된 사례가 흔치 않은데 <월인석보>에서 발췌한 아래의 (6가)는 그러
한 양상을 보여 주목된다.

(6) 가. 王이 무르샤디 네 <u>구틔여</u> 大海예 드러가 므슷 일 호려 ᄒ는다
     (王問太子 汝憖慭欲入大海 何所作爲) <1459, 월인석보 22:34a>
   나. ᄢ야 아로미 네브터 오매 刹那애 잇ᄂ니 <u>구틔여</u> 苦로이 브즈
     러니 아니ᄒ야 안자서 利를 어드리라(省覺由來在刹那 不<u>必</u>辛勤
     坐獲利) <1482, 남명집언해 1a>

현대어 '구태여'의 선대형인 '구틔여'가 '(애써) 굳이' 정도의 의미를
지녔다는 사실은 (6나), (6다) 등을 통해서도 방증된다. 아울러 <월인
석보>가 의역의 경향을 보이는 문헌임을 감안하면, (6가)는 [간절함]을
뜻하는 원문의 '憖慭'을 [애써 굳이]를 뜻하는 '구틔여'로 의역한 것일
가능성이 있다. 이에 비추어 16세기의 문헌인 <소학언해>에서 발췌한
아래의 (7)을 보자.

(7) 녀편네는 잠깐도 사괴여 놀옴이 업서 그 婚姻ᄒ 집이 或 여라믄 힛
   ᄉ이예 서르 아디 몯ᄒ고 오직 유무 뎐갈이며 주어 기티기로써 <u>憖</u>
   <u>慭홈</u>을 닐위ᄂ니라(江東婦女 略無交遊 其婚姻之家 或十數年間 未相識
   者 唯以信命贈遺 致<u>憖慭</u>焉) <1587, 소학언해5:68b-69a>

(7)은 <소학·가언>(小學·嘉言)의 한 대목으로, 그 대의는 '(강동의) 부
녀자들이 조금도 사귀고 노는 일이 없어 혼인한 집안끼리도 혹 수십
년 동안 서로 알지 못하고, 오직 편지와 말을 전하고 선물을 보냄으로
써 은근한 정을 표시했다.'(성백효 1993:317, 윤호창 2005:189 참고) 정도로 파
악된다. 따라서 이때의 '憖慭홈'은 '생각하는 마음이나 정이 깊음'에[11]

---

11 앞서 (1), (2)에서 확인하였듯 현대 한국어의 '은근'이나 '은근하-'는 대체로 '은밀함'의
   속성을 갖고 있다. 예컨대 [꾸준함]도 '야단스럽지 아니한' [꾸준함]이며, [간절함]도 '겉으
   로 나타내지 않는' [간절함]을 나타낸다. 이에 비추어 이 글은 (7)과 같이 대역 문헌에서

가까운 것으로 이해된다는 점에서 [간절함]의 의미로 볼 수 있다.

이와 달리 17세기부터는 [꾸준함]이나 [간절함] 이외의 다른 의미도 문증되기 시작한다. 참고로 17~18세기에 걸쳐 간행된 <첩해신어>의 여러 이본에서 발췌한 다음의 (8), (9)를[12] 보자.

(8) また しきに 御さて あま里 御いんきんの 御れい けつく はつ加し した
    いて御さるに

　가. 쏘 친히 와 겨셔 너모 慇懃ᄒ신 御禮 도로혀 붓그러온 次第읍쩐
　　　듸 <1676, 첩해신어 8a>

　나. 쏘 친히 와 계셔 너모 慇懃ᄒ신 御禮 도로혀 붓그러온 次第읍던
　　　듸 <1748, 개수첩해신어 11b>

　다. 친히 와 겨셔 너모 御慇懃ᄒ신 御禮 도로혀 붇그러온 次第로소이
　　　다 <1781, 중간첩해신어 7b>

(8)에서 보듯 17세기의 <첩해신어>, 18세기의 <개수 첩해신어>와 <중간첩해신어>에서는 일본어 원문 '御いんきんの 御れ'를 모두 '너모 (御)慇懃ᄒ신 御禮'와 같이 대역하여 'いんきん'과 '慇懃ᄒ-'가 대응을 이룬다. 원문 '御いんきんの 御れ'가 '극진한 인사' 정도로 풀이되므로, 이때의 '慇懃ᄒ-'가 [극진함]의 의미를 갖는다는 점 또한 쉽게 이해된다. 이에 비추어 아래의 (9)를 보자.

원문(주로 한문)의 '慇懃'을 '慇懃(은근)홈'과 같이 '직역'한 경우, 본딧말의 의미가 해당 대역어에 그대로 반영된 것으로 간주하여, 이때는 대역어로서의 '慇懃(은근)'에도 한문의 동형어와 마찬가지로 '은밀함'의 속성은 없는 것으로 파악하려 한다. 예컨대 (7)의 경우, 한문 해석상 '慇懃'이 [간절함]으로 이해된다. 이에 이 글은 그에 대응하는 대역어 '慇懃(은 근)홈' 역시 [간절함]의 의미를 나타내는 것으로 보는 한편, (2)에서 확인한 현대 한국어 '은근하-'의 ④번 의미처럼 간절하되 '겉으로 드러내지는 아니하지만'과 같은 전제는 갖지 않는 것으로 파악할 것이다.

12　이하 (8)과 (9)의 두 용례는 각각 이현희 외(2017:205, 215)의 것을 인용한 것임을 밝힌다.

(9) さてさて 御いゝんきんな ゑんせきてこそ御され

   가. 어와 어와 <u>慇懃흔 宴席</u>이옵도쇠 <1676, 첩해신어 28a>

   나. 어와 어와 <u>극진흔 인ᄉ쟝</u>이옵도쇠 <1748, 개수첩해신어 41a >

   다. 어와 어와 <u>극진흔 인ᄉ쟝</u>이로소이다 <1781, 중간첩해신어 24a>

    (9)에서는 원문의 점선 부분 '御いんきんな ゑんせき'과 관련하여 이본 간 대역 양상의 변화가 감지된다. 예컨대 17세기의 <첩해신어>에서 (9가)의 '慇懃흔 宴席'과 같이 'いんきん'을 '慇懃ᄒ-'로 직역한 것과 달리, 18세기의 개수본과 중간본에서는 (9나), (9다)의 '극진흔 인ᄉ쟝'과 같이 'いんきん'이 '극진ᄒ-'로 명시됨을 본다.

    이처럼 [극진함]의 의미를 갖는 '慇懃(X)' 한자어는 18~19세기에도 지속적으로 문증된다. 다음의 (10)을 보자.

(10) 가. 집의 썬쩐흔 차와 밥으로 <u>供待홈</u>을 <u>慇懃</u>이 ᄒ야 ᄒ여곰 饑渴
        ᄒ야 瘦瘠ᄒ며 苦辛ᄒ게 말올찌니(家常茶飯 供待慇懃 莫敎饑
        渴 瘦瘠苦辛) <1736, 여사서언해 22b-23a>

   나. <u>은근</u>이 딕졉ᄒ다(待人親熱) <1770, 한청문감 6:28b>

   다. 상고들이 년ᄒ여 나들며 인ᄉᄒ디 희를 무ᄉ히 디닉엿ᄂ냐
        ᄒ니 이 풍속은 아국과 다름이 업더라 <u>흔 사람이 드러와 말</u>
        <u>을 은근이 ᄒ거늘</u> 그 셩을 무르니 왕개라 <18세기, 을병연행
        록 5: 42a>

   라. 져로 ᄒ여곰 쇼식을 통ᄒ고져 ᄒᄂ니 네 가히 <u>은근</u>이 관딕ᄒ
        라 <1871, 삼국지 63>

   마. 건셩이 흔연관딕왈 방금 텬지 년쇼ᄒ시고 죠뎡이 히이ᄒ기
        로 승샹과 상의코져 ᄒ거늘 엇지 더듸 오뇨 ᄒ며 쥬찬을 나
        와 <u>은근히</u> 권ᄒ거늘 <장경전, 18b>

    위의 용례 가운데 (10가), (10나), (10라) 등은 부사로 쓰인 '慇懃이/

은근히'가 [극진함]의 의미를 지닌 채 '대접'을 뜻하는 어휘 '供待ᄒᆞ-', '디졉ᄒᆞ-', '관디ᄒᆞ-'를 수식하는 경우이다. 한편, (10다)의 점선 부분은 문맥상 '한 사람이 들어와 말을 정중히 하거늘 그 성을 물으니 왕씨이 다.' 정도를 나타내므로, 이때의 '은근이' 또한 [극진함]의 부사로 쓰인 것이라 할 수 있다.

물론 동시기(18~19세기)에 아래의 (11)와 같이 [간절함]으로 파악될 수 있는 예들도 여전히 확인된다.

> (11) 가. 슬프다 이거시 비록 젹어 ᄒᆞᆫ 열흘 냥식도 ᄎᆞ지 못ᄒᆞ나 ᄯᅳᆺ은
>   실노 <u>은근ᄒᆞ야</u> 진실노 밤낫 근심으로셔 나시니 너희 등은 그
>   아ᄂᆞ냐 모로ᄂᆞ냐(噫 物雖尠少 未滿旬日之食 意實慇懃 亶出宵旰
>   之憂 爾等其諒之否) <1784, 정조 윤음언해 5a>
>   나. 져근덧 ᄒᆞ여 보채 다라와셔 더옥 <u>은근ᄒᆞᆫ</u> 졍분이 노와 보내기
>   어려오믈 ᄭᅢᄃᆞᆺ디(少時寶釵趕來 愈覺繾綣難捨) <1884, 홍루몽
>   번역 필사본 36:81>
>   나. <u>繾綣</u>은 <u>親密也</u> ㅣ 라 <1632, 두시언해 중간본 1:55b>

(11가)의 경우, 정조가 기근이 든 경기·호서 지역에 구제 물자를 내려주면서 언급한 대목이다. 그 대의는 '비록 (짐이 내린 구제 양식이) 젹어 열흘치도 안되지만, (이재민을 생각하는) 뜻은 실로 "은근"하여 밤낮의 근심에서 비롯된 것이다.' 정도로 파악된다. 요컨대 이때의 '은근ᄒᆞ-'는 [극진함]의 의미로 볼 수도 있겠지만, 맥락상 [간절함]의 의미로 파악해도 무방하다. 한편, (11나)의 '은근ᄒᆞᆫ 졍분'은 원문의 '繾綣'을 번역한 것이다. '繾綣'이 '정이 깊음'을 내포한다는 사실은 (12나')에 제시된 <두시언해>의 협주[13]를 통해서도 알 수 있다. 요컨대 이때의 '은근ᄒᆞ-' 또한 [간절함]에 대당하는 것이라 하겠다.

한국어사 자료에서 독특하게 나타나는 '慇懃(X)'의 이의를 본격적으로 다루기에 앞서 다음의 (12)를 중심으로, 부사 '은근'과 '은근이/은근히'의 형태적 차이를 짚어보기로 한다.

> (12) 가. 조딕 즉시 나아가 어스긔 뵈옵고 셔릉의 평부를 고ᄒ며 못ᄂᆡ 깃거ᄒ거늘 어시 <u>은근</u> 후딕ᄒ고 야심ᄒᄆᆡ 조딕를 다리고 후당의 드러가 종용이 문 왈 <1858, 월봉기 16b>
>
> 나. 진부 지친이란 말을 듯고 별노이 <u>은근</u> 졉딕ᄒ며 운방으로 마즈 드러가 례를 힝ᄒ고 챠를 드린 후의 니괴 니ᄅ딕 <1884, 진쥬탑 8:7b>
>
> 다. 진생이 호상국의 위권이 혁혁함을 알매 저에게 아첨하야 권세를 붓좃츠려 하는 고로 아당하는 말삼이 쇼인의 지긔 상합한지라 피차 초면이나 <u>은근</u> 위곡하더라 <임화정연 1:74>
>
> 다'. 위생이 <u>은근히</u> 권유하야 갓가히 좌정하니 쳥이 쥬찬을 드려 관대하며 <u>은근</u> 셜화하더니 <임화정연 1:175>

위의 (12)에서 실선으로 표시한 '은근'이 후행하는 '후딕ᄒ-'와 '졉딕ᄒ-'를 수식해 주고 있다는 점으로부터 [극진함]의 부사로 쓰인 것임을 알 수 있다. 의미와 용법에 있어서는 위의 (10)에서 확인한 부사 '은근이/은근히'와 다르지 않으나 형태상 부사파생접미사 '-이/-히'가 통합하지 않았다는 점에서 차이를 보인다. 현재 확보 가능한 한국어사 자료를 기준으로, 이처럼 '은근' 자체가 부사로 쓰인 예는 그리 많지 않으며, 대체로 19세기 중후반에 집중되어 있다. 그에 비해 부사 파생접미사가 통합한 형태는 (10가, 나)에서 보듯 비교적 이른 시기부터 문증되

---

13 해당 부분은 '다시곰 <u>위고기흠믈</u> 議論 마롤디로소니 ᄒ마 時急히 둔뇨믈 安慰ᄒ놋다' (無論再繾綣 已是安蒼黃) <1632, 두시언해 중간본 1:55b>에 대응하는 협주로, 여기서는 '繾綣'이 '위고기흠-'으로 언해되었음을 본다.

고, '은근ㅎ-'와 같은 용언형 또한 활발히 쓰임을 본다. 그중 '은근이'와 '은근히'는 이표기로 파악할 수 있고, '은근ㅎ-'에 상대하여 '은근히'의 부사형을 갖는 것 또한 자연스러운 일이다. 이에 비추어 '은근이/은근히'에 이어 '은근'과 같은 부사가 나타난 것은 2.1의 '기어-거어이'와 2.2의 '일절-일절히' 등에서 언급한 근대 한국어 시기의 '잉여적 부사 파생접미사 덧붙음 현상'(이현희 2010)에서 유추 또는 역형성된 것이 아닌가 한다. 즉 '은근'은 본디 [상태성]을 가진 한자어 어기에[14] 통합하여 부사를 파생하는 접미사'-히'와 통합해야만 비로소 부사로 쓰일 수 있었던 것인데 근대 시기에 활발히 목격되는 '일체-일체히' 등의 잉여적 요소 '-히'와 동일시되어 '은근'이라는 부사형이 나타나게 된 것으로 봄 직하다.

(2) 이의 발생 과정

아래에는 19세기 중반부터 등장하는 '慇懃(X)' 한자어의 새로운 의미 양상에 대해 살피기로 한다. 다음의 (12)를 보자.

(12) 가. 그 쥬인이 마즈드려 좌를 졍ᄒ고 심히 <u>두터이</u> 딕졉ᄒ거늘(其主延坐 意甚慇懃) <1852, 태상감응편도설언해 3:9a>

---

14 정민영(1994:45~46)에 따르면, 부사 파생 접미사 '-히'가 결합될 수 있는 어기는 '-하'와 결합하여 상태동사를 파생해야 하는 한자어 어기이어야 한다는 파생 조건을 가진다. 한편, [동작성]을 갖는 한자어 어기에는 '-히'가 접미되지 않는 데 반해 [상태성]을 가진 한자어 어기에 '-히'가 접미되어 파생 부사를 형성하는 이유는 [상태성]을 가진 어기가 더 쉽게 어휘화의 요인인 새로운 의미를 띨 수 있기 때문인 것으로 보았다. 아울러 '열심히, 자연히'와 같이 일부 '-하'의 결합이 저지됨에도 '-히'가 결합하는 경우는 유추에 의한 것이기는 하나 이때에도 한자어의 어기는 [상태성]을 갖는다고 하였다.

　　나. 혹 그러치 아니ᄒ여 올치 아니므로 닐을 지으며 도리ᄅᆞᆯ 어긔
　　　　여 ᄠᅳᆺ을 힝ᄒᆞ며 […] <u>은근이 냥션ᄒᆞᆫ 사ᄅᆞᆷ을 샹히오며</u> 가만ᄒᆞᆫ
　　　　가온ᄃᆡ 님군과 어버이ᄅᆞᆯ 업슈이 넉이며(苟或非義而動 背理而
　　　　行 […] 陰賊良善 暗侮君親) <1852, 태상감응편도설언해 1:3b>
　　다. ᄌᆞ연 착념ᄒᆞ고 가다듬아 어두은 집 속과 <u>은근ᄒᆞᆫ 디</u> 잇셔도
　　　　스스로 텬지 귀신의 죄ᄅᆞᆯ 엇을가 두려ᄒᆞ며(自有戰兢惕勵景象
　　　　若在暗室屋漏中　常恐得罪天地鬼神) <1852, 태상감응편도설언해
　　　　2:52b>

　　(12)의 용례들은 모두 19세기 중반의 문헌인 <태상감응편도설언해>
에서 발췌한 것이다. 그중 (12가)에서는 대접의 [극진함]을 뜻하는 원
문의 '慇懃'을 '두터이'로 처리하였다. 이와 달리 (12나)는 종종 악행을
나열하는 대목으로, 밑줄 그은 '은근이 냥션ᄒᆞᆫ 사ᄅᆞᆷ을 샹히오며[陰賊
良善]'는 '은연중에 선량한 사람을 해친다' 정도로 풀이된다. 즉 (12나)
의 '은근이'는 [은밀함]을 나타내는 부사로 봄 직하며, 원문 '陰'의 대
역어로 사용되었다는 점 또한 이를 뒷받침한다. (12다)에서 밑줄 그은
'은근ᄒᆞᆫ 디'는 '屋漏'의 대역어로 사용되었다. '屋漏'가 '신주를 모신 은
밀한 곳'을 의미한다는 데로부터 이때의 '은근ᄒᆞ-' 역시 [은밀함]을 뜻
하는 것임을 알 수 있다.
　　이처럼 '慇懃(X)'에 내포된 [은밀함]의 의미는 비단 대역 양상에 의
해서뿐 아니라 특히 그의 지배를 받는 논항 또는 수식을 받는 대상의
'속성 변화'를 통해서도 파악될 수 있다. 여기서 '속성의 변화'라 함은
구체적으로 다음의 두 가지를 염두에 둔 것이다. 하나는 논항이나 수식
대상의 의미적 색채가 대체로 부정적인 경향성을 나타내게 되었다는
점이고, 다른 하나는 논항이나 수식 대상의 범위가 무정물에까지 확대

되었다는 점이다. 예컨대 (12) 이전에 [꾸준함], [극진함], [간절함] 등의 의미를 지녔던 '慇懃(X)' 한자어들의 논항이나 수식 대상은 주로 '供待홈', '후딕ᄒ-' 등과 같이 [이타성]을 보이는 긍정적 의미의 어휘들이었다. 이와 달리 (12나)의 경우 '샹히ᄒ-'와 같이 부정적 의미를 지닌 어휘(동사)를 수식해 주고 있다. 더 나아가 이러한 부정적 어휘(동사)들은 적어도 [이타성]을 나타내는 어휘들에 비해 '암암리에 추진되는 방식'으로 실현될 가능성이 높은 것(후술)으로 보인다. 한편, 기존의 논항이나 수식 대상인 '供待홈', '후딕ᄒ-' 등은 인간의 행위를 나타내며, '졍분', '쯧' 역시 인간의 긍정적인 감정이나 의도와 연관된 것인데 (12다)에서 보듯 무정물로서 [처소]를 뜻하는 '딕'를 수식하며, 어두운 분위기임을 나타내고 있다. 이는 (12나)처럼 '慇懃(X)'가 부정적인 의미의 어휘 또는 '암암리 또는 배후에서 추진될 가능성이 높은 어휘'를 수식하거나 논항으로 취하게 되면서 점차 확장된 용법으로 생각된다.

[은밀함]의 뜻을 갖는 '慇懃(X)' 한자어의 이 두 가지 특징은 (12)와 비슷한 시기의 기타 용례들에서도 확인되며, 이러한 쓰임은 19세기 후반부터 서서히 증가하는 추세를 보인다. 다음의 (15)를 보자.

(15) 가. 됴운니 현덕게 고ᄒ여 왈 맛춤 낭하를 살펴보니 <u>은근니</u> 도부슈를 <u>믹복ᄒ엿ᄂ지라</u> 반ᄃ시 됴흔 쯧이 아니니 <1871, 삼국지 64>

  나. <u>은근ᄒ다(慇懃)</u> Secret. Sympathiser, etre d accord. Parler ouvertement, ouvrir son coeur. (비밀, 마음이 통하다, 의견이 일치하다, 솔직하게 말하다, 자기 마음을 열다)[15] <1880, 한불자전, 35>

---

15 해당 뜻풀이의 현대어역은 이은령 외(2014:938) 참고.

　　다. 내가 오릭 무움의 거리쪄 <u>은근흔</u> 곳의셔 원앙다려 뭇고져 흐
　　　　듸 다만 종일 이목이 번다흐고 또 죠치 아닌 말을 사룸을 듸
　　　　흐여 근져를 깁히 키여 뭇기 어려오니(我久已有心要在背地裡
　　　　問問鴛鴦 只是成目家鼻子臉子的在一塊兒 又不好意思的當著人盤
　　　　根究底的問他) <1884, 속홍루몽 번역 필사본 8:48>
　　라. 그 녀왕이 것흐로는 기화를 흔톄 흐고 나라 법률을 시힝흐는
　　　　톄흐나 속으로 <u>은근히</u> 협잡을 흐며 <1897, 독립신문>
　　마. 경산에 돌을 도젹흐야 쩌다가 비에 싯고 가셔 <u>은근이</u> 모로게
　　　　<u>팔아먹는</u> 강윤태를 마포 분셔에서 잡앗더라 <1898, 매일신
　　　　문>
　　바. 정부 대신들과 별입시들이 협잡들을 감히 못흐되 <u>은근이</u> 둘
　　　　만 알고 불공히 흐는 일들이 더러 잇고 <1898, 매일신문>
　　사. 쥬인을 알니지도 안을 디경이면 그 결뎡흔 의론 속에 필경
　　　　나를 보아 쥬는 톄 흐고 <u>은근히</u> 골니쟈는 뜻이 잇슴이라
　　　　<1898, 매일신문>

　　위에서 (15가, 라, 마, 바, 사)는 '은근히/은근이'가 부정적 의미를 지
닌 어휘, 이를테면 '민복흐-', '협잡흐-', '팔아먹-', '불공히 흐-', '골니-'
등을 수식하는 예이며, (15다)는 처소인 '곳'을 수식해 주고 있다. 그중
부정적 어휘(동사)들이 [이타성]을 나타내는 어휘들에 비해 '암암리에
추진되는 방식'으로 실현될 가능성이 높다고 한 것과 관련해서는 (15
라), (15마), (15바), (15사) 등의 예가 참조된다. 예컨대 (15라)에서는
'은근히 협잡흐-'에 '속으로', 'ㄴ 톄흐-' 등의 표현이 선행하여 공기하
며, (15마)에서는 '은근이'와 '팔아먹-' 사이에 '모로게'가 개재되어 동
의중복에 의한 의미 강화 양상을 보인다. (15바)에서도 '은근이'와 '불
공히 흐-' 사이에 '둘만 알고'와 같은 표현이 개재되어 그 의미가 강화
된다. (15사)에서도 (15라)와 비슷하게 '거짓으로 꾸밈'을 나타내는 표

현 '-ㄴ 톄ᄒ-'가 선행됨을 본다.

　이외에 '은근(慇懃)'이 맥락에 따라 다양한 이표기를 가질 수 있는 연면사라는 점에 착안하여 '은근'의 '은(慇)'을 숨길 '은(隱)' 정도로 파악하여[16] '은근'을 [은밀함]의 의미로 사용했을 가능성을 생각해 볼 수 있을 것이다. 다만 현재로서는 이러한 파악 방법을 보여 주는 실제 용례가 확인되지 않아 직접 입증하기는 어렵다.

3) 소결

　위의 논의를 종합하면 다음과 같다. 한국어사 자료의 '慇懃(X)' 한자어는 후기 중세부터 문증되며, 대체로 [꾸준함], [간절함], [극진함] 등의 의미로 사용되었는데 19세기 중반부터 [은밀함]의 의미로 쓰인 용례가 확인되기 시작한다. [은밀함]의 경우, 한문의 '慇懃'에서는 쉬이 확인되지 않는 의미라 할 수 있다. 아울러 이 글은 '慇懃(X)' 한자어가 이처럼 [은밀함]의 의미를 보이게 된 것과 관련하여 '慇懃(X)'한자어가 그 수식 대상이나 논항으로 부정적 의미 색채를 지닌 어휘, 즉 '암암리에 추진될 가능성'이 높은 어휘까지 취할 수 있게 되면서 점차 [은밀함]의 의미를 획득하게 되었고, 그 영향으로 처소(무정물)의 어두운 분위기까지 나타내게 되었을 가능성을 상정하였다.

16　참고로 노명희(2018:12~14)에서는 현대 언중들의 '한자 지식의 변화'로 인해 생기는 현상을 크게 ①유사한 의미의 한자를 중복하여 쓰는 경우[誕辰日, 하얀 素服], ②일부 한자를 흔히 쓰이는 다른 한자로 인식하는 경우[懇談會—簡談會], ③한자어의 의미를 달리 해석하여 사용하는 경우[血稅:가혹한/피 같은 세금], ④의미의 중심이 되는 한자가 나머지 한자의 의미를 흡수하는 경우[疏通] 등으로 나누어 분석한 바 있다.

3. 기타 한자어

① 가관(可觀)

현대 한국어의 '가관(可觀)'은 다음의 (1)에서 보듯 [볼 만함] 외 [비웃음]의 의미를 지닌다.

> (1) 가관(可觀) 「명사」
> 「1」 경치 따위가 꽤 볼만함. ¶ 내장산의 단풍은 참으로 <u>가관</u>이지.
> 「2」 꼴이 볼만하다는 뜻으로, 남의 언행이나 어떤 상태를 비웃는 뜻으로 이르는 말. ¶ 잘난 체하는 꼴이 정말 <u>가관</u>이다. <표준>

이는 아래의 (2)와 같이 현대 중국어의 '可觀'이 지니는 [볼 만한 가치가 있는 것], [성취 정도의 상당함] 등의 긍정적 의미와 대조된다. 아울러 이전 시기 한문에서도 (3)과 같이 [볼 만한 가치가 있는 것], [아름다운 것], [높은 경지에 다다른 것] 등의 긍정적 의미만이 확인된다.

> (2) 可觀
> ① 值得看. ¶ 兩岸峰巒青翠, 花草叢生, 風景著實<u>可觀</u>.
> ② 指達到的程度比較高. ¶ 規模<u>可觀</u>.
>
> (3) 可觀
> ① 可以看; 值得看. ¶ 物大然後<u>可觀</u>. <易·序卦>
> ② 優美. ¶ 其中有旨意<u>可觀</u>, 而詞近古往者, 為古諷. 唐·元稹, <敘詩寄樂天書>
> ③ 指達到較高的程度. (劉名健)相孝廟首尾二十年, 相業甚<u>可觀</u>. 明 陸深 <停驂錄摘抄>

참고로 한국어사 자료의 '가관'은 후기 중세부터 현대 한국어시기까지 소략하나마 문증된다. 약간의 예시를 들면 (4)와 같다.

> (4) 가. 두루 들옴이 可히 법 바담 즉ᄒ며 용모와 거지 可히 보왐즉ᄒ며(周旋可則ᄒ며 容止可觀ᄒ며) <1588, 소학언해 4:55a>
>
> 나. 빈쳔ᄒ고 셜운 인ᄉ 더옥 <u>가관</u> 우ᄉ올샤 우리 갓튼 빈궁인은 아모려면 오즉홀가 <1796, 奠說因果曲 2b>
>
> 다. 심대신이 그 손들을 디ᄒ야 말ᄒ기를 그ᄃ들이 샹보ᄂ 법을 빙화 가지고 늬 샹을 보와 쥬러왓ᄂᄂ지 늬집에 무삼 <u>가관</u>홀 물건이 잇셔 구경ᄎ로 왓ᄂᄂ지 그ᄃ들은 일이 업시 한가ᄒ니 신 죵일 와셔 희소일을 ᄒ니 죠커니와 스무가 만흔 사름을 공연히 붓잡고 쓸ᄃ업ᄂ 말을 ᄒ니 <1899.11.20 매일신문 24>

전반적으로 문례가 많지는 않으나 후기 중세 한국어 시기의 '可觀'은 (4가)와 같이 아직 단일어화하지 않은 모습을 보이며, 의미에 있어서는 [볼 만한 가치가 있는 것] 정도의 긍정적 의미가 우세하다. 이에 비해 근대 시기부터는 (4나)와 같이 단일어화한 형태 '가관'이 등장한다. (4나)의 '가관(ᄒ-)'은 다소 부정적 의미가 내포된 '빈쳔ᄒ고 셜운'의 수식을 받는 '인ᄉ'를 논항으로 취하는 한편, 특히 그 뒤에 [가소로움]을 나타내는 표현 '우ᄉ올샤'가 공기하는 등 [비웃음]의 의미가 잘 드러난다. 아울러 개화기에 등장하는 (4다)의 경우, '가관'의 쓰임 자체는 [볼 만한 가치가 있는 것]이겠으나 반어법의 문장에 나타난 것임을 감안하면, 이 역시 [비웃음]의 의미로 쓰인 것임을 알 수 있다.

② 구차(苟且)

현대 한국어의 '구차(苟且)'는 아래의 (1)과 같이 [가난함]을 기본 의미로 한다.

> (1) 구차(苟且) 「명사」
> 「1」 살림이 몹시 가난함. ¶ 부친과 병화들의 감화를 받아서 <u>구차</u>
> 라는 것을 창피한 것, 부끄러운 일이라고는 생각지 않으나….
> ≪염상섭, 삼대≫
> 「2」 말이나 행동이 떳떳하거나 버젓하지 못함. <표준>

이는 현대 중국어의 '苟且'가 (2)에서 보듯 [그럭저럭 살아감/떳떳치
못함], [(일을)대충함], [부적절함] 등의 의미를 갖는다는 점과 구별된다.

> (2) 苟且
> ① 只顧眼前, 得過且過. ¶ <u>苟且</u>偸安.
> ② 敷衍了事;馬虎 ¶ 他做翻譯, 一字一句都不敢<u>苟且</u>.
> ③ 不正當的(多指男女關係).

아울러 한문의 경우, 다음의 (3)에서 보듯 현대 중국어가 지니는 의
미 외 ②[예법을 어김], ④[억지로] 등이 포함되지만, 이 역시도 [가난
함]의 의미가 부각되는 것은 아니다.

> (3) 苟且
> ① 只圖眼前, 得過且過. ¶ 爲上無<u>苟且</u>之心, 群下知膠固之義. 晉 陸機
> <五等論>
> ② 不循禮法. ¶ 夫秦滅先聖之道, 爲<u>苟且</u>之治, 故立十四年而亡. 漢 荀悅
> <漢紀·武帝紀二>
> ③ 隨便, 馬虎, 敷衍了事. ¶ 此便是天理人欲交戰之機, 須是遇事時便與
> 克下, 不得<u>苟且</u>放過. <朱子語類> 卷一一九.
> ④ 勉强. ¶ 流離三十年, <u>苟且</u>圖飽煖. 清 顧炎武 <歲暮>

⑤ 不正當的男女關係. ¶ 我只要委曲周全你家主一椿大事, 並無欺心. 若
有苟且, 天地不容. <醒世恒言·錢秀才錯占鳳凰儔>

참고로 한국어사 자료의 '구차'는 후기 중세부터 현대 한국어시기까
지 두루 확인되며, 대체로 한문의 '苟且'와 마찬가지로 [떳떳치 못함]과
[(일을) 대충함], [억지로] 등의 의미를 보인다. [가난]의 의미로 쓰인
용례는 20세기 초에 이르러 소략하나마 문증되기 시작한다. 다음의
(4)를 보자.

(4) 가. 직죄 하 一時ㅅ 무레 다르니 모물 檢察ᄒ야 <u>苟且</u>히 求ᄒ디 아
　　니ᄒ놋다(蘊籍異時輩 檢身非苟求) <1481, 두시언해 10:22a>
　　나. 사름이 이셔 날을 請ᄒ여 뎌의 兒子를 ᄀᄅ치라 ᄒ면 일뎡히
　　　用心ᄒ고 敢히 <u>苟且</u>히 아니호리라(有人請我敎他兒子 定是用心不
　　　敢苟且) <1721, 오륜전비언해 1:15b>
　　다. 네와 이제 죠흔 일이 마련ᄒ미 만으니 면강ᄒ여 <u>구차이</u> 쳡경
　　　을 구ᄒ지 말나(古今好事ㅣ 多磨ᄒ니 毋勉强苟求捷徑ᄒ라) <1883,
　　　명성경언해 11a>
　　라. 그 ᄢ에 저의 삼촌이 심이 <u>구차ᄒ야</u> 살 수 업슴으로 집을 졔
　　　물포로 리샤ᄒ게 되ᄂᆫ지라 이 ᄋ히가 졔물포에 예수 교회 잇
　　　단 말을 듯고 심히 깃거ᄒ야 <1900, 신학월보 1:404>

위의 (4가)는 [떳떳치 못함]을 보인 것이고, (4나)는 [대충함]의 의미
로 쓰인 것이다. (4다)는 [억지로]의 의미를 나타낸다. 한편, (4라)의
'구차ᄒ-'는 기존의 이러한 의미들과 사뭇 다른 양상을 보인다. 예컨대
(4라)에서 '살 수 없-'은 [(삶을) 영위함]을 뜻하는 동사 '살-'에 능력
부정의 유의 표현인 '-ㄹ 수 없-'이[17] 통합하여 '삶을 영위하기 어려움'
을 나타낸다. 아울러 '살 수 없-'과 그에 선행하여 공기하는 '구차ᄒ-'

가 원인의 연결어미 '-아'에 의해 연결되었는바 이때의 '구차ᄒ-'는 결국 삶을 영위하기 어려운 원인, 즉 [가난함]의 의미로 쓰인 것임을 알 수 있다.

③ 황홀(恍惚)

현대 한국어의 '황홀(恍惚)하다'는 <고려대 한국어사전>(이하 <고려>)에 (1)과 같이 기술되어 있다.

> (1) 황홀하다[恍忽--] 「형용사」 형태분석 [+恍忽/慌忽/怳惚-하_다]
> ① (기본의미) [(명)이] (무엇이) 눈이 어른어른할 정도로 화려하다.
> ¶ 황홀한 광경 / 새벽녘 떠오르는 태양에 바다가 황홀하게 빛나고 있다.
> ② [(명)이] (사람이나 그 기분이) 아름다운 사물 따위에 매혹되어 달뜨거나 몽롱한 듯하다.
> ¶ 황홀한 기분 / 생각지도 않았던 그녀의 정성스러운 선물은 나를 황홀하게 했다. <고려대 한국어사전>

(1)에서 보듯 <고려>에서는 형용사 '황홀하다'의 의항으로, [화려함]과 [몽롱함]을 제시하고 있으며, 그중 [화려함]을 기본 의미로 한다. 아울러 (2)의 '형태분석' 부분에서 '황홀하다'의 어근 '황홀'의 본딧말이 '恍忽' 이외에 '慌忽', '怳惚' 등으로도 표기될 수 있음을 제시하여 주목된다. 이는 '황홀(恍惚)' 또한 앞서 제시한 '은근(慇懃)'의 경우와 마찬가지로 문맥에 따라 다양한 이표기를 갖는 연면사(連綿詞)임에 기인한다. 참

---

17 '못' 부정의 유의 표현인 '-ㄹ 수 없-' 또한 '능력 부정'의 주요 표현으로 논의될 수 있음에 대해서는 남길임(2015:94)에서 다룬 바 있다.

고로 현대 중국어 및 이전 시기 한문의 '恍惚'은 다음과 같은 의미로 해석된다.

(2) 恍惚(恍忽)「形容詞」
　가. ① 神志不淸 精神不集中
　　　¶ 精神<u>恍惚</u>.
　　② (記得, 聽得, 看得)不眞切 不淸楚
　　　¶ 我<u>恍惚</u>聽見他回來了.
　나. ① 迷離, 難以捉摸. ¶ <u>恍惚</u>寒江暮, 逶迤白霧昏. <杜甫 西閣詩之二>
　　② 迷茫 ; 心神不寧. ¶ 令爲狂疾, <u>恍惚</u>不自知所言. <東觀漢記·郅惲
　　　傳>
　　③ 倏忽, 瞬息之間. ¶ 帝忽悟其已死, 叱之……<u>恍惚</u>不見, 帝兀然不自
　　　知, 驚悸移時. <醒世恒言·隋煬帝逸游召譴>
　　④ 形容疾速. ¶ 雞鳴刷燕晡秣越, 神行電邁躡<u>恍惚</u>. <唐 李白 天馬歌>
　　⑤ 仿佛 ; 近似. ¶ 其樹林巖石, 幽茂深阻, <u>恍惚</u>隔塵世. <宋故中散
　　　大夫提擧武夷山沖佑觀張公行狀>
　　⑥ 輕忽 ¶ 華芳曄其發越兮, 時<u>恍忽</u>而莫貴. <後漢書·馮衍傳下>

　위의 (3가)는 현대 중국어 '恍忽'의 해석으로, 정신이나 보고 듣고 기억한 것의 [흐릿함]과 [불분명함]을 나타낸다. (3나)는 이전 시기 한문의 여러 의미를 나열한 것으로, 이 또한 [흐릿함]과 [불분명함] 등을 주된 의미로 하며, 그밖에 [신속함], [흡사], [가벼이 흩어짐] 등을 나타낸다는 점에서 현대 한국어의 [화려함]이나 [몽롱함] 등과 다소 구별된다.
　아래 한국어사 자료의 '恍惚' 관련 문증 양상을 간단히 살피기로 한다. 다음의 (4)를 보자.

(4) 가. ᄒᆞ다가 精神이 <u>어즐코</u> 안 눅눅ᄒᆞ면 곧 이 中毒이니(如稍覺精神
　　　<u>恍惚</u>惡心 卽是誤中諸毒) <1466, 구급방언해 하 47a>

나. 一物은 엇던 物오 오직 이 一着子ᄂᆞᆫ 希夷ᄒᆞ야 ᄠᅳᆮ 너교미 그츠
며 髣髴ᄒᆞ야 보매 잇ᄂᆞᆫ 듯 ᄒᆞ며 […] 恍惚ᄒᆞ야 어루 혜아료미
어려우며 […] 恍惚은 어즐홀시라(一物은 何物오 祇這一著子ᄂᆞᆫ
希夷焉ᄒᆞ야 絕情謂ᄒᆞ며 […] 恍惚然ᄒᆞ야 難可測이며) <1482, 금
강경삼가해 1:1a>

다. 아비 긔절ᄒᆞ엿다가 다시 ᄭᆡ여 그 벗ᄃᆞ려 닐러 ᄀᆞᆯ오ᄃᆡ 앗가
신인이 누른 옷 닙고 블근 건 쓰고 황홀이 날ᄃᆞ려 닐오ᄃᆡ 네
아ᄃᆞᆯ이 효힝이 이시니 샹뎨 명ᄒᆞ샤 네 나 열둘을 더ᄒᆞ노라
ᄒᆞ더라 ᄒᆞ고 병이 드듸여 나아 그 후 열두 ᄒᆡ 만의 죽으니라
(父絕而復甦 告其友曰 適有神人黃衣紅帕首 恍惚語我曰 汝子孝 上
帝命錫汝十二齡 疾遂愈 後果十二年而卒) <1797, 오륜행실도1:
56a>

라. 샤시 ᄒᆞ직을 고ᄒᆞ니 낭낭이 ᄃᆞ시 이르ᄉᆞ되 어진 일을 힘쓰면
오십 지 후 이 곳의 모되리니 삼가 보즁ᄒᆞ라 ᄒᆞ시고 쳥의 냥
인을 명ᄒᆞ여 뫼셔 가라 ᄒᆞ시니 샤시 계슈 빅례ᄒᆞ고 계ᄒᆞ의
ᄂᆞ릴ᄉᆡ […] 놀ᄂᆞᆫ 몸을 소소치니 유랑과 츠환이 부인이 ᄭᆡ신
ᄃᆞ ᄒᆞ고 부르거늘 […] 부인이 정신이 황홀ᄒᆞ여 오릭 후 진졍
ᄒᆞ되 <1851, 사씨남졍기 하 9a>

위의 (4)에서 보듯 자료 속 '恍惚' 관련 용례는 후기 중세부터 확인
된다. 그중 (4가)의 '어즐ᄒᆞ-'나 (4나)의 '恍惚ᄒᆞ-'는 공히 원문 '恍惚'
의 대역어로 '정신의 [흐릿함]'을 나타낸다. 아울러 (4)에서 포착되는
'정신의 [흐릿함]'은 (3)에 제시된 한문의 용법과 마찬가지로 대개 '부
정적 의미'를 나타낸다.

한편, 다음의 (5), (6)은 19세기 중후반부터 확인되는 용례로, 상기의
경우와 다소 구별되는 의미 양상을 보인다.

(5) 가. 셕교를 쩌나 노승긔 뵈온 후의 졔 방의 도라오니 날이 져문지

라 션녀 보고 도라온 후로 무음이 <u>황홀호여</u> 주못 싱각호되 남
이 셰샹의 나미 어려셔 공밍의 글을 닑으며 [중략] 공명이 후
세의 젼흠이 디쟝부의 닐이여늘 우리 불가는 슈권 경문과 빅
팔년쥬 쑨이라 심히 젹막호도다 <1861, 구운몽 3a>

나. 니도령이 흔번 보민 정신이 <u>황홀호고</u> 심신이 녹는 듯호여 호
   는 말이 남 호리게 숨겻다 남의 쎄 쌘히게 숨겨고나 남의 간
   장 녹이게 숨겻다 슈려찬난호여 늬 눈을 어릭오고 쳔연즈약
   호여 늬 간장이 스는고나 <1864, 남원고사 23b-24a>

(6) 가. 엇던 잉무새는 깃시 미우 곱고 빗시 <u>황홀호니라</u> <1897.7.8. 독
       립신문 15>

   나. 하인들이 음식 상을 드리는되 <u>황홀</u> 찬란호지라 <1898.4.23. 독
       립신문 88>

   다. 셔울과 각 항구에 외국인 거류디를 볼 디경이면 이는 몃 만리
       슈륙길에 지물을 수운호여다가 긱디에 쵸쵸히 사는 거시로되
       <u>황홀찬란홈</u>이 진소위 유리 셰계라 <1899.11.20 매일신문 16>

먼저 (5)의 경우, '정신의 [흐릿함]'을 나타낸다는 점에 있어서는 (4)
와 유사하나 의미 색채에 있어 '부정적 의미'가 아닌 '긍정적 의미'를
보인다는 점에서 구별된다. 아울러 19세기 말의 용례 (6)에서는 '황홀
ᄒ-'가 직접 [아름다움]을 내포하는 '찬란ᄒ-' 등과 공기하는 등 [화려
함]의 의미가 분명히 파악된다.

④ 경황(景況)

먼저 <표준국어대사전>(<표준>)과 <고려대 한국어사전>(<고려>)에 제
시된 현대 한국어 '경황(景況)'의 의미를 보기로 한다.

(1) 가. 경황(景況) 「명사」 <표준>
　　정신적·시간적인 여유나 형편. ≒경.
　　¶시험이 내일인데 무슨 <u>경황</u>으로 놀러 가겠니? / 내 코가 석
　　자인데 무슨 <u>경황</u>으로 남을 돕겠어? / 일이 많아서 점심 먹을
　　<u>경황</u>도 없다.
　　나. 경황(景況) 「명사」≒경(景). <고려>
　　정신적, 시간적 여유.
　　¶<u>경황</u>을 차리다 / 그때는 <u>경황</u>이 없어서 미처 인사를 드리지
　　못했습니다.

　(1)에서 보듯 현대 한국어의 '경황'은 대개 시간적·정신적 [여유] 또
는 [겨를] 정도로 풀이된다. 다만 위의 예문들에서도 알 수 있듯 '경황'
이 직접 [여유]의 의미로 쓰이는 경우는 (1나)의 '경황을 차리다'와 같
이 제한적이며, 주로 '시간적·정신적 [여유]를 갖기 어려움'을 나타내
는 맥락, 이를테면 반문법이거나 [부재]를 뜻하는 형용사 '없-'과 공기
하여 쓰이는 것이 우세함을 본다.
　이렇듯 [여유]를 뜻하는 현대 한국어의 '경황'과 '없-'의 긴밀한 공기
관계는 <표준>과 <고려> 등의 사전에서 '경황없다'를 하나의 어휘로
등재하였다는 사실을 통해서도 극명하게 드러난다. 다음의 (2)를 보자.

(2) 가. 경황(景況)없다 「형용사」 <표준>
　　몹시 괴롭거나 바쁘거나 하여 다른 일을 생각할 겨를이나 흥
　　미가 전혀 없다.
　　¶<u>경황없는</u> 피난길 속에서도 그는 주위의 병자를 도왔다.
　　나. 경황(景況)없다 「형용사」 <고려>
　　몹시 바쁘거나 괴롭거나 하여 정신적인 여유나 시간적인 겨를
　　이 없다.
　　¶신랑은 결혼식 때문에 너무나 <u>경황없어</u> 손님들께 인사도 못

했다. / 연주는 <u>경황없는</u> 가운데에서도 주말에 큰언니의 문
병을 가는 것을 잊지 않았다.

(2)에서 보듯 <표준>과 <고려>에서는 명사로서의 '경황' 이외에 '경
황없다'를 형용사로 등재하고, [여유 없음] 정도의 의미를 갖는 것으로
해석하였다. 한편, <연세한국어사전>(<연세>)에서는 명사 '경황'을 아래의
(3)과 같이 해석하여 <표준>이나 <고려>와 사뭇 다른 양상을 보인다.

(3) 경황(景況)「명사」<연세>
　가. 자세히 살펴볼 수 있는 여유.
　¶더 자세한 이야기를 들어야 했지만 그런 것을 듣고 있을 <u>경황</u>
　이 없었다.
　나. 자세히 살펴볼 여유가 없는 급한 상황.
　¶아버지는 그 <u>경황</u> 속에서도 가문을 생각했던 거죠.

(3)에서 보듯 <연세>에서는 <표준>과 <고려>나 달리 '경황없다'를
하나의 어휘로 처리하지 않고, 그 대신 '경황'이라는 명사가 (3가)와 같
이 [여유]의 의미를 지니는 한편, (3나)처럼 '경황' 자체만으로도 '경황
이 없다'나 '경황없다'가 나타내던 [여유 없음]의 의미를 지시하는 것
으로 파악한 것이다. (3나)의 기술에 준한다면, 현대 한국어의 '경황'은
사실상 '의미 전염'이 일어난 사례라 할 수 있다.

참고로 현대 중국어 및 이전 시기 한문 '景況'의 용법을 제시하면
(4)와 같다.

(4) 가. 景況「名詞」
　　情況 ; 境況. ¶我們的<u>景況</u>越來越好. <現代漢語辭典>(第七版)
　나. 景況

情況 ; 光景. 多指生活境遇. ¶ "寶玉見了這般景況, 深爲駭異." <紅
樓夢 第二一回>

위의 (4가)는 현대 중국어의 용법이고, (4나)는 그 소급형인 청대(淸
代)의 용법이다. (4)를 통틀어 현대 및 그 이전 시기 중국어의 '景況'은
[여유]나 [겨를]을 뜻하는 현대 한국어의 용법과 달리 주로 '처한 [상
황]'을 나타내는 데 특화되어 있음을 본다. 예컨대 (4가)는 '우리의 상
황이/우리가 처한 상황이 점점 나아지고 있다' 정도로 해석되며, (4나)
는 '보옥이 이 상황을 보고 몹시 놀랐다' 정도로 해석된다.

이에 비추어 현대 이전 한국어사 자료 속 '경황'의 쓰임을 확인해 보
기로 한다.

(5) 이 싱이 도르혀 경박ᄒᆞ나 졀간의 쳐량ᄒᆞᆫ 경황을 견듸지 못ᄒᆞ여
드듸여 나이 오히려 어려실 쩌를 밋쳐 머리를 기르고 문즈 구실
의 츙슈ᄒᆞ엿더니(這件生意倒還輕省 耐不得寺院淒涼景況 遂趁年紀尙
輕蓄了發 充當門子) <홍루 4:12>

(6) 가. 번요ᄒᆞ여 사름 보기를 원치 아니ᄒᆞ고 혼녜를 지니나 경황이
업셔 ᄂᆡ니를 원치 아니ᄒᆞ고 혼녜를 지니나 경황이 업셔 ᄂᆡ니
를 모호미 업ᄉᆞ니 <18세기 명보 11:25>
나. 경황 업ᄉᆞ오신듸 이 말숨 어렵ᄉᆞ오나 여긔는 시기리도 업고
돈도 업ᄉᆞ오니 <19세기 후반, 송병필가 90 전주이씨 →송병
필(남편)>
다. 만ᄉᆞ의 경황이 업ᄉᆞ니 악장의 말숨을 드를 만ᄒᆞ더라 <윤하
12:68>
라. 져젹 진유를 만니 보니오셔 긴 간간이 쓰오나 무ᄉᆞᆫ 경황의 그
런 걸 다 보니시려 용여ᄒᆞ오셥ᄉᆞᄂᆞ이다 <20세기 전반, 송병
필가 69 여동생→언니>

위의 (5)는 1884년에 간행된 <홍루몽> 번역 필사본에서 발췌한 것이다. 이때의 '경황'은 원문의 '景況'을 반영한 것으로, '쳐량흔'과 같은 형용사의 수식(또는 평가)을 받는 등 [상황]의 의미로 쓰인 것임을 알 수 있다. 반면, (6)은 대역이나 번안 자료가 아닌 문헌에서 발췌한 '경황' 관련 용례이다. 예컨대 (6가)는 <명주보월빙>에 등장하는 것으로, 18세기에 이미 '경황'이 '없-'과 공기하여 [여유]나 [겨를]의 부재를 나타낼 수 있었음을 보여 준다. 이러한 양상은 (6나, 다)에서도 확인되는 것으로, 현대 이전부터 한글 문헌의 '경황'이 '없-'과 긴밀히 공기하는 경향이 짙었음을 시사한다. 한편, (6마)는 '경황'이 반문법에 사용된 것으로, 사실상 '경황이 없으셨을텐데' 정도의 의미를 나타낸다는 데로부터 그 기저에 역시 '없-'과의 공기가 내포되어 있다고 하겠다.

이에 (5), (6)의 비교를 통해 한국어의 '경황'은 현대 및 그 이전의 중국어와 같이 [상황]을 나타내는 데에도 쓰였으나 점차 [부재]를 뜻하는 형용사 '없-'과 긴밀한 공기 관계를 형성하면서 [여유 없음]을 나타내는 데 특화되었으며, 그러한 경향성의 강화가 현대에 이르러 '경황'만으로도 [여유 없음]을 나타내는 이른바 '의미 전염'으로 이어졌을 가능성을 상정할 수 있다.

제4장 구문 층위에서 파악되는 의미 변화

이 장에서는 '已往', '放心' 그리고 동원어인 '若干', '如干'을 중심으로, 구문 층위에서 파악되는 해당 한자어들의 통시적 의미 변화를 구체적으로 기술하고, 분석해 보기로 한다.

1. '已往'

1) 현대 한국어 '已往'의 의미적 특징

한국어 부사 '이왕(已往)'의 통시적 의미 변화 양상을 고찰하기에 앞서 <표준국어대사전>(이하 <표준>)의 기술을 반영한 다음의 (1)을 통해 '이왕'의 사전 정보부터 확인해 보기로 한다.

   (1) 이왕(已往)
     ① 「명사」 지금보다 이전.
       ¶ <u>이왕</u>의 일은 다 잊어버리자. / 당신은 나를 모르셨겠지만, 나

는 당신을 <u>이왕</u>부터 잘 알고 있었습니다.≪유진오, 김 강사와
T 교수≫

② 「부사」 이미 정하여진 사실로서 그렇게 된 바에. =이왕에

¶ <u>이왕</u> 시작한 바엔 끝을 봐야겠다. / <u>이왕</u> 그렇게 된 일, 후회
해 봤자 소용없다. / <u>이왕</u> 마음먹고 나선 길이니 떠나되, 어
느 정도 세상을 알게 되거든 돌아오도록 해라.≪이문열, 황제
를 위하여≫

위의 (1)에서 보듯 현대 한국어의 '이왕'은 명사와 부사의 쓰임을 두
루 갖는다. 그중 명사로 쓰일 때는 [이전] 정도의 의미를 나타낸다. 한
편, 부사로 쓰일 흔히 기정사실에 근거한 결정이나 권유를 도출하는 데
사용된다는 점에서 [기정]의 의미로 파악할 수 있다. 아울러 부사로 등
재된 '이왕에'의 경우, 부사 '이왕'과 의미나 용법의 측면에서 유의미한
구별을 보이지 않으므로, 부사 '이왕'에 잉여적 파생접미사 '-에'가¹ 통
합한 형태로 파악할 수 있다.

참고로 동형의 현대 중국어 '已往'은 현대 한국어 '이왕'의 상기 용
법과 양상을 달리한다. <현대한어사전>(제7판)에서 발췌한 다음의 (3)을
보자.

(2) 已往

以前 從前

¶ 今天的農村跟<u>已往</u>大不一樣了.

---

1   <표준국어대사전>의 표제어를 기준으로, '이왕-이왕에'와 같이 이미 존재하는 2자 한자어
    부사에 잉여적 파생접미사 '-에'가 통합한 것에 해당하는 경우로 '기왕(旣往)-기왕(旣往)
    에', '진즉(趁卽)-진즉(趁卽)에'를 더 들 수 있다. 그중 '기왕-기왕에'는 '이왕-이왕에'와
    형태 구조나 의미상 동의어로 보아도 무방하다.

(2)에서 보듯 현대 중국어의 '已往'은 [이전]을 뜻하는 명사로만 기술된다는 점에서 [기정]의 부사로도 쓰이는 현대 한국어 '이왕'과 구별된다. 이처럼 '이왕'이 [기정]의 부사로 쓰이는 것은 이전 시기 한문의 '已往'에서도 쉬이 확인되지 않는 독특한 용법이라 할 수 있다. 아래의 (3)을 보자.

(3) 已往
 以前. ¶ 悟已往之不諫, 知來者之可追. 晉 陶潛 <歸去來辭>
 以後. ¶ 布見操曰: 今日已往, 天下定矣. <後漢書·呂布傳>

위의 (3)에서 보듯 한문의 '已往'은 주로 [이전]이나 [미래]의 명사적 용법으로 파악되며, 부사로는 잘 쓰이지 않음을 알 수 있다.

이러한 차이에 비추어 아래에는 한국어사 자료를 중심으로, '이왕'이 한국어 체계 속에서 겪은 통시적 변화 과정을 살펴보기로 한다.

2) '已往'의 통시적 변화

(1) 본래 의미

먼저 후기 중세 및 근대 한국어사 자료에 등장하는 '已往' 관련 어형들의 문증 양상부터 살피기로 한다. 다음의 (4)를 보자.

(4) 가. 願호ᄃᆞᆫ 前生앳 모딘 이리 일로브터 다 업고 오늘롯 後에ᄂᆞᆫ ᄂᆞ외야 짓디 마로리이다(宿世殃惡從是除盡, 從今已往更不敢作) <1459, 월인석보 20:113b>
 나. 일로브터 가매 ᄂᆞ외 나사 닷고미 업고 바ᄅᆞ ᅳ乘ㅅ 두려이 微妙ᄒᆞᆫ 道애 나사가릴ᄊᆡ(自此已往 無復進修 直造一乘圓妙之道) <1462,

능엄경언해 1:18b>

다. 阿難아 이 모든 菩薩이 <u>이를 브터 가매</u> 修習ᄒᆞ논 功을 ᄆᆞ차 功
德이 圓滿홀ᄉᆡ 亦目此地호ᄃᆡ 名修習位라(阿難아 是諸菩薩이 從
此已往애 修習畢功ᄒᆞ야 功德이 圓滿홀ᄉᆡ 亦目此地호ᄃᆡ 名修習位
라) <1462, 능엄경언해 8:48b>

위의 (4)에서 보듯 후기 중세에 확인되는 원문의 '已往'은 대체로 현
대 한국어(또는 현대 중국어)와 달리 시발점을 나타내는 '從今', '自此', '從
此'에 후행하여 [미래]의 명사로 사용된 경우이다. (4)에 보이는 명사
'已往'의 [미래]적 의미를 언해에서는 크게 두 가지 방식으로 나타내고
있음을 알 수 있다. 예컨대 (4가)에서는 '(오늘롯) 後'와 같이 처리하여
[미래]를 뜻하는 유의어 '後'로 대치하였고, (4나)의 '(일로 브터) 가',
(4다)의 '(이를 브터) 가' 등에서는 '往'의 실사적 의미를 살려 처리하
였음을 본다.

한편, 우연의 공백일 수도 있겠으나 한국어사 자료의 명사 '이왕(已
往)'은 15세기 이후 한동안 나타나지 않다가 근대 한국어 시기인 18세
기 초반부터 다시 문증되기 시작한다. 다음의 (5)를 보자.

(5) <u>已往</u>의 일은 아직 뎌를 니ᄅᆞ디 말고 아직 형으로드려 娛老行樂ᄒᆞᆯ
곳을 어드려 ᄒᆞ니(<u>已往之事　且莫說他</u>　且與哥哥　尋個娛老行樂之處)
<1721, 오륜전비언해 8:34a>

위의 (5)는 18세기의 <오륜전비언해>에서 발췌한 것으로, 밑줄 그은
부분은 '이왕의 일은 말하지 말고' 정도로 파악된다. 따라서 '이왕'은
(4)와 달리 [이전]을 뜻하는 명사임을 알 수 있다. 용례 (4), (5)와 같이
'이왕(已往)'이 [이전]이나 [미래]의 명사로 쓰이는 것은 앞서 (3)에서도

확인되듯 이전 시기의 한문(또는 중국어)의 용법과 다르지 않다. 다만 한국어사 자료 속 '이왕'의 명사적 용법 가운데 [미래]를 나타내는 경우는 (5)처럼 18세기 초에 소략하나마 문증되다가 그 이후부터는 더 이상 찾아보기 어렵게 되었으며, [이전]의 의미만이 존속되어 오늘에 이른다.

다음의 (6)은 19세기 말 20세기 초에 문증되는 명사 '이왕'의 용법을 모은 것이다.

(6) 가. 근릭 탁지부에셔 각 도 각 군 구실돈 밧는 소임을 관찰ㅅ나 군슈가 ㅎ는 거시 아니라 새로 난 셰무관 삼십륙인과 셰무쥬ㅅ 일빅륙십명이 몃 고올식 맛타 샹납홀 거시오 <u>이왕과 굿치 아젼이 각 면에 둔니며 밧는 거시 아니라 면쟝이 이 소임을 홀 거신되</u> <1899.11.20. 경향신문 45>

나. 텬쥬ㅣ 모든 거슬 쒸여나게 알으시느니 <u>이왕</u> 현진 미릭를 다 보시느니라 […] 만일 <u>이왕</u>이나 쟝릭 거슬 모로심이 잇슬 양이면 무슴 아심을 일흐심이 잇는 거시오 <1906, 보감 1:273>

다. 만일 큰 길만 닥고 젹은 길을 닥지 아니홀 것 굿ㅎ면 젹은 길가에셔 사는 사롬들은 <u>이왕</u>보다도 더러온 딕 더 파뭇쳐 잇는 것이 <u>이왕</u>에는 더러온 물건들을 큰길에 다 가져다 버리는 사롬들이 만히 잇서 수이 골목에 사는 사롬들이 큰길가에 사는 사롬에셔 더 더럽지가 안터니 <1897.9.7. 독립신문 60>

라. <u>이왕</u>에 죠션 빅셩들이 학식과 기술에 임의 셩취ㅎ야 뎌의 학식을 늚의게 젼ㅎ엿거니와 <1908, 신학월보 2:4>

마. 네로브터 형벌을 엄혹ㅎ게 ㅎ고 망치 안이흔 나라히 업는 것은 굿ㅎ야 노노히 말ㅎ지 안이ㅎ야도 글자 ㅎ시는 냥반이 고금을 박통ㅎ시여 거울굿치 아실 터이어늘 <u>이왕</u> 학문은 다 이 지셧는지 반연이 시힝 안이될 쥴 거지 알면셔도 샹소ㅎ야 <1899.11.20. 매일신문 14>

위의 (6) 가운데 (6마) 이전의 예들은 차례로 명사 '이왕'에 부사격 조사 '-과', 이접의 보조사 '-이나', 비교의 부사격조사 '-보다', 처소격 조사 '-에' 등이 통합한 경우이고, (6마)는 명사 '이왕'이 명사 '학문'을 수식해 주는 경우라 할 수 있다. (6)의 명사 '이왕'은 전부 [이전]의 의 미로 파악된다. 일례로 (6가)의 점선 부분은 '이전과 같이 아전이 각 면에 다니며 (세금을) 받는 것이 아니라 면장이 이 소임을 할 것인데' 정도로 파악된다. (6라)의 경우, '이전에 조선 백성들이 학식과 기술에 이미 성취하여 저의 학식을 남에게 전하였거니와' 정도가 된다. (13마) 의 경우, '예로부터 형벌을 엄혹하게 하고 망하지 않은 나라가 없는 것 은 구태어 누누이 말하지 않아도 […] 아실 터이거늘 이전의 학문은 다 잊으셨는지 번연히 시행 안될 줄 알면서도 상소하여' 정도가 된다.

(2) 이의 발생 과정

이제 한국어사 자료에서 확인되는 명사 이외의 용법, 즉 부사로 쓰 인 '이왕'에 대해 분석해 보기로 한다. 부사로서의 '이왕'은 18세기부터 확인되는데 그 예를 보이면 (7)과 같다.

> (7) 내 또 굴오디 여긔 즁은 겨집을 두느냐 그 즁이 굴오디 겨집 두는
> 니는 업노라 내 또 굴오디 여긔도 녀승이 잇느냐 그 즁이 굴오디
> 잇느니라 ᄒ거늘 내 굴오디 <u>이왕</u> 녀승이 이시면 이거시 즁의 겨
> 집이 아니고 무어시리오 <18세기 후반, 을병연행록 3:17b>

위의 (7)은 18세기 후반의 <을병연행록>에서 발췌한 것으로, '이왕' 이 '녀승이 이시-'라는 문장을 수식해 주는 부사의 자리에 사용되었음

을 본다. 또한 (7)의 대의는 화자가 '여기 중은 계집을 두느냐'고 묻자 중이 '계집 두는 이는 없다'고 답하였고, 이에 화자가 '여기도 여승이 있느냐'고 되묻자 중이 '(여승은) 있다'고 하니 '이왕 여승이 있으면 이 것이 중의 계집이 아니고 무엇이겠는가' 하고 반문했다는 것으로 요약 된다. 이때의 부사 '이왕'이 지니는 의미를 파악함에 있어 (7)의 전반 맥락도 물론 중요하겠지만, 무엇보다도 '이왕'이 조건의 연결어미 '-(으) 면'이 이끄는 조건절 내에 놓인다는 사실이 특히 주목된다.

참고로 장윤희(1991:36~37)에서 언급하였듯 조건 접속(연결)어미 '-(으) 면'은 선·후행절의 명제 내용을 논리상 [조건]관계로 [접속]시키는 의 미 기능 이외에 기본적으로 [가능성]이나 [개연성] 등 [가상]의 양태 의미[2]도 나타낼 수 있다. 조건의 연결어미 '-(으)면'이 '만일'이나 '가령' 등 부사들과 자연스럽게 어울리는 것은 해당 부사 역시 [가능성]의 양 태 의미를 지닌다는 점과 연관된다. 아울러 [가상]의 양태 의미는 조건 절 명제내용에 대해 화자의 사실적인 태도가 나타나지 않음을 특징으 로 한다.

요컨대 (7)의 부사 '이왕'의 의미를 파악함에 있어 아래의 (8)과 같은 세 가지 단서를 얻게 된 셈이다.

---

2   장윤희(1991:37, 각주 4)에서 고영근(1986:253)을 인용하여 제시하였듯 서법 범주와 주 로 관련되는 인식 양태는 사태에 대한 화자의 믿음 정도를 가리키는 것으로 확실성, 개연 성, 가능성에 걸쳐있다. 아울러 박재연(2004:53)에서 제시하였듯 '확실성(certainty)'은 화자(혹은 청자)가 명제의 확실성에 대해서 완전한 확신을 갖는 것을 가리키며, '개연성 (probability)'은 화자(혹은 청자)가 명제의 확실성에 대해서 완전하지는 않지만 적어도 오십 퍼센트 이상의 확신을 갖는 것을 가리키며, '가능성(possibility)'은 화자가 명제의 확실성에 대해서 오십 퍼센트 미만의 확신을 갖는 것으로 이해할 수 있다.

(8) 가. 부사로 쓰이기 이전, 즉 명사로서의 '이왕'은 [이전]과 [미래]
의 의미를 나타냈다.

나. (7)의 밑줄 그은 부분에 앞서 맥락상 중이 '여승이 있다'고 말
한 사실이 있다.

다. 부사 '이왕'이 조건의 연결어미 '-(으)면'이 이끄는 조건절에
놓여 있으며, 조건의 연결어미 '-(으)면'은 [가성]의 양태 의미
를 지닌다.

위의 (8)에 비추어 (7)의 부사 '이왕'의 의미를 추리해 보면 다음과
같다. 먼저 (8가)와 (8나)를 결부해 보자. 조건절 '이왕 녀승이 이시면'
이전에 '여긔도 녀승이 잇ᄂ냐'라는 질문에 중이 '잇ᄂ니라'라고 답하
였으므로, 조건절 속 '이왕'의 의미를 그 명사적 의미에 기대어 선택한
다면 [미래]가 배제되며, [이전]에 가깝다. 그렇다고 하여 직접 [이전]
정도의 의미를 갖는 '단순 과거시제' 부사로 파악하기는 어렵다. (8다)
에서 언급했듯 -(으)면'이 [가성]의 양태 의미를 지니는 연고로, 흔히
'만약', '가령'과 같이 [가능성]을 나타내는 부사들과 잘 어울린다는 사
실과 근본적으로 상충한다. 이에 (8)의 세 가지 단서에 공히 부합하는
의미를 추려보면, (6)의 부사 '이왕'이 단순히 과거시제를 나타내는 시
제부사라기보다 '녀승이 이시-'라는 사건의 결과상태의 지속, 즉 '완료
상'을 더욱 분명히 드러내는 부사, 즉 '상 관련 시간부사'(민현식 1991:58)
또는 '상적 속성을 가진 시간 부사'(박혜승 2016:11)로서의 특징을 보인다
고 하겠다. 상적 속성을 가진 시간 부사가 시제와의 호응에 있어 상대
적으로 자유롭다는 것은 주지의 사실이다. 이에 (7)의 '이왕'은 완료상
을 나타내는 상적 부사(이하 '완료성 부사')로, 시제에 구애받지 않으며, 조
건의 연결어미 '-(으)면'이 이끄는 선행절에 놓여서는 '-(으)면'이 지니

는 [가상]의 양태 의미에 비추어 '녀승이 이시-'라는 사건의 결과 상태가 지속됨에 대해 [가능성]의 양태 의미를 표현하는 것으로 이해할 수 있다. 이때의 완료성 부사 '이왕'에 대하여 [가능성]의 인식 양태를 상정하는 것은 앞서 언급한 조건의 연결어미 '-(으)면'의 양태 의미 [가상]이 지니는 특징, 즉 '조건절의 명제 내용에 대해 화자의 사실적 태도가 나타나지 않는다'는 사실과도 상충하지 않는다.

(7)에 이어 확인되는 근대 시기의 또 다른 용례 (9)를 보자.

> (9) 가. 힝지 왈 <u>이왕</u> 일이 그릇되여시니 일너도 홀 일 업스오뉵 노숀
>   이 주연 조흔 묘책이 잇시니 <1856, 셔유기 하 25a>
>   나. 놀뷔 ᄒᆞ는 말이 쎠부야 이룰 또 엇지 ᄒᆞ잔말고 쎠뷔 ᄒᆞ는 말
>   이 <u>이왕</u> 시작흔 거시니 어셔 ᄐᆞ고 구경ᄒᆞ식 <1865, 흥부전
>   18a>

위에서 보듯 (9)의 '이왕'이 문장 부사로 사용되었다는 점에서는 (7)과 동일하다. 예컨대 (9가)에서는 '이왕'이 '일이 그릇되-'의 문장 부사로 기능하고, (9나)에서는 '시작ᄒᆞ-'라는 동사를 수식해 주는 부사로 기능한다. 아울러 상적 의미에 있어서도 (9)의 부사 '이왕' 역시 완료상을 나타낸다고 할 수 있다. 예컨대 (9가)의 '이왕'은 '일이 그릇되-(+엇-)'다는 사건의 결과 상태가 지속됨을 분명히 하고, (9나)의 '이왕'은 '시작ᄒᆞ-(+ㄴ)'라는 사건의 결과 상태가 지속됨을 분명히 하고 있다. 이처럼 통사 범주와 그 상적 의미에 있어서는 (9)와 (7)의 '이왕'이 공히 완료성 부사라는 동질성을 보이지만, (7)의 부사 '이왕'이 연결어미 '-(으)면'의 조건절에 놓여 있던 것과 달리 (9)에서는 [원인·이유]의 연결어미 '-(으)니'가 이끄는 선행절에 놓여 있다는 점에서 분명히 구별된다.

이러한 구별은 부사 '이왕'의 양태 의미에도 변화를 준다는 점에서 주목된다. 참고로 장윤희(1991:36~37)에서는 다음 (10)을 예시로, '-(으)면'이 이끄는 조건절과 '-(으)니'가 이끄는 선행절에서 파악되는 양태 의미의 차이를 언급한 바 있다.

(10) 가. 여행을 <u>하면</u> 기분이 상쾌해 진다.
　　가'.여행을 <u>하니</u> 기분이 상쾌해 진다.

장윤희(1991:36~37)에 따르면 조건의 연결어미 '-(으)니'가 사용된 (10가')에서는 현재의 사실을 '단언'하여 이야기하고 있다. 여기에는 조건절 명제내용에 대해 화자가 '사실적인 것으로 파악'하여 제시한다는 태도가 나타나 있다. 이에 비해 조건의 연결어미 '-(으)면'이 사용된 (10가)는 가상된 사실을 이야기하는 것으로, 화자의 사실적인 태도가 나타나지 않는 [가능성]을 중립적으로 보여 준다는 점에서 차이가 있다.

요컨대 (9)처럼 [원인·이유]의 연결어미 '-(으)니'가 이끄는 조건절에 놓인 부사 '이왕' 또한 (7)의 '이왕'과 동일시할 수 없다. 조건의 연결어미 '-(으)니'가 현재의 사실에 대한 단언의 의미를 지니므로, 해당 조건절에 놓인 부사 '이왕'은 그의 수식을 받는 대상 또는 사태가 [기정]된 것임[3]을 나타낸다고 하겠다. 이 점에서 (9)의 '이왕'은 사실상 현대 한국어의 부사 '이왕'의 의미 기능과 다르지 않음을 알 수 있다. 일례로

3　이 글은 협의적인 양태의 개념, 즉 '비현실 명제', '비실현 사건'에 대한 화자의 태도와 연관되는 부분을 양태로 보는 관점(손혜옥 2016:24 참고)을 취하기로 한다. 따라서 부사 '이왕'이 이미 일어난 사실에 대하여 갖는 [기정]의 의미는 '확실한 것' 그 자체이므로, 확실성 판단이 개입될 여지가 없다는 점에서 '확실하다고 여기는' 인식 양태로서의 [확실성]과는 구분하려 한다.

(1)에 제시된 현대어 부사 '이왕'의 예문 '이왕 마음먹고 나선 길이니 떠나되, 어느 정도 세상을 알게 되거든 돌아오도록 해라.'를 관찰해 보면, '이왕'이 조건의 연결어미 '-(으)니'가 이끄는 조건절에 놓여 있으며, '마음 먹고 나선 길이-'라는 단언된 사실이 [기정]된 사태임을 나타내는 것으로 파악할 수 있다.

이 지점에서 다음과 같은 두 가지 의문이 제기될 수 있다. 하나는 양태 의미의 변화와 관련하여 (7)에서 [가능성]의 양태 의미를 보이던 '이왕'이 (9)처럼 [기정]의 의미를 나타내게 된 점진적 과정이고, 다른 하나는 '이왕'이 의미적으로 시간 개념과 연관되는 부사임을 감안할 때 '상부사'가 아닌 '시제부사'로 사용된 사례는 없었는가 하는 것이다. 아래 이 두 가지 의문점에 대해 순차적으로 풀어보고자 한다.

먼저 양태 의미의 변화부터 짚어보기로 한다. 앞서 언급하였듯 [가능성]은 인식 양태의 구성 부분으로, [개연성], [확실성]과 함께 '명제에 대한 화자의 믿음 정도'라는 차원에서 '가능성-개연성-확실성'의 척도를 이룬다고 할 수 있다. 이 척도에서 [가능성]의 믿음 정도가 가장 낮고, [확실성]의 믿음 정도가 가장 높다. 아울러 [기정]의 개념은 '이미 일어난 사실로서 확실성 판단이 개입될 여지조차 없는 것'을 의미한다. 따라서 (7)과 같이 조건의 연결어미 '-(으)면'에 놓이던 것이 (9)처럼 원인·이유의 연결어미 '-(으)니'의 선행절에 놓일 수 있게 된 점진적 과정이라 함은 (양태) 의미의 차원에서 볼 때 적어도 인식 양태 체계 내의 [가능성]으로부터 [확실성]으로 옮겨가는 과정이 있고, 이에 기초하여 [확실성] 그 이상의 의미, 즉 확실성 판단의 개입조차 불허하는 [기정]을 나타내게 되었을 가능성으로 바꾸어 생각해 봄 직하다. 이에 비추어 먼저 아래의 (11)을 보자.

(11) 의왕 네가 나을 구헐 마음이 잇셨쓰면 엇지 죽일 싱각이 잇스리
요 천조와 인정이 그러흐니 너는 죠곰도 나를 원망치 말나 <1895,
유옥역전 36a>

(11)은 19세기 말의 예로, '이왕'이 연결어미 '-(으)면'이 이끄는 조건
절 내에서 문장 부사로 사용되었다는 점은 (7)과 공통된다. 그러나 (11)
은 (7)과 달리 연결어미 '-(으)면'이 이끄는 조건절에 과거시제의 '-었-'
이 사용되어 '반사실적 가정'을 이루고 있다. 이에 반해 (7)은 일반 가
정을 나타낸다. 아울러 이지영(2002:43)에서 언급한 바와 같이 반사실
가정의 경우, 조건절에 표현된 '명제가 사실이 아니라는 것'을 전제한
다는 점에서 '조건절에 표현된 명제의 사실성 판단을 유보'하는 일반
가정과 구별된다. 여기서 '명제가 사실이 아니라는 것'을 전제한다는
것은 인식 양태의 측면에서 [확실성]에 해당한다. 즉 (11)에서 과거시제
'-었-'이 연결어미 '(-으)면'에 선행하여 나타내는 [확실성]의 양태 의미
에 상대하여 이때의 '이왕'은 '네가 나을 구헐 마음이 잇-'이라는 사태
를 '기정사실화'하여 나타내는 것, 즉 [확실성]을 표현하는 것으로 파악
해 봄 직하다.

이처럼 부사 '이왕'에 대하여 '기정사실화' 기반의 [확실성] 양태 의
미를 상정할 수 있는 경우로 아래 (12)의 경우를 더 들 수 있다.

(12) 가. 너1 죽음을 무셔워흐지 아니흐느냐
엇지 무셥지 아니흐오릿가
그러흐량이면 엇지 셩교를 빈반치 아니흐느냐
빈반치 못홀 연유는 아스가 말숨흐엿스오니 민드려 다시는
뭇지 마읍쇼셔
의왕 죽을 사룸이로소이다 흐니 나를 하옥흐라 <1908, 보

감 384>

가. 춘향이 그 말 듯고 도련임를 물그럼이 바리던이 마소 어만이
　　도련임 너머 조르지 마소 우리 모녀 평싱 신세 도련임 장즁
　　의 미여쓰니 알어 하라 당부나 ㅎ오 이번는 아마도 이별할
　　박그 슈가 업네 <u>이왕의 이별리 될 바는</u> 가시난 도련임을 웨
　　조르잇가만는 우선 각갑하여 그러하졔 <20세기 초, 열녀춘향
　　수절가 41b>

위 (12)의 두 용례는 20세기 초에 확인되는 것으로, 각각 부사 '이왕'
과 거기에 잉여적 파생접미사 '-의(>에)'가 통합한 부사 '이왕의'가 관형
사형어미 '-ㄹ'이 이끄는 관형사절에 놓인 경우이다. 주지하듯 관형사
형어미 '-ㄹ'은 [미래]라는 시제적 의미와 함께 [예정]이라는 상적 의미
를 지닌다. [예정]의 상적 의미는 화자의 믿음 정도 또는 인식 양태의
척도상 [확실성]에 해당하는 것으로 이해할 수 있다. 이때의 부사 '이
왕/이왕의'를 직접 [미래] 의미의 부사로 파악할 수도 있겠으나 앞서
언급하였듯 전대에 [미래]의 부사로 쓰인 사례를 확인하기 어려움은
물론, 실제 [미래]의 명사로 굳어져 사용된 예 또한 찾아보기 힘들다는
점, 설령 [미래]의 부사를 상정하더라도 그 예는 20세기 초의 한국어사
자료를 통틀어 (12)의 두 예 정도에 그친다는 점, 더욱이 한국어사 자
료에서 확인한 (7), (9), (11)처럼 부사 '이왕'이 '완료성'이라는 상적 의
미를 지니면서 시제에 구애받지 않고 나타날 수 있다는 점을 고려하면,
(12)의 부사 '이왕(의)' 또한 완료성 부사로 파악할 수 있다. 이는 특히
민현식(1991)에서 논의된 'ㅎ마'처럼 하나의 부사가 [기정 완료]와 [미
래]라는 상반된 시상기능을 동시에 지니는 기타 사례가 추가로 존재한
다는 사실에 의해서도 방증될 수 있다.

주지하듯 후기 중세의 'ᄒᆞ마'는 대체로 '장차'와 '이미' 정도의 두 가
지 의미를 내포하는 것으로 알려져 있다. 다음의 (13)을 보자.

> (13) 내 ①ᄒᆞ마 衆生이 그에 즐거본 거슬 布施ᄒᆞ딕 제 ᄠᅳ데 맛드논 야
> 올 조차 ᄒᆞ니 이 衆生이 다 늘거 ②ᄒᆞ마 주그리니 내 佛法으로
> ᄀᆞᄅᆞ쳐 引導호리라 ᄒᆞ고(我已施衆生娛樂之具 隨意所欲 然此衆生 皆
> 已衰老年過八十 髮白面皺 將死不久 我當以佛法而訓導之) <1447, 석
> 보상절 19:3b>

위의 (13)에서 ①'ᄒᆞ마'[已]는 '이미' 정도의 의미를 나타내고, ②'ᄒᆞ
마'[將]는 '장차' 정도의 의미를 나타낸다. 민현식(1991:111)에서는 'ᄒᆞ마'
가 이처럼 '장차' 정도의 [미래]와 '이미' 정도의 [기정 완료]라는 상반
된 시상기능을 지닐 수 있었던 원인으로, '기정사실화'(구체적으로는 '미래
예정 사실의 기정화'와 '기정 사실의 미래 예정화')에[4] 따른 중의성을 상정한 바
있다. 해당 논의에 따르면 위의 (13)에 나타난 '衆生이 다 늘거 ᄒᆞ마 주
그리니'<석보상절 19:3b>부분은 '죽을 것이 이미 기정된 사실'이라는 인식
위에 '미래 예정 시역'과 '기정 시역' 간의 중화가 생기는 문맥이며, 해
당 문맥을 기반으로 'ᄒᆞ마'가 [기정 완료]와 [미래]라는 의미를 두루 지
닐 수 있게 된 것으로 보았다. 요컨대 (12)에서 관형사형어미 '-ㄹ'이
나타내는 [확실성]의 양태 의미에 상대하여 이때의 부사 '이왕'이 '죽

---

4 민현식(1991:111)에서는 [미래]를 나타내는 'ᄒᆞ마₁'을 '미래어'로 지칭하고, [기정 완료]를
나타내는 'ᄒᆞ마₂'를 동음이의어로 처리하였다. 그러나 'ᄒᆞ마₁'과 'ᄒᆞ마₂'가 '기정사실화'라
는 의미적 연결 고리가 존재하는 한, 이들을 동음이의어보다는 다의어로 보는 것이 온당할
것으로 보인다. 아울러 하나의 어휘가 상반된 의미 가운데서 내적 동요를 보이는 경우는
이외에도 많이 있다. 앞서 이 글에서 논의했던 '기어이'를 비롯하여, '결국', '좀' 등이 이에
해당한다.

을', '이별리 될-'이라는 사태를 '기정사실화'함으로써 [확실성]을 나타내는 것으로 파악해 볼 수 있다.

상기의 논의를 종합하면, 당초 연결어미 '-(으)면'의 선행절에 놓여 [가능성]의 양태 의미를 나타내던 (7)의 완료성 부사 '이왕'이 (9)처럼 사실의 단언을 나타내는 원인·이유의 연결어미 '-(으)니'의 선행절에 놓여 [기정]의 의미를 나타낼 수 있기까지 (11)의 반사실적 가정 구문, (12)의 예정의 관형사형어미 '-ㄹ'이 이끄는 관형사절 등에 놓이면서 '기정사실화' 인식 기반의 양태 의미인 [확실성]이 점차 강화되는 과정을 상정해 볼 수 있다.

이에 비추어 다음의 용례 (14)를 분석해 보기로 한다.

> (14) 가. 슘림 금호 탁지부에셔 농상공부에 죠회ᄒ되 압록강 연안에 슘림을 각 군슈들이 공용이라 칭탁ᄒ고 본국인 혹 쳥국인의게 방매ᄒ야 쳐쳐 작벌ᄒ다ᄂᆫ 소문이 잇스니 그 디방 각 군에 엄칙ᄒ야 일졀 엄금ᄒ고 이왕 폰 돈도 조셰히 됴사ᄒ야 국고에 드리게 ᄒ라 ᄒ엿더라 <1899.11.20. 경향신문 91>
> 나. 헌병 파송 한국 의병을 토멸ᄒ기 위ᄒ야 병뎡을 파송ᄒ다더니 륙군 셩과 이등통감의 소견에 요긴치 안코 헌병디를 확쟝ᄒ야 의병 치ᄂᆫ디 구원ᄒᄂᆫ 거시 합당ᄒ다 ᄒ고 헌병 륙빅 명을 모화 이왕에 한국에 잇ᄂᆫ 이빅명과 합ᄒ야 팔빅명으로 헌병디를 모돕아 십일월 초싱에 한국에로 보내고 일홈은 데 십ᄉ 헌병디라 ᄒ고 명셕대좌를 쇼쟝으로 승츄ᄒ여 거느리게 ᄒ다더라 <1899.11.20. 경향신문 33>

위 (14가)의 '이왕'은 동사 '폴-' 앞에 선행하는 완료성 부사로, '폴-'이라는 사실이 [기정]된 것이라는 의미와 해당 사실의 결과 상태가 지속됨을 더욱 분명히 나타낸다. 한편, (14나)의 '이왕에' 역시 '*이전 시점에 한국에 있-'다는 의미가 아니라 '한국에 잇-(+ㄴ+ㄴ)'이라는 사실이 [기정]된 것이라는 의미와 해당 사실의 결과 상태가 지속됨을 더욱 분명히 나타낸다. 따라서 이때의 '이왕에'는 형태면에서도 (완료성) 부사 '이왕'에 잉여적 파생접미사 '-에'가 덧붙은 것으로 이해할 수 있다.

이제껏 짚어본 부사 '이왕'의 통시적 용례들은 '완료성'이라는 상적 의미를 지닌 경우였다. 이에 비추어 동시기(19세기 말)의 한국어사 자료 가운데는 다음의 (15)와 같이 상적 의미를 보이지 않는 것으로 파악되는 부사, 즉 오늘날 전하지 않는 부사 '이왕'의 용법도 소략하나마 문증된다.

(15) 가. 대한셔 써나갈 쌔 선가를 무지 아니ᄒᆞ나 다시 대한으로 도라
오랴면 이왕 갈 쌔 선가와 로비를 몰수히 갑ᄂᆞᆫ 거시니 도라
올 선가와 로슈도 ᄌᆞ긔 젼량으로 마련ᄒᆞᆯ 거시라 <1899.11.20.
경향신문 33>

나. 큰 ᄉᆞ업이든지 거룩ᄒᆞᆫ 공덕이든지 지어 문쟝 셔화든지 조고
마ᄒᆞᆫ 쟝식의 기업이든지 슐슈식지라도 졔 힝ᄒᆞᆫ 딕로 시작
ᄒᆞ야 ᄒᆞ다가 졔 힘에 부죡ᄒᆞ든지 시셰가 못ᄒᆞ게 되든지 급ᄒᆞ
야 못 되든지 느져셔 못 되든지 ᄒᆞ야 이리져리 경영 ᄒᆞ다가
못 ᄒᆞ면 사름마다 긔운이 져샹ᄒᆞ야 그만 염증이 나기가 쉬온
지라 사름의 그릇과 밧탕이 굿셰고 든든ᄒᆞ야 번□ 격거도 도
로 혀지 안이 ᄒᆞ고 이왕 마음 먹은 딕로 흔갈굿치 나아가셔
이리 ᄒᆞ다 안이 되면 져리 ᄒᆞ야 보고 급히 ᄒᆞ야 안이 되면
느지러지게 ᄒᆞ여 보와 긔어히 공업을 셩취ᄒᆞ랴 ᄒᆞᄂᆞᆫ 사름은
고급에 몃치 못되ᄂᆞᆫ지라 <1899.11.20. 매일신문 19>

(15)의 부사 '이왕'은 상적 속성을 지닌다기보다 과거를 시점으로 하는 시제 부사의 용법을 보인다. 과거시제 부사 '이왕'의 용법은 오늘날

전하지 않는 것으로 보이며, 대개는 '과거에' 또는 '이전에'와 같은 부사어의 형식으로 대치하여 이해할 수 있다. 예컨대 (9가)에서 점선 표시 부분을 해석해 보면, '대한에서 떠나갈 때 선가(船價)를 물지 않으나 다시 대한으로 돌아오려면 '이전에' 갈 때 선가와 노비(路費)를 전부 갚는 것이니' 정도가 된다. (9나)의 '이왕' 역시 마찬가지로, "'이전에' 마음 먹은 대로 한결같이 나아가서 이리 하다 안되면 저리 해 보고 급히 해서 안되면 느리게 해 보아 기어이 공업을 성취하려 하는 사람은' 정도로 이해할 수 있다.

3) 소결

이상의 논의를 종합하면 다음과 같다. 한국어 체계 속 '이왕'은 일차적으로 명사로부터 점차 완료상적 속성을 갖는 부사, 즉 완료성 부사의 쓰임을 얻게 된 것으로 보인다. 완료성 부사의 용법을 획득함으로써 '이왕'은 시제에 구애받지 않고, 선후하여 조건의 연결어미 '-(으)면'이 이끄는 선행절, 원인·이유의 연결어미 '-(으)니'가 이끄는 선행절, 미래 시상의 관형사형 어미 '-ㄹ'이 이끄는 관형사절 내에 두루 나타날 수 있는 가능성을 얻게 되었다. 아울러 오늘날 완료성 부사로 쓰이는 '이왕'이 어휘적 의미로 [기정]을 나타내게 된 것과 관련해서는 '-(으)면'이 이끄는 선행절에서와 같이 [가능성]의 양태 의미를 나타내던 단계로부터 점차 '-었으면'이 이끄는 반사실적 가정 구문, 미래 예정의 관형사형어미 '-ㄹ'이 이끄는 관형사절 등에 쓰이면서 '기정사실화' 인식 기반의 [확실성]의 양태 의미가 지속적으로 강화되는 과정을 거쳐 '-(으)니'와 같이 사실을 단언하는 구문 속에서 해당 사실이 [기정]된 것임을 나타내는 데로 변화했을 가능성을 상정하였다.

2. '放心'

1) 현대 한국어 '放心'의 의미적 특징

여기서는 '방심(放心)' 관련 한자어의 의미 변화 과정을 고찰하기로 한다. '방심' 관련 한자어에는 명사 '방심'과 동사 '방심하-'가 포함된다. 논의에 앞서 <표준국어대사전>(이하 <표준>)에 반영된 현대 한국어 명사 '방심'과 동사 '방심하-'의 사전 기술부터 짚어보기로 한다.

> (1) 가. 방심(放心) 「명사」
> 　　「1」 마음을 다잡지 아니하고 풀어 놓아 버림. ≒산심.(비슷한말: 부주의(不注意))
> 　　¶ 방심은 금물이다. / 적은 우리의 방심을 틈타 기습해 올지도 모른다. / 경찰이 방심한 틈을 노려 범인이 도망쳤다.
> 　　「2」 모든 걱정을 떨쳐 버리고 마음을 편히 가짐. =안심.
> 　　「3」 염려하던 마음을 놓음. =석려.
> 　　나. 방심하다(放心하다) 「동사」
> 　　「1」 마음을 다잡지 아니하고 풀어 놓아 버리다. ≒산심하다.
> 　　　(비슷한말: 부주의하다(不注意하다))
> 　　¶ 잠깐 방심하다. / 끝까지 방심하지 마라. / 경찰이 방심한 틈을 노려 범인이 도망쳤다.
> 　　「2」 모든 걱정을 떨쳐 버리고 마음을 편히 가지다. =안심하다.
> 　　「3」 염려하던 마음을 놓다. =석려하다.

위의 (1)에서 보듯 <표준>의 명사 '방심'과 동사 '방심하-'는 대체로

[부주의], [안심], [석려] 등의 의미를 지닌 것으로 기술되며, 특히 [부주의]를 기본 의미로 삼는다. 그런데 2번 의미와 3번 의미인 [안심]과 [석려]는 관련 예문이 제시되어 있지 않을뿐더러 이들 사이에 공히 '시름을 내려놓음' 정도의 유사성이 포착되어 구분하기 쉽지 않다. [안심]과 [석려] 사이의 이러한 모호성은 <고려대 한국어사전>(이하 <고려>)에서도 확인된다.

다음의 (2)를 보자.

(2) 가. 방심(放心) 「명사」
　　「1」 (기본의미) 긴장이 풀려 마음을 다잡지 않고 놓아 버림.
　　　　(유의어: 산심(散心), 석려(釋慮))
　　¶ 남자 대표팀 감독은 방심은 금물이지만 크게 걱정하지 않아도 될 듯하다고 자신감을 내비쳤다. / 그 선수는 1 대 1 동점 상황에서 수비진의 순간적인 방심을 틈타 결승골을 터트렸다.
　　「2」 아무 걱정 없이 마음을 편안히 가짐. (유의어: 안심(安心), 방념(放念), 휴녕(休寧), 휴의(休意), 휴신(休神), 안념(安念))
　나. 방심(放心)하다 「동사」
　　「1」 (기본의미) [(명)이] (사람이) 긴장이 풀려 마음을 다잡지 않고 놓아 버리다.(유의어: 산심(散心)하다, 방념(放念)하다)
　　¶ 명기는 방심했다가 태수의 돌려차기에 나가떨어졌다. / 하준은 민수가 방심한 틈을 타 재빨리 그의 볼따구니를 쳤다.
　　「2」 [(명)이] (사람이) 아무 걱정 없이 마음을 편안히 가지다. (유의어: 안심(安心)하다, 휴녕(休寧)하다)
　　「3」 [(명)이] (사람이) 염려하던 마음을 놓다. (유의어: 석려(釋慮)하다)

(2가)에서 보듯 <고려>에서는 명사 '방심'을 기본 의미인 [부주의]와 그 외의 [안심] 정도로 대별하고, '석려'라는 명사는 [부주의]의 명사 '방심'의 유의어로 처리하였다. 한편, 동사 '방심하-'에 대해서는 (2나)와 같이 [부주의], [안심], [석려]로 구분하고 있는데 앞서 명사 '석려'를 [부주의]의 명사 '방심'의 유의어로 처리한 것과 달리, 동사 '방심하다'와 동사 '석려하다'는 [부주의]가 아닌 '염려하던 마음을 내려놓음', 결국 [석려]에 의해 유의어가 되는 것으로 처리하였다. 이처럼 엉켜있는 유의 관계는 차치하더라도 [안심]과 [석려]의 실제 용례가 결여되어 있고, 양자 간의 구분이 여전히 모호한 상황에서 명사 '방심'이 [부주의]와 [안심]의 의미를 지니는 한편, 동사 '방심하-'는 [부주의], [안심], [석려]의 의미를 두루 지닌다는 풀이를 이해하기 쉽지 않다. 요컨대 이 책은 이하 통시적 용례의 실제에 비추어 [안심]과 [석려]를 별도로 구분하지 않고, [안심]으로 지칭하여 [부주의]의 의미와 구별할 것임을 미리 밝힌다.

여기에 보태어 <연세 한국어사전>(이하 <연세>)의 해석을 살펴보자.

> (3) 가. 방심(放心) 「명사」
>   긴장이 풀려 마음을 놓는 것. 조심하지 않는 것.
>   파생어: 방심하다
>   ¶ 비록 지금은 아무 일이 없다지만 <u>방심</u>은 금물이야.
>   나. 방심(放心)하다 「동사」
>   긴장이 풀려 조심하지 않다.
>   참고: 방심(을) 하다
>   격틀: 1이 방심하다
>   ¶ 운전하는 동안에는 잠깐이라도 졸거나 <u>방심</u>하지 말아야 한
>   다. / 며칠 <u>방심</u>한 사이에 또 도둑이 들었다. / 선이는 이

번 시험에서도 일 등을 했지만 워낙 다른 아이들도 열심이
라 잠시도 <u>방심할</u> 수 없는 처지다.

위의 (3)에서 보듯 <연세>에서는 <표준>과 <고려> 두 사전과 달리
'방심'과 동사 '방심하-'의 의미를 [부주의] 정도로만 제시하고 있다. 이
에 현대 한국어의 '방심'류 한자어가 [부주의]라는 의미를 기본으로 함
을 확인하였다.

이는 동형의 현대 중국어 '放心'의 의미와도 구별된다. 참고로 <현대
한어사전>(제7판)에 제시된 해석 (4)를 보자.

(4) 放心「動詞」
心情安定 沒有憂慮和牽掛
¶ 你只管<u>放心</u>, 出不了錯. 看到一切都安排好了他才放了心.

(4)에서 확인되듯 현대 중국어의 '放心'은 [안심]을 뜻하는 동사로만
쓰인다는 점에서 현대 한국어 '방심'류 한자어와 의미나 용법 면에서
차이를 보인다. 이처럼 (1), (2)의 '방심(하다)'과 '放心'이 지니는 의미
차이와 관련하여 기존의 여러 현대 한중 동형이의 연구들에서는 대체
로 '의미 가치'의 차이에 치중해왔다. 예컨대 이단(2017:221)에서는 현대
한국어의 '방심(放心)'이 주로 '실수와 방심'과 같이 부정적 표현들과 병
렬 관계를 이루면서 [부주의]를 나타내므로, 부정적 의미를 갖는 반면,
현대 중국어의 '放心'은 '安全(안전하다)' 등과 공기하는 등 [안심]을 나
타내므로, 긍정적 의미를 지닌다는 차이가 있음을 밝혔다.[5]

---

5   해당 논의에서 언급한 고대 한문의 예시에 대해서는 본문에서 보다 자세히 언급할 것이다.

상기의 차이에 비추어 아래에는 한국어사 자료를 중심으로, [부주의]를 기본 의미로 하는 '방심' 관련 한자어의 통시적 의미 변화 과정을 구체적으로 탐구해 보기로 한다.

2) '放心'의 통시적 변화

(1) 본래 의미

여기서는 후기 중세 및 근대 한국어사 자료에 나타난 '방심(放心)'류 한자어의 문증 양상을 살펴보기로 한다. 먼저 아래의 (5)를 보자.

> (5) 가. 胡宏이 닐오딕 이젯 션빅들히 글짓조롤 빈화 벼슬 ᄒᆞ기 구ᄒᆞ는 ᄆᆞᅀᆞᆷ를 옮겨 가져다가 일헛는 ᄆᆞᅀᆞᆷ를 거두어 그 모믈 아름답게 ᄒᆞ면 엇디 녯 사ᄅᆞᆷ미게 몯 미츠리오 (胡子曰 今之儒者 移學文藝于仕進之心 以收其放心而美其身 則何古人之不可及哉) <1518, 번역소학 8:24b>
>
> 가′. 胡子[일홈은 宏이니 宋 적 션빅라]] ᄀᆞᆯ오딕 이젯 션빅 글짓조롤 빈화 벼슬ᄒᆞ여 나아가기 구ᄒᆞᄂᆞᆫ ᄆᆞᄋᆞᆷ을 옮겨 뻐 그 노흔 ᄆᆞᄋᆞᆷ을 거두어 그 몸을 아름답게 ᄒᆞ면 엇디 녯사름의게 可히 밋디 몯ᄒᆞ리오(胡子曰 今之儒者 移學文藝于仕進之心 以收其放心而美其身 則何古人之不可及哉)<1587, 소학언해 5:103b>
>
> 나. 明道先生이 니ᄅᆞ샤딕 셩현의 일쳔 마리며 일만 마리 다ᄆᆞᆫ 사름으로 ᄒᆞ마 노화 ᄇᆞ렷ᄂᆞᆫ ᄆᆞᅀᆞᆷ를 가져다가 거두워 다시 모매 드려 오게코져 홀 ᄯᆞᄅᆞ미니(明道先生이 曰 聖賢千言萬語] 只是欲人ᄋᆞ로 將已放之心ᄒᆞ야 約之ᄒᆞ야 使反復入身來니) <1518, 번역소학 8:5a-5b>
>
> 나′. 明道先生이 ᄀᆞᆯᄋᆞ샤딕 聖賢의 일쳔 말이며 일만 말이 오직 이 사름이 임의 노한ᄂᆞᆫ ᄆᆞᄋᆞᆷ을 가져다가 거두워 ᄒᆞ여곰 도로 몸애 드려 오게 콰댜 홈이니(聖賢千語萬語] 只是欲人이 將已放之

心約之ᄒ야 使反復入身來니) <1587, 소학언해 5:85b-86a>

위의 (3)은 동일 한문에 대한 <번역소학>과 <소학언해>의 대역 양상을 보인 것이다. (5가)에서 보듯 <번역소학>에서는 한문의 '放心'을 '일헛ᄂᆫ ᄆᆞᅀᆞᆷ'으로 언해하였고, (5가)의 <소학언해>에서는 '노흔 ᄆᆞᅀᆞᆷ'으로 언해하였다. 한편, (5나)에서는 한문의 '已放之心'을 'ᄒ마 노화 ᄇ렷ᄂᆫ ᄆᆞᅀᆞᆷ'으로 언해하였고, <소학언해>에서는 (5나)과 같이 '이믜 노한ᄂᆫ ᄆᆞᅀᆞᆷ'으로 언해하였다.

이러한 언해 양상의 차이를 보다 정확히 분석하기 위해서는 (5)의 한문 속 '放心' 내지 '已放之心'의 전고가 되는 <맹자·고자장구 상>의 (6)을 참고할 필요가 있다.

> (6) 孟子ㅣ ᄀᆞᆯᄋᆞ샤딕 仁은 人의 心이오 義ᄂᆫ 人의 路ㅣ니라 그 路를 舍
>   ᄒ고 由티 아니ᄒ며 그 ①心을 放ᄒ고 求홀쭐를 아디 몯ᄒᄂᆞ니 哀
>   홉다 人이 雞犬이 放홈이 이시면 求홈을 알오딕 ②心을 放홈이 이
>   쇼딕 구홀 쭐를 아디 몯ᄒᄂᆞ니 學問홀 道ᄂᆫ 他ㅣ 업슨 디라 그 ③
>   放흔 心을 求홀 ᄯᆞ름이니라(孟子曰 仁 人心也 義 人路也 舍其路而不
>   由 ①放其心而不知求 哀哉 ④人有雞犬放則知求之 有②放心而不知求
>   學問之道 無他 求其③放心而已矣) <1590, 맹자언해 28b>

(6)에는 '放心'과 관련하여 ①'心을 放ᄒ-'[放其心], ②'心을 放홈'[放心], ③'放흔 心'[放心] 등의 여러 표현이 확인되는데 그 구조에 앞서 '心'과 '放'이 의미하는 바를 보기로 한다. 그중 '心'이 '仁', 즉 '어진 마음' 또는 '인심(仁心)'을 가리킨다는 점은 위의 문장에 명시되어 있다. 한편, 이 때의 '放'과 관련해서는 <한어대사전>에서 위의 ④'人有雞犬放則知求之'와 함께 <한서(漢書)>의 '三季之後, 厥事放紛. 顔師古 注 : "放, 失也."'

를 들어 [잃음]의 의미임을 제시하고 있는바 일반적인 '놓다'의 의미와 차이가 있음을 본다. 요컨대 위에 나타난 '放心' 관련 표현인 ①'心을 放ᄒ-'[放其心], ②'心을 放홈'[放心], ③'放ᄒ 心'[放心]은 구체적으로 '어진 마음을 잃-', '어진 마음을 잃음', '잃은 어진 마음' 정도의 의미로 파악됨을 알 수 있다. 아울러 이러한 표현들은 내적 구조상 크게 ①'放其心'처럼 서술어 '放'이 목적어 '心'을 지배하는 술목구조를 취할 수도 있고('心을 放ᄒ-'), ③'放心'처럼 '放'이 '心'을 한정(수식)하는 수식 구조를 취하여 명사(구)가 될 수 있다는 점을 알 수 있으며('放ᄒ 心'), 명사(구)를 이룰 경우, 언해에서는 ②'心을 放홈'으로도 실현됨을 확인할 수 있다. 또한 '放心'이 술목 구조를 이룰 때는 '放' 자체가 목적어인 '心'의 서술어를 담당하고, '잃은 어진 마음' 정도의 명사(구)를 이룰 경우에는 흔히 이 명사(구)를 지배하는 서술어(여기서는 '求')를 별도로 요구한다. 이에 (6)을 해석하면[6] '맹자가 말씀하시기를, 인(仁)은 사람의 마음이고, 의(義)는 사람의 길이다. 그 길을 놓아두고 따라가지 않고, 그 마음을 잃고도 구할 줄 알지 못하니, 슬프다! 사람이 닭과 개를 잃는 일이 있으면, 그것들을 구할 줄 알면서 어진 마음을 잃는 일이 있어도 구할 줄 알지 못하니, 학문의 도리는 다른 것이 없고, 그 잃어버린 어진 마음을 구하는 것일 뿐이다.' 정도가 된다.

이제 (6)에 대한 분석을 토대로, 다시 (5)의 언해 양상을 분석해 보기로 한다. 비교의 편의를 위해 두 판본에서 엇갈리는 부분을 도표로 정리하면 <표 1>과 같다.

---

6 해당 해석은 이기동(2005:522), 임옥균(2019:407)을 참조한 것이며, 일부는 필자가 수정하였음을 밝혀둔다.

〈표 1〉『번역소학』과 『소학언해』의 '放心' 언해 양상 비교

	(收其)放心	(將)(已)放之心(約之)
<번역소학>	일헛논 무슴(-을 거두어)	(ᄒ마) 노화 ᄇ렷논 무슴(-을 가져다가 거두워)
<소학언해>	노흔 ᄆ음(-을 거두어)	(이) 노한논 ᄆ음(-을 가져다가 거두워)

위의 <표 1>에서 보듯 <번역소학>과 <소학언해>에서 대응 원문 '放心' 또는 '放之心'의 내적 구조에 따라 관형사형을 포함한 명사(구)로 언해한 것은 일치한다. 다만 <소학언해>에서는 이때의 '放'들을 '놓-'으로 처리한 것에 비해 <번역소학>에서는 각각 '일헛-'과 '노화 ᄇ리-'로 처리하고 있음이 주목된다. 직역의 성격이 강한 <소학언해>에서는 '놓-'으로만 처리되어 구체적인 의미를 파악하기 어려운 데 비해 의역 성격이 강한 <번역소학>에서는 해당 '放心'의 '放'이 단순히 '놓-' 정도의 의미가 아니라 '잃-' 또는 '놓아버리-' 정도의 의미임을 보다 명확히 알 수 있게 하며, 이러한 풀이 양상은 앞서본 <한어대사전> 또는 고전 주소(注疏)의 해석과 정확히 일치한다. 이처럼 명사(구)로 실현된 '放心'이 '어진 마음을 잃는 것' 또는 '어진 마음을 놓아버리는 것'을 의미하는 '경계의 대상'이 되므로, 이를 지배하는 서술어로 '收'(거두-), '約'(거두-) 등이 사용됨은 자연스러운 일이라 하겠다.

이에 비추어 근대 한국어 시기에 등장하는 다음 (7)의 언해 양상을 파악해 보기로 한다.

(7) 가. 비록 放혼 心을 收ᄒ나 閑홈이 艱ᄒ니라(雖收放心 閑之惟艱)
    <17세기, 서전언해 5:57b>
  나. 밍즈ㅣ 글ᄋ스티 학문ᄒ는 도는 다르미 업ᄂ니 그 放心혼 거
    슬 구홀 ᄯᆞ름이라 ᄒ시니(孟子曰學問之道無他 求其放心而已矣)
    <1880, 삼성훈경 19a>

(7)은 [경계]의 대상이 되는 '放心'의 언해 양상이라 할 수 있다. 그중 (7가)는 후기 중세의 언해 양상과 크게 다르지 않다. 한편, (7나)에서는 '방심흔 것'과 같이 '방심ㅎ-'라는 단일어화된 동사 어간에 관형사형어미 '-ㄴ'과 의존명사 '-것'의 통합형으로 원문의 명사(구) '放心'과 통사적 등가를 이루었다. 한편, 다음의 (8)은 [경계]해야할 '放心'이 술목 구조로 실현된 근대 시기의 예라 할 수 있다.

> (8) 졍쥬 구튼 대현으로도 오히려 산영 보시ᄂᆞᆫ 뉘오츰이 겨시거든 ᄒᆞ
>   믈며 범샹흔 사름이 더욱 가히 방심치 못홀 거시오(二程子之大賢
>   猶不無觀獵之悔 況在凡人 尤不可放心也) <1757, 어졔계쥬윤음 21b>

(8)에서 동사로 실현된 '放心'이 [안심]의 의미가 아닌 [경계]해야 할 '어진 마음을 잃-' 정도의 의미라는 것은 선행절의 '대현으로도 오히려 산영 보시ᄂᆞᆫ 뉘오츰이 겨시-[猶不無觀獵之悔]'뿐 아니라 '방심ㅎ-'에 '-지 못ᄒᆞ-[不可]'가 통합하였다는 점에 의해서도 방증된다. '不可'는 '…해서는 안 된다' 정도의 의미를 갖는바 부정 내지는 금지의 의미를 겸한다, 요컨대 여기서 '방심하지 못홀 것-'이라' 함은 결국 '(하물며 범상한 사람으로서) 어진 마음을 잃어서는 더더욱 안 될 것'이라는 의미를 내포하므로, [경계] 대상으로서의 '放心'을 가리킨다고 하겠다. 이러한 통합 관계에 대해서는 후반부에서 자세히 다루기로 한다.

이제 후기 중세 및 근대 한국어 시기에 위와 다른 의미 양상을 보이는 '放心'의 용례를 살펴보기로 한다. 아래의 (9)를 보자.

---

7   금지의 의미를 갖는 '-지 못하' 및 [안심]의 '방심하'와 통합하여 나타나는 '지 못하'와의
     구별점에 대해서는 후반부에서 다시 언급할 것이다.

(9) 가. 흔 곧 드리 믈어디여 잇더니 이제 고텨 잇는가 몯ᄒᆞ얏는가 ᄇᆞᆯ
셔 고텨 잇ᄂᆞ니 […] 이러면 우리 ᄂᆡ실 므슴 노하 가져(有一坐
橋塌了來 如今修起了不曾 早修起了 這們時 我明日早只放心的去
也) <1517, 번역노걸대 상 26b>

나. 흔 곳 드리 믈허뎌 잇더니 이제 고텻는가 못ᄒᆞ엿는가 ᄇᆞᆯ셔 고
텻ᄂᆞ니 […] 이러면 우리 來日 일즈기 므움 노하 가쟈(有一坐橋
塌了來 如今修起了不曾? 早修起了 這們時 我明日早只放心的去
也) <1670, 노걸대언해 상 24a>

다. 흔 드리 문허지미 잇더니 이제 고쳣는가 못ᄒᆞ엿는가 ᄇᆞᆯ셔 고
쳐시되 […] 이러면 우리 ᄂᆡ일 일즉이 ᄀᆞ장 放心ᄒᆞ여 가리라
(有一坐橋塌了 如今修起了不曾 早修起了 這麽我們明日一早好放心
去了) <1795, 중간노걸대언해 상, 23b>

(9)는 <노걸대>의 시기별 이본에 따른 언해 양상을 보인 것이다. (9)
의 대의는 '한 다리가 무너졌었는데 이제 고쳤는가'고 물으니 '벌써 고
쳤다'고 답하자, 화자가 '그러면 내일 시름 놓고 갈 것이다' 정도의 답
을 한 것으로 요약된다. 이처럼 문맥에 대한 파악을 통해 원문의 '放心'
에 대당하는 (9가), (9나)의 '므슴/므움 노하'와 (9다)의 '放心ᄒᆞ-'가
[안심]의 의미로 쓰인 것임을 알 수 있지만, 이들이 [안심]임을 나타내
는 통사적 출현 환경을 분석해 보기 위하여 비슷한 시기 (10)의 예를
좀더 보기로 한다.

(10) 가. 내 쏘 비노니 네 날을 주머니를 민드라 줌이 엇더ᄒᆞ뇨 뎌는
ᄀᆞ장 쉬오니 므서시리오 다 긴티 아니ᄒᆞ다 네 放心ᄒᆞ라(我再
央及你 做饋我荷包如何 那的最容易 打甚麼緊, 你放心) <1677,
박통사언해 상 44a>

나. 내 쏘 네게 비노니 흔 ᄡᅡᆼ 져근 주머니를 민드라 나를 주미
엇더ᄒᆞ뇨 그는 쉬오니 네 放心ᄒᆞ라(我還要央及你 做一對小荷

包送我如何 那箇容易 你<u>放心</u>) <1765, 박통사신석언해 1:47a>

    (10)은 <박통사언해>의 시기별 이본에 따른 언해 양상을 보인 것으로, '나를 위해 주머니를 만들어 주는 것이 어떠한가'고 물으니 '(주머니를 만드는 것은) 매우 쉬우니 (화자더러) 시름 놓으라'는 대목이다. 요컨대 (10)의 '放心ㅎ-' 또한 [안심]의 의미임을 알 수 있다.

    물론 (9)와 (10)에서 [안심]으로 풀이되는 '放心'의 대역어들을 보면, 'ᄆᆞᅀᆞᆷ 놓-' 또는 '放心ㅎ-'로 실현되어 일견 [경계] 대상으로서의 '放心'의 대역어들과 형태상 유사한 면이 있지만, 여기에는 일정한 차이, 특히 통사적 출현 환경과 관련하여 극명한 차이를 보인다. 첫째, (9가)와 (9나)에서는 'ᄆᆞᅀᆞᆷ 놓-'가 종결어미 '-저'로 실현된 청유문에 나타났고, (9다)에서는 '放心ㅎ여 가'가 미래 시상 내지는 의지의 선어말어미 '-리-'와 통합하였다. 반면, [경계] 대상으로서의 '放心'은 이러한 문법 요소들과의 통합 관계가 저지된다. 예컨대 (9다)의 '우리 ᄂᆡ일 일즉이 ᄀᆞ장 放心ㅎ여 가리라'의 경우, 해당 맥락에서 '우리 내일 아주 시름 놓고[放心] 갈 것이다/가겠다' 정도로 파악되는바 이때의 '放心'은 주체인 '우리'가 자체의 의지에 따라 장차 [안심]할 것'을 선택 또는 결정한 것으로 이해할 수 있다. 이는 [안심]이 [경계] 대상과는 달리 주체의 의지에 의해 선택되고 결정되는 것이라는 의미 속성을 잘 보여준다. 따라서 후술할 바와 같이 [안심]의 '放心'일 경우, 주체 자신의 의지에 따른 능력 부정 '지 못하-'와의 공기는 가능하지만, 부정문 가운데 '지 말-' 등의 금지 표현은 저지된다. 한편, (10가)와 (10나)에서는 동사 '放心ㅎ-'가 부정 표현의 개재 없이 명령형 종결어미 '-라'에 직접 통합함을 본다. 당연한 귀결이겠지만 부정 표현이 개재되지 않았다는 것은 [경계] 대상과 달리 [안심] 그 자체만으로도 긍정의 대상이 될 수 있기 때문이다.
둘째, 형태적인 측면에서도 구별이 있다. 참고로 중국어 문헌에서 [안
심]을 뜻하는 '放心'은 고전 한문 문헌에서부터 확인되는 [경계]의 '放
心'과 달리 주로 후대의 백화 문체에서 확인되며, '동사(구)'로만 쓰일
뿐, 명사(구)적 쓰임을 보이지 않는다. 이는 원천적으로 [안심]의 '放心'
에서 '放'은 그 자체가 해당 구성 내 유일한 동사이자 서술어로, 기타
서술어의 지배를 받지 않으므로, [경계] 대상으로서의 '放心'과 같이
'放'이 '心'을 수식하는 구조를 취하기 어려운 것과 연관된다고 하겠다.
따라서 [안심]의 '放心'을 언해하거나 번안한 한국어사 자료의 경우에
도 (9), (10)을 비롯하여 후술할 용례들에서 [안심]의 '放心'이 명사(구)
로 쓰이지 않음을 확인하게 된다. 셋째, [경계] 대상으로서의 '放心'은
'ᄆᆞᅀᆞᆷ 놓-' 이외 'ᄆᆞᅀᆞᆷ 노화 ᄇᆞ리-'와 같이 보조 용언 '-아 버리-'의 통
합을 허용하나 [안심]의 '放心'에서는 허용되지 않는다.

이에 비추어 18세기 문헌 <오륜전비언해>에서 발췌한 아래의 (11)을
보자.

(11) 가. 善타 물음이여 善타 물음이여 聖賢의 千言萬語ㅣ 放心을 收흠
애 디나디 아니ᄒᆞ니 放心을 수홈이 혼 敬字의 잇ᄂᆞ니라(善哉
問 善哉問 聖賢千言萬語 不過收放心 收放心在乎一箇"敬"字)
<1721, 오륜전비언해 1:22b>
나. 老夫人은 放心ᄒᆞ쇼셔 이 세 官人이 이리 攻書向學ᄒᆞ니 中擧티
못홀까 근심 아닐 거시오(老夫人放心 這三箇官人 這等攻書向學
不愁不中擧) <1721, 오륜전비언해 2:24b>
나. 別로 다른 일이 업서 母親이 집의 겨시니 업찌여 ᄇᆞ라ᄂᆞ니 嫂
嫂ᄂᆞ 早晚에 用心侍奉ᄒᆞ쇼셔 叔叔은 放心ᄒᆞ고 가 네 형으로ᄃᆞ
려 職事에 盡心ᄒᆞ쇼셔 이 혼 일은 嫂嫂ㅣ 嬪嬪으로ᄃᆞ려 一力

承當ᄒ리이다(別無他事 母親在家 伏望嫂嫂早晚用心侍奉 叔叔放
心去 與你哥哥盡心職事 此一事 嫂嫂與嬸嬸一力承當) <1721, 오
륜전비언해 4:32b>

(11가)의 밑줄 그은 '放心을 收ᄒ-'에서 보듯 명사(구) '放心'이 [거
둠]의 서술어 '收'의 지배를 받고 있다. 이는 전술한 바와 같이 전형적
인 [경계] 대상으로서의 '放心'의 실현 양상이다. 한편, (11나)와 (11나')
의 '放心ᄒ-'가 부정 표현의 개재 없이 명령형 종결어미 '-쇼셔'와 통합
하였다. 따라서 이때는 그 자체만으로도 긍정의 대상이 되는 [안심]을
요구하는 것임을 알 수 있다.

상기의 분석을 토대로 아래에는 18세기 후반 및 이후 시기에 나타난
'방심'류 한자어의 의미를 짚어 보기로 한다. 위의 분석이 시기적 특성
상 주로 언해 자료에 의한 것이었다면, 이 시기에는 번안소설과 한글
문헌에 직접 쓰인 용례도 확인되며, 추가로 이들 자료 사이에서 파악되
는 '방심'류 한자어의 차이까지도 비교해 볼 수 있다.

다음의 (12)를 보자.

(12) 가. 퉁이 놀나 ᄆ음이 썰니며 담이 쩌러뎌 감히 우러러 보디 못
ᄒ거늘 황재 닐러 글오ᄃᆡ 왕경보논 두려 말나ᄒ고 쇼교로
ᄒ여금 자리ᄅᆞᆯ 준대 퉁이 비로소 방심ᄒ여 회등으로셔 쵸안
ᄒ논 글월을 내야 황좌ᄅᆞᆯ 준대 <1760, 무목왕정충록 6:49b>
나. 스승님은 방심ᄒ쇼셔 우리 셰히 온갓 변화를 ᄒ니 엇지 스승
님을 걱정ᄒ시게 ᄒ리잇고 <1856, 서유기 상 22b>
다. 현덕 왈 운장이 만일 가랴 ᄒ면 넌 방심ᄒ리라 <1871, 삼국지
5:66>
다'. 현덕 왈 네 말이 비록 이 ᄀᆞᆺ트나 넌 죵시 방심치 못ᄒ리라
ᄒ고 드드여 진원용을 쳥ᄒ여 돕게 ᄒ고 익덕으로 술을 젹

게 먹어 딕스룰 그릇치미 업게 ᄒ라 <1871, 삼국지 3:135>
라. 됴쉬 임의 허다ᄒᆫ 녜믈을 바닷ᄂᆞᆫ디라 즉시 답호디 대인은 방
   심ᄒᆞ라 됴쉬 스스로 구쳐ᄒᆞ야 양업의 부ᄌᆞ를 전뎨ᄒᆞ리라
   <낙선재 필사본 북송연의 2:3a>
마. 우리 노야긔셔 딕야의 광경을 깁히 아ᄅᆞ시고 겸ᄒᆞ여 긱즁의
   이시므로 결단코 기의치 아니ᄒᆞ리니 딕야는 방심ᄒᆞ고 이곳
   으로 오쇼셔 <1884, 진주탑 1:38b>

위의 (12)는 이 시기의 번안 소설에서 발췌한 것으로, 백화문의 흔적
을 엿볼 수 있다는 점은 일단 차치하고, '방심ᄒᆞ-'의 실현 양상을 중심
으로 살피기로 한다. (12가)의 밑줄 그은 부분 '틍이 비로소 방심ᄒᆞ여'
에서 보듯 '방심ᄒᆞ-'의 주체가 선행 사건을 확인한 후에야 비로소 자신
의 의지에 따라 '방심ᄒᆞ-'기를 선택한 맥락이므로, 이때의 '방심ᄒᆞ-'는
[안심]의 의미임을 알 수 있다. (12나)에서는 '방심ᄒᆞ-'가 부정 표현의
개재없이 직접 명령형 종결어미 '-쇼셔'와 통합하였는바 '방심ᄒᆞ-' 자
체가 긍정의 대상이자 명령의 내용이라는 점에서 [안심]의 의미가 파
악된다. (12라), (12마) 역시 이와 같은 맥락에서 이해된다. 한편, (12다)
에서는 '방심ᄒᆞ-'의 주어가 화자 자신일 뿐 아니라 미래시상의 선어말
어미 '-리-'와 통합하여 해당 '방심ᄒᆞ-'가 주체 스스로의 의지가 담긴
것이라는 점에서 [안심]의 의미임을 알 수 있다. 한편, (12다')의 경우,
'방심ᄒᆞ-'에 능력 부정 '-지 못ᄒᆞ-'가 통합하고 다시 선어말어미 '-리-'
가 통합하였음을 본다. 앞서 언급하였듯 선어말어미 '-리-'에는 주체의
의지가 내포되므로, '방심ᄒᆞ-+-지 못ᄒᆞ-+-리-'와 같은 통합 양상은 해
당 '방심ᄒᆞ-'에 대한 '능력 부정' 또한 주체 스스로의 의지에 의해 선택
된 것임을 의미한다. 즉 해당 문장은 '너의 말은 비록 그러하지만(/너의

말대로라면 안심해야겠지만) 나는 그래도 안심하지 못하겠다' 정도로 파악할 수 있다.

이와는 대조적으로 [경계] 대상으로서의 '방심' 또는 '방심하-'는 '어진 마음을 잃어버림' 정도의 의미를 갖는바 주체 자신에 의해 의도적으로 선택된 것이라 하기 어려우며, 그 자체만으로도 긍정의 대상이 되기 어렵다. 이에 [경계] 대상 또는 후술할 [부주의]로서의 '방심(하-)'일 경우, 미래시상 또는 의지의 선어말어미와의 통합이나 부정 표현의 개재 없이 직접 명령형 종결어미와 통합하는 것이 저지된다. 이는 간단한 대치를 통해서도 쉬이 확인할 수 있다. 예컨대 '*나 방심하[어진 마음을 잃어버리-/부주의하-]겠다', '*너 방심해[어진 마음을 잃어버려/놓아버려/부주의하-]라' 등은 적격문이라 하기 어렵다.[8] 결국 의지를 나타내는 '-리-', 명령형 '-라'와의 직접적 통합 관계는 '방심' 또는 '방심하-'가 [안심]의 의미일 때 비로소 적격문을 이룰 수 있다. 실제로 아래에 살펴 볼 바와 같이 동시기의 번안 문헌이 아닌 한글 문헌에서는 상기 (12)와 같은 통합 관계를 찾아볼 수 없음을 미리 밝힌다. (12)와 같은 현상은 원문(또는 백화문)에서 [안심]을 나타내는 '放心'을 직역한 결과로 추정된다.

(2) 이의 발생 과정

이제껏 이 책은 고전 한문에서 [어진 마음을 잃음]을 나타내는 '放

---

8   그 대신 과거시제 선어말어미, 부정 또는 금지 표현이 개재된 명령형 종결어미와의 통합이 선호되는 것으로 보인다.

心'과 백화문에서 [안심]을 뜻하는 '放心'의 의미 차이를 각각의 통사적 특징과 제약에 치중하여 설명하였다. 이는 17세기 이래, 즉 '放心'이 한국어 체계 속에서 단일어화하여 나타나면서 형성된 다의 경쟁 구도 속에서 이 두 가지 의미를 더욱 잘 구별하기 위한 지표를 마련하는 과정이기도 하였다.

여기까지 보면, 현대 한국어의 '방심'은 [경계] 대상이 되어 긍정문에 나타날 수 없다는 점에서 고전 한문의 '放心'과 통사적·의미적 유사성을 지닌다고 하겠다. 그러나 고전 한문의 '放心'과 현대 한국어의 '방심'이 공히 [경계] 대상을 나타낸다는 것만으로는 여전히 전자의 의미와 후자의 의미를 동일시할 수 없다는 문제가 제기된다. 예컨대 앞서 언급하였듯 고전 한문의 '放心'에서 '心'은 '인심(仁心)' 내지 '양심'을 가리키는 데 특화되어 있지만, 현대 한국어의 '방심'에서 '심'이 지시하는 바가 '어진 마음'을 가리킨다고 보기는 어렵기 때문이다. 이에 대해 해당 시기 용례를 통해 좀더 구체적으로 분석해 보기로 한다.

다음의 (13)을 보자.

(13) 가. 지금 대한 〈세가 걱정되〈 일이 만히 잇고 곤란ᄒᆞᆫ 경샹이 만히 잇〈나 죠곰치라도 <u>방심ᄒᆞ고</u> 락담ᄒᆞ야 아죠 여망 업시 싱각홀 것이 아닌 것이 각국 〈긔를 보거드면 이왕에 대한보다 더 위퇴ᄒᆞᆫ 〈셰를 당ᄒᆞᆫ 나라들도 그 나라에 참 익국ᄒᆞ〈 사람 멧몃 잇시면 그 나라이 〈연히 보젼ᄒᆞ야 진보가 되어 셰계에 쎳쎳ᄒᆞᆫ 〈쥬 독립국이 된 나라가 만히 잇〈지라 <1897, 독립신문 제2권 151호, 20>

나. 대한 〈쥬독립 권리가 젹어 가니 대단히 한탄이고 지각 잇〈 사람들은 안져 싱각ᄒᆞ여 볼 째라 만일 이째에 죠곰치라도 <u>방심ᄒᆞ고 졍신을 일커드면</u> 싱샤 흥망이 어느 째에 엇더케 올〈

　　지 몰은직 쥰비 아니ᄒ여셔는 못 홀지라 <1897, 독립신문 제
　　2권 154호, 59>
다. 일월 삼십일일에 비지학당에서 긔학ᄒ고 교쟝 아편셜나씨가
　　학도들을 디ᄒ야 권학ᄒᄂ 말이 금년은 ᄆ음을 더 견실이ᄒ
　　야 공부를 부즈런이ᄒ고 무슴일이던지 힘써ᄒ여 보다가 못
　　되면 그만둘 지언졍 홀수 업다ᄒᄂ 말은 아조 거졀ᄒ라ᄒ고
　　ᄯᅩ 말이 오늘붓터 여름 방학늘 ᄭᅵ지 늘마다 공부에 참례 ᄒ
　　ᄂᄂ이ᄂ 방학ᄒᄂ 늘에 크게 샹급을 주겟노라ᄒ니 학도들이
　　이런말을 듯고야 엇지 잠시인들 <u>방심ᄒ리오</u> <1898, 협성회
　　회보 22>
라. 부듸 <u>방심 말고</u> 붓셜 곱게 잡고 획을 디소 업시 곱게ᄂ 자
　　졍간도 디소 업시 고나ᄂ여 한 자 한 획이라도 <u>방심 말고</u> 멍
　　치도 말고 희졍하게 쓰면 근양 ᄂ다 부듸 이듸로 쥬으하여
　　졍시을 들여라 <누ᄋ젼 66>
마. 승지공이 ᄯᅩ 갓금 남예로 오시면 금니당ᄂ 쟝노 분들이 다
　　모드셔 날을 이어 밤ᄀ지 공궤ᄒᄂ 도리 흔쩍도 <u>방심실시ᄒ</u>
　　일이 업ᄉ시니 일노 보건듸 션비 셩효ᄂ 쳔품이시러라 <언
　　행록-광산김씨 10a>

　　(13)은 (12)와 동시기인 19세기 말의 한글 문헌에서 발췌한 '방심'류
한자어의 용례이다. 먼저 (13가~다)를 보자. (13가)의 경우, 밑줄 그은
'방심ᄒ-'를 내포하고 있는 '죠곰치라도 방심ᄒ고 락담ᄒ야 아죠 여망
업시 싱각홀 것' 전체가 부정 서술어 '아니-'의 지배를 받는다. 이때 부
정의 대상이 되는 '방심ᄒ-'는 주체가 자신의 의지로 '방심하겠다'고
선택한 것이 아니라는 점에서 [안심]의 의미가 아닌 [경계] 대상으로서
의 의미임을 알 수 있다. (13나) 역시 밑줄 그은 부분 '방심ᄒ고 정신을
일커드면' 부분이 주체 자신의 의지로 '방심하고 정신을 잃겠다'고 선
택한 것이 아니라 이러한 상황이 되면 '생사 흥망이 언제 어떻게 올지

모르니 준비하지 않고서는 안 된다'는 주의를 주는 것이다. 즉 [경계] 대상에 해당한다. (13다)의 경우, '방심ㅎ-'가 의문형 종결어미 '-리오'와 통합하여 반문법에 사용된 것으로, 의지의 선어말어미 '-리-'가 통합한 [안심]의 '放心'과 크게 구별된다. (13다)는 궁극적으로는 '학도들이 (이런 말을 듣고서는) 잠시도 방심하지 않을 것'이라는 추측을 뜻하는바 이 역시 주체의 의지에 따라 '방심하겠다'고 결심한 것과는 확연히 구분된다. 이 또한 [경계] 대상에 해당한다. 한편, (13라)는 '방심'에 '말-'이 통합하여 [경계] 내지 금지의 대상임을 보다 명확히 드러낸다. 아울러 (13마)는 명사로 쓰인 '방심'이 [때를 놓침]을 의미하는 명사 '실시(失時)'와 명사구를 이룬 후 어휘적 부정문을 이루는 서술어 '없-'의 지배를 받는 경우로, 이 또한 [경계]의 대상이 됨을 명확히 알 수 있다. 요컨대 [경계]의 대상이 되는 '방심'류 한자어들은 (12)와 비교하여 주체의 의지를 나타내는 선어말어미나 동조할 것을 청하는 청유의 종결어미와의 통합이 저지되는 한편, 주체의 의지와 무관한 부정 표현, 특히 금지 표현과의 통합 속에서 그 의미가 두드러지게 시현됨을 알 수 있다.

　아울러 (13)의 '방심'류 한자어들을 문맥 속에 놓고 보면, 고전의 '放心'과 마찬가지로 [경계] 대상으로서의 의미 속성과 그에 따른 통사적 통합 관계를 보이기는 하나 중요한 것은 '잃음'의 대상이 되는 '마음'이 더이상 고전에서와 같이 '어진 마음'에 국한되는 것이 아님을 확인하게 된다. 일례로 (13나)의 경우, '자주 독립의 권리가 적어가는 이때에 조금이라도 방심하고 정신을 잃으면 (앞으로) 생사 흥망이 어떻게 될지 모르니 미연에 준비해야 함'을 이르는 맥락이다. 전술하였듯 고전의 '放心'에서 '心'은 흔히 '어진 마음'을 뜻하였다. '어질다'는 것은 성품이나 덕성과 관계되는 것으로, 상기의 긴박한 상황을 언급하는 맥락에서는 해당 의미가 부각되지 않는다. 이때 경계 대상으로서 잃는 '마음'이란 '주의하는 마음', 즉 '주의력'에 가깝다고 하겠다. 이는 (13나)에서 '방심ᄒ고'에 후행하는 '정신을 잃-'과의 공기를 통해서도 방증된다.

이에 현대 한국어의 '방심'은 [경계] 대상이라는 점에서 고전 한문 속 '放心'과 비슷한 용법을 보이기는 하나 위의 (13)과 같이 금지 표현과 강세적으로 호응하여 나타나는 등 '경계해야 한다'는 인식이 강화되는 대신, 경계해야 할 대상으로서의 '마음'이 더 이상 고전에서처럼 '어진 마음'이나 덕성에 국한되지 않고, 일반화를 겪었을 가능성을 상정할 수 있다.

3) 소결

이상의 논의를 종합하면 다음과 같다. 한국어에서 [부주의]를 뜻하는 '放心(X)' 한자어는 통시적으로 [안심]을 뜻하는 백화문의 '放心'과는 서로 다른 통사적 제약을 보였는바 주체의 의지와 무관한 부정 구문에 주로 사용됨을 확인하였다. 이 점에서 현대 한국어의 '放心(X)' 한자어는 [경계] 대상을 나타내는 고전 한문의 '放心'과 유사성을 지니기는 하나 그것이 직접 [부주의]로 이어지는 것은 아니며, 부정 또는 금지 구문 속에서 '放心'의 '心'이 의미의 일반화를 겪었을 가능성을 상정하였다.

3. 若干[9]

1) 현대 한국어 '若干'의 의미적 특징

본격적인 논의에 앞서 현대의 여러 한국어 사전에 제시된 '약간'의 해석을 정리해 보이면 다음의 <표 1>과[10] 같다.

〈표 1〉 '약간(若干)'의 사전 해석

〈표준〉	〈고려〉	〈연세〉
1. 「명사」 얼마 되지 않음. ¶ 약간이나마 제 성의니 마다하지 마세요.	1. 「부사」 그다지 많거나 대단하지는 않게 잠깐. ¶ 계약 조건에 대해서는 내가 약간 보충해서 설명해 줄게. 유의어: 다소[2]	1. 「명사」 얼마 되지 아니하는 양이나 정도. ¶ 재산이라야 고향 근처에 있는 산자락과 밭뙈기 약간을 물려받은 게 전부였다. 비슷한말: 조금[1], 다소간[1]
2. 「부사」 얼마 안 되게. 또는 얼마쯤. ¶ 그 사람은 약간 불안한 것 같았다.	2. 「명사」 정도나 양 따위가 많지 않음. ¶ 그는 약간의 식량을 구입했다. 유의어: 다소[2], 소량[1], 조금[6], 미량	2. 「부사」 양이나 정도에 있어서 그다지 많지 않거나 심하지 않게. 웬만큼. 얼마쯤. ¶ 그는 약간 다리를 절었고 보기 흉할 정도는 아니었지만 관골에 흉터가 있었다. 비슷한말: 조금[3], 다소간[2]

<표 1>에서 포착되는 현대 한국어 '약간'의 의미적 특징은 크게 두

---

9 이 부분은 마원걸(2021)의 내용을 요약한 것에 기초하여 논지를 수정한 것임을 분명히 밝힌다. 아울러 한국어사 자료 속 '약간'의 문증 양상과 관련해서는 마원걸(2021)에서 이미 구체적으로 제시된 바 있으므로, 여기서는 가급적 간략하게 다루고, 기존과 견해를 달리하는 의미 변화의 분석에 치중하기로 한다.

10 기술의 편의상 예문은 일부만 제시했으며, 밑줄은 필자가 추가한 것이다.

가지이다. 하나는 명사나 부사로 쓰이는 '약간'의 기본 의미가 [소량]임을 알 수 있다. 이는 '얼마 되지 않음', '정도나 양이 그다지 많지 않거나 심하지 않게' 등의 뜻풀이와 그 유의어로 제시된 '소량, 조금, 다소, 미량' 등을 통해 쉽게 확인된다. 다른 하나는 <표준>이나 <연세>에서 보듯 '약간'이 부사로 쓰일 경우, [소량] 이외에 '얼마쯤' 정도의 [부정량]도 나타낼 수 있다[11]는 해석인데 <고려>에서 해당 용법을 반영하지 않은 것과 대조된다. 그러나 이러한 차이 또한 현대 한국어 부사 '약간'의 의미가 여전히 [부정량]보다는 [소량]의 의미에 편중되어 있음을 보여 준다고 하겠다.

이처럼 현대 한국어 '약간'이 주로 [소량]을 나타내는 것과 달리 동형의 현대 중국어 및 이전 시기 한문의 '若干'은 대체로 다음의 (1), (2)와 같이 기술된다.

(1) 若干
疑問代詞. 多少(問數量或指不定量).
¶ 價値若干?
¶ 關於教育發展的若干問題.

(2) 若干
多少. 用於指不定量.
¶ 吾攻國覆軍殺將若干人. <墨子·天志下>

---

11 비록 현대의 사전에 반영되어 있지는 않지만, 명사 '약간'도 [소량] 이외에 제한적이나마 [부정량]의 의미도 갖는 것으로 생각된다. 예컨대 일상의 '모집 공고'나 '공모전 시상 내역'에서 접하게 되는 '약간 명 추가모집', '우수상 약간 명' 등의 '약간명'을 떠올릴 수 있다. 이때 '약간 명'은 '00명'과 같이 표기되기도 하는데 인원의 다소를 구체적으로 명시하지 않았다는 점에서 [부정량]의 의미로 봄 직하다.

위의 (1)과 (2)는 각각 <현대한어사전(제7판)>과 이전 시기 한문의 의미가 반영된 <한어대사전>의 해석을 옮긴 것이다. 과거의 한문과 현대 중국어의 '若干' 모두 [부정량]으로만 파악된다는 점에서 주로 [소량]을 나타내는 동형의 현대 한국어 '약간'과 엄연히 구별된다.

상기의 의미적 특징에 비추어 아래에는 '若干'이 한국어 체계 속에서 겪은 통시적 의미 변화 과정을 탐구해 보기로 한다.

2) 통시적 변화

(1) 본래 의미

다음의 (3)은 후기 중세 한국어 시기 '약간'의 보편적인 의미 양상을 보인 것이다.

(3) 가. 나 滅度흔 後에 舍利를 쏘 네그에 付屬ᄒ노니 펴디기 ᄒ야 너비 供養호ᄃᆡ 若干 千塔을 일어ᅀᅡ ᄒ리라 ᄒ시고【若干은 一定티 아니흔 數라】(我滅度後, 所有舍利亦付屬汝, 當令流布, 廣設供養, 應起若干千塔.) <석보상절1447 20:16b>

　　나. 여듧 龍王…阿那婆達多龍王과 摩那斯龍王과 優鉢羅龍王들히 各各 若干 百千 眷屬 ᄃᆞ려 와 이시며【若干은 一定티 아니흔 數ㅣ니 몯 니르혤씨라】(有八龍王…阿那婆達多龍王, 摩那斯龍王, 優鉢羅龍王等, 各與若干百千眷屬俱.) <석보상절1447 13:8a>

　　다. 곧 沙界옛 衆生이 若干 가짓 ᄆᆞᅀᆞᄆᆞᆯ 如來 다 아르시ᄂᆞ니【若干은 一 定티 아닌 數ㅣ니 ᄒᆞ나ᄒᆞ로셔 열헤 니르러 百千萬億히 다 若干이라 ᄒᆞᄂᆞ니라】(則沙界衆生이 若干種心을 如來悉知시니) <금강경삼가해1482 4:26a>

위 (3가)에서는 '若干'이 [다량]의 '千塔'을 수식해 주고 있으며, 그에 대한 협주로 '일정하지 않은 수'가 제시되어 있다. (3나)의 '若干' 또한 (3가)와 마찬가지로 [다량]의 '百千 眷屬'을 수식하며, 그에 대한 협주로 '일정하지 않은 수'에 이어 '이루 헤아릴 수 없음'의 의미를 보태고 있다. 아울러 (3다)의 협주에서도 '若干'이 가리키는 '일정하지 않은 수'의 의미가 '하나부터 백천만억에 이르는 수' 전반을 포괄하는 개념인 것으로 구체화하고 있다. 따라서 후기 중세의 '약간'은 문맥상 [부정량] 가운데서도 [다량]에 가까운[12] 의미를 나타냈던 것으로 보인다.

이처럼 [부정량] 내지 [다량]을 가리키던 '약간'은 15세기부터 16세

---

12 앞서 언급하였듯 한문의 '若干'이 주로 [부정량]으로 해석되고, 후술할 바와 같이 후대로 갈수록 [소량]에 편중되는 경향이 강세적이라는 사실에 비추어 이처럼 '약간'이 통시적으로 단기나마 [부정량] 가운데서도 [다량]에 가까운 의미로 파악된 바 있었다는 점에 대해 간단히 언급할 필요가 있다. 현재 확보 가능한 한국어사 자료를 기준으로, 위의 (3)과 같이 [다량] 지향을 보이는 '약간'은 주로 후기 중세, 특히 15세기의 (한문을 저본으로 하는) 대역 문헌에서 집중적으로 확인된다. 따라서 언해 자료 속 '약간'의 의미 또한 여타의 경우와 마찬가지로 한문 원문의 의미와 크게 다르지 않을 것이 기대된다. 이에 비추어 위의 (3)은 의미 파악의 측면에서 흥미로운 예라 할 수 있다. 가령 전대의 주소(註疏)에 기록된 한문의 의미, 즉 [부정량]으로 파악하였다면 (3)에서 [다량]의 '千塔', '百千 眷屬'을 수식하는 '若干'은 협주에 [부정량] 정도로 풀이되었을 것이 예상된다. 그러나 (3)의 협주들을 관찰해 보면, (3가)의 경우, '若干ᄋᆞᆫ 一定티 아니ᄒᆞᆫ 數라'로 제시되어 한문의 일반적인 해석인 [부정량]을 취하는 것으로 파악했을 가능성도 물론 있겠지만, 그와 동일 문헌에 나타나는 (3나)의 '若干ᄋᆞᆫ 一定티 아니ᄒᆞᆫ 數ㅣ니 몯 니르혈씨라'로 미루어 (3가)에서도 이와 비슷하게 '[부정량]이므로, 이루 헤아릴 수 없는 [다량] 지향'의 의미로 파악하였을 가능성이 제기되며, (3다)의 협주와도 통하는 측면이 있는 것으로 봄 직하다. 이처럼 '약간'에 대한 일부 협주의 의미가 [부정량] 가운데서도 [다량] 지향의 개성을 보이게 된 것은 협주의 성격과 연관지어 생각해 볼 수 있다. 최준호(2018a:413)에서 언급하였듯 협주는 불경의 원전에서 번역한 주석문이 아니며, 언해자가 독자의 이해를 돕기 위해 원전을 전제하지 않고, 부가적으로 설명한 역주의 성격을 띠므로(고영근 1987/2010:39 참고), 당대 사람들이 해당 개념과 관련하여 어떤 인식을 가지고 있었는지 직접 보여 주는 통로가 된다. 이에 (3)의 협주에서 '若干'이 [부정량] 가운데서도 [다량] 지향적 의미로 해석된 것은 '若干'이 '千塔', '百千 眷屬' 등 [다량]의 표현들이 후행하는 맥락으로부터 유추된 것일 가능성이 있다.

기로 이행하는 사이 급격히 줄어들어 <개간 법화경언해> 정도에만 흔
적을 보이다가 근대 한국어 시기인 17세기 말부터 다시 문증된다. 그런
데 재등장하는 '약간'에서부터 기존과는 사뭇 다른 의미 양상[13]이 포착
되어 주목된다.

(2) 이의 발생 과정

근대 한국어 시기, 즉 17~19세기의 문헌에서 발췌한 아래의 용례
(4)를 보자.

> (4) 가. 些罷些兒 약간이란 것 <역어유해1690 하 53b>
> 나. 小些 약간 <동문유해1748 22b>
> 다. 이 물쎄 시른 약간 모시 뵈도 홈의 다 풀려 ᄒᆞᄂᆞᆫ 거시니 (這馬
> 上馳着的些少毛藍布, 一幷都是要賣的.) <중간노걸대언해 상1795
> 8a>
> 다′. 이 물 우희 시론 아니 한 모시뵈도 이믜셔 풀오져 ᄒᆞ야 가노
> 라(這馬上馳着的些少毛施布, 一就待賣去) <번역노걸대 상1517
> 8b>
> 다″. 이 물쎄 실은 져근 모시뵈도 이믜셔 풀고져 ᄒᆞ야 가노라(這
> 馬上馳着的些少毛施布, 一就待賣去.) <노걸대언해 상1670 7b>
> 다‴. 이 물쎄 시른 져기 여러 필 모시뵈도 홈의 다 풀려ᄒᆞ니(這馬
> 上馳着的些微幾疋毛藍布, 一幷都是要賣的.) <노걸대신석언해
> 1763 11a>
> 라. 그 약간 지죠 잇ᄂᆞᆫ 쟈는 그 싀로옴을 염션ᄒᆞ야 창긔ᄒᆞ고 몽연

이 지각 업는 쟈는 그 허탄홈을 즐겨 조츠 몸이 경직의 쳐ㅎ
니도 스스로 와굴을 지으며 집의 시례를 뎐ㅎㄴ니도 쏘한 물
드러 더러옴이 이스며(其薄有才藝者, 艶其新而倡之, 曚無知覺者,
樂其誕而從之, 身處卿宰, 自作窩窟, 家傳詩禮, 亦有染汚) <諭中外
大小民人等斥邪綸音1839 3a>

마. 엿튼 소견의 밋는 바룰 <u>약간</u> 베프러 갈히여 쓰기룰 굿쵸나니
(謹就管見所及, 畧陳其槩, 以備釆擇焉.) <이언언해1884 4:9a>

위의 (4)에서 알 수 있듯 '약간'은 17세기 말부터 대역 어휘집에서
[소량]을 뜻하는 표현 '些罷些兒'의 정의용 어휘로 등장하며, 이후 18
~19세기의 언해나 윤음 등 문헌들에서도 [소량]을 뜻하는 '小些', '些
少', '薄', '畧' 등의 표현들과 대응함을 본다. 특히 <노걸대>의 시기별
이본 및 그 언해 양상을 반영한 (4다~다‴)을 통해 [소량]을 나타내는
백화 원문의 '些少/些微'가 16세기의 '아니 한'으로부터 '져근', '져기'
를 거쳐 18세기 말의 '약간'으로 변화하는 모습을 확인할 수 있다.

이처럼 전대와 달리 17세기 말부터 [소량]의 의미를 보이는 '약간'이
나타나게 된 계기와 관련하여 마원걸(2021)에서는 다음의 (5)에 근거하
여 '양보' 맥락에 의한 '극단값'의 도출을 제시한 바 있다.

(5) 가. 勸農ㅎ읍ㄴ 정ㅅ는 我 朝의 家法이라 列朝로브터써 오므로 首
春애 勸農ㅎ오시는 뎐지룰 ㄴ리오시고 쏘흔 勸農使룰 두엇더
시니 後世예 미처 이 法이 解弛ㅎ고 빅셩이 쏘흔 농ㅅ들 게을
니 ㅎ거늘 方伯된 者ㅣ <u>약간도</u> 권장ㅎ며 틱녀호미 업고 字牧
된 者ㅣ 보기룰 尋常티시 ㅎ야 밧갈 제 씨업서도 주디 아니ㅎ
며 기음 밀 제 냥식이 업서도 블상히 너기디 아니ㅎ야 비록
댱마와 ㄱ믈이 업서도 쏘흔 그 효험이 업스니 이내 써 尋常히
개탄ㅎㄴ 배로라 <1756, 어제훈서언해 1b>

나. 쏘 셔방 가기 어렵다 니르지 마시소 <u>약간</u> 넘불ㅎ야도 다 가리

라 ᄒᆞ시고 극낙세계 간 사ᄅᆞᆷ은 다 부톄 되다 ᄒᆞ시며 <1776,
염불보권문 20b>

위 (5가)처럼 '약간'에 직접 보조사 '-도'가 통합된 예와 (5나)처럼
'약간'이 '-아/어도'가 이끄는 양보 구문의 후행절(또는 선행절)에 포함된
경우에서 모두 [부정량] 가운데의 극단값인 [소량]이 적극 시현되는 것
으로 보았다. 그런데 문제는 (5나)와 같이 '약간'에 보조사 '-도'가 직접
통합하지 않은 경우, (5가)와 달리 [소량]뿐 아니라 ([다량]까지는 아니
지만)[부정량]의 의미도 파악된다는 점에서[14] 이 두 가지 경우를 동일
시하기는 어렵다. 이에 마원걸(2021)의 관련 예시를 전면 재검토하고,
'약간'의 통시적 의미 변화 과정에 대해 좀더 자세히 분석할 필요가
있다. 기술의 편의상 위 (5)의 예들에 새로운 일련번호를 부여하기로
한다.

18세기에 확인되는 (6)을 보자.

(6) 가. 勸農ᄒᆞᆸᄂᆞᆫ 졍ᄉᆞᄂᆞᆫ 我 朝의 家法이라 列朝로브터써 오므로 首
春애 勸農ᄒᆞ오시ᄂᆞᆫ 던지를 ᄂᆞ리오시고 ᄯᅩ흔 勸農使를 두엇더
시니 後世에 미처 이 法이 解弛ᄒᆞ고 빅셩이 ᄯᅩ흔 농ᄉᆞ를 게을
니 ᄒᆞ거ᄂᆞᆯ 方伯된 者ㅣ <u>약간도</u> 권쟝ᄒᆞ며 틱녀호미 업고 字牧
된 者ㅣ 보기를 尋常틱시 ᄒᆞ야 밧갈 제 씨업서도 주디 아니ᄒᆞ
며 기음 밀 제 냥식이 업서도 블상히 너기디 아니ᄒᆞ야 비록
댱마와 ᄀᆞ믈이 업서도 ᄯᅩ흔 그 효험이 업스니 이내 써 尋常히
개탄ᄒᆞᄂᆞᆫ 배로라(勸農之政 我朝家法 自列朝以來 首春下勸農之旨
亦有勸農使 及于後世 此法解弛 民亦懶農 而爲方伯者 略無勸飭 爲
字牧者 視若尋常 耕無種而不給 耘無糧而不恤 雖無水旱亦無其效

---

14   이러한 문제점에 대해서는 이홍구(2021)에서 제기된 바 있으며, 이에 고마움을 전한다.

此予所以尋常慨歎者也) <1756, 어제훈서언해·어제가색편부 1b>

나. 오회라 약간도 긔탄ᄒ미 업슬 때의 엇디 금일의 탄이 이시며 사룸을 만나면 곳 니ᄅ던 날의 엇디 북식의 힝홀 줄을 아라시 라(嗚呼 略無忌憚之時 豈有今日之歎 逢人即說之日 焉知北塞之行) <1762, 어제경세문답언해 22b-23a>

다. 비록 그러나 사룸이 만일 노혼ᄒ면 판연이 두 사룸 ᄀᆞᆺ트니 이 ᄂᆞᆫ 뼈 미리 혜아리기 어려온디라 이 나의 뼈 ᄆᆞ음이 상히 늠 쳑ᄒᄂᆞᆫ 배니 이런고로 뼈 비록 쇠ᄒ나 ᄌᆞ강ᄒ니 칠십이라 니 ᄅᆞ디 말라 그 비록 팔십이나 <u>약간도</u> ᄆᆞ음을 브리오디 아니ᄒ 리라(雖然人若老昏 判如二人 此難以預料 是予所以心常懷惕者 以 此之故 雖衰自強 莫云七十 其雖八十 若不弛心) <1762, 어제경세 문답언해 47a>

(6)은 통사 구조상 명사 '약간'에 보조사 '-도'가 통합한 '약간도' 구 성이 '없-, 아니-' 등의 부정 요소와 호응하여 나타난 경우라 할 수 있 다. 참고로 홍사만(2002:207)에서는 (7)과 같이 보조사 '-도'에 '극단 부 정(否定)'을 표시하는 의미 기능이 있음을 언급한 바 있다.

(7) 가. <u>한 번도</u> 본 일이 없었다.
　　나. <u>한 조각도</u> 남지 않았다.
　　다. 실제로는 <u>하나도</u> 발전된 것이 없다.
　　라. <u>하루도</u> 집에 붙어 있지 않다.

즉 '-도'가 수량·한도 표시어에 붙을 때 수적·양적인 '극단 부정(否 定)'[15]을 위해 위의 (7)처럼 기본수의 최소 단위, 즉 극소 수량 정도가

15　홍사만(2002:209)에서는 이러한 현상이 '극단의 긍정'을 표현하기 위해 최대 단위의 수 량사, 이를테면 십진법의 結數인 '십, 백, 천, 만'이 쓰인 다음의 예들과 비교된다고 하였다.
　　가. <u>천 날 만 날</u> 공부한다. → 가′. <u>늘(항상, 매일)</u> 공부한다.

되는 '하나(한)' 등을 취한다는 것이다. 아울러 극소 수량 정도를 부정과 연결시킬 때 형성되는 '극단 부정'은 아래의 (8)과 같이 '-도'의 피접어 인 수량·정도사들이 '-도'와 융합되어 '부정적 정도 부사'가 되는 인상 을 짙게 한다고 하였다.

> (8) 가. <u>하나도</u> 없다.
> 　　가´. <u>전혀</u> 없다.
> 　　나. <u>한 모금도</u> 못 마신다.
> 　　나´. <u>조금도</u> 못 마신다.
> 　　다. <u>한 개도</u> 모르겠다.
> 　　다´. <u>도통</u> 모르겠다.

더욱이 해당 논의에서는 보조사 '-도'가 다음의 (9)와 같이 '부정어 사(不定語辭)'(엄밀히는 미지칭의 지시사도 포함)와 통합하여 '극단 부정'을 나타 낼 수 있음을 함께 지적하였다.

> (9) 가. <u>아무 데도</u> 없었다.
> 　　나. <u>아무도</u> 모르는 일이다.

이때 (9)의 부정어사 '아무'와 '-도'의 통합이 극단 부정을 표할 수 있는 것은 '부정칭'이 수량 정도의 최소로부터 최대량까지를 포함하고 있기 때문인 것으로 해석하였다. 요컨대 (6)의 '약간'은 일견 [부정량(不 定量)]을 나타내던 데로부터 '극단 부정'의 보조사 '-도'와 통합함으로써 자연스레 '극소 수량 정도', 즉 [소량]이나 [최솟값]의 의미를 취하게

　나. 백 번 잘한 일이다. → 나´. 온전히 잘한 일이다.
　다. 능력을 십분 발휘하라. → 다´. 능력을 한껏(충분히) 발휘하라.

된 것으로 파악할 수 있을 듯하다. 예컨대 (6가)는 '(백성들이 농사를 게을리 하거늘) 관찰사는 조금도 농사를 권장하거나 칙려함이 없다' 정도로 풀이되고, (6나)는 '조금도 기탄함이 없을 때에 어찌 금일의 탄이 있으며' 정도로 풀이될 수 있으며, (6다)는 '비록 팔십세의 고령이나 조금도 마음을 부려 놓지(늦추지) 않을 것이다' 정도로 풀이하는 것이 자연스럽다.

물론 이처럼 보조사 '-도'에 직접 '극단 부정'이라는 기능을 부여한다면, 동인을 해석함에 있어 더없이 편리하겠지만, 위에 제시된 '아무' 등의 '부정어사(不定語辭)'가 통시적으로는 부정(否定) 표현과 공기하지 않는 현상도 있음을 감안하면 이를 그대로 적용하기 어렵다. 예컨대 이홍구(2021:64)에서 언급한 바와 같이 현대 한국어에서 항상 부정극어로 쓰이는 '아무 (NP)도'의 경우, 후기 중세에 '아모 딕도 마ᄅ 딕 업서'<월인석보 서, 8>에 상대하여 '아모 딕도 됴ᄒ니라'<월인석보 20:74a>와 같은 반례를 보인다는 점(하귀녀 2005:212, 이상훈 2019:191)이 꾸준히 지적되어 왔으며, 특히 이러한 반례가 적어도 15세기를 기준으로, 거의 반수를 차지한다는 점을 간과하기 어렵다.

이에 이 글은 (6)과 같은 구문들에서 '약간'의 '[부정량]>[소량]'의 의미 변화가 적극적으로 일어났을 가능성을 상정하되, 이에 대해 '양보' 맥락의 차원에서 좀더 구체적인 해석을 시도해 보고자 한다. 본격적인 전개를 위해 이홍구(2021:38)에서 언급한 '양보문'의 형성 기제 및 '-도' 관련 양보의 갈래를 짚어 보기로 한다.

이홍구(2021:38)에 따르면 한국어에서 '양보' 구문이 실현되는 의미론적 기제로 선·후행 사태에서 파악되는 '기대 부정'과 '비관여성'을 들 수 있다. 다음의 예문을 보자.

(10) 가. 원숭이도 나무에서 떨어진다.

　　　가′. 원숭이도 동물이다.

　　　나. 아무도 모른다.

　위의 예문에서 (10가), (10나)는 '양보'를 이루지만, 이들과 형태적으로 유사한 (10가′)은 '양보'를 이루지 않는다. 그 이유는 (10가)에서 '원숭이'는 '나무에서 떨어질 가능성이 가장 적은 대상'일 것이 기대되는 데 반해 첨가 초점사 '-도'에 후행하는 사태에서 이러한 기대를 부정하고 있기 때문이다. 그중 '원숭이'가 '나무에서 떨어질 가능성이 가장 적은 대상'이라는 기대는 이 대상이 척도상의 '극단값'임을 의미하며, 해당 '극단값'을 부정함으로써 '다른 동물은 더 말할 것도 없이 당연히 나무에서 떨어진다'는 총망라성을 획득하는 것이다. 이를 '첨가 초점사 [-(아/어)도] 양보'라 한다. 이와 대조적으로 (10가′)의 경우, (10가′)처럼 명사 '원숭이'에 보조사 '-도'가 통합하였어도 '양보'에 관여한다고 할 수는 없다. 대상인 '원숭이'가 후행 사태 '동물이다'라는 기대에 부응하는 연고로, 이때의 '-도'는 단순 첨가, 즉 [역동]의 의미를 지닌다. 아울러 (10나)는 첨가 초점사 '-도'에 선행하는 미명세 부분, 즉 '아무'의 자리에 어떤 대상이 와도 후행절은 그와 '관계없이' 항상 성립됨, 즉 '비관여성'을 나타내는 경우이다. 예컨대 '아무' 자리에 '아인슈타인/피타고라스/뉴톤' 등 다양한 선택항들을 계열적으로 대입해 넣어도 후행 사태가 성립된다는 사실에는 변함이 없다. 이를 '자유 선택사 양보'라 지칭하며, 현대 한국어의 '자유 선택사 양보'는 주로 '아무, 누구' 등과 같은 '비한정 대명사'와 '첨가 초점사'의 결합으로 이루어진다. 이는 현대뿐 아니라 후기 중세에도 확인되는 현상이다. 예컨대 후기 중세 용례

'아모 틱도 됴ᄒ니라', '아모도 가지디 몯ᄒ얫더니' 등의 '아무 (NP)도' 역시 '자유 선택사 양보'를 이룬다.

이에 비추어 '약간'의 경우를 살펴보기로 한다. 우리는 앞서 '약간'이 본디 [부정량]을 가리키는 어휘임을 확인하였다. [부정량]은 양의 다소를 두루 포괄하는바 지시하는 양의 다소가 '비한정'적인 것으로 이해할 수 있다. 즉 '약간'이 비록 통사 범주상 대명사는 아니지만, 비한정 대명사와 유사한 의미 속성을 지녔다는 점에서 첨가 초점사 '-(아/어)도'와 통합하여 '자유 선택사 양보'를 이룰 것이 기대된다. 이러한 가정의 타당성 여부를 확인하기 위해 문헌상 '약간'과 첨가 초점사 '-(아/어)도'가 통합 양상을 살펴본 결과, 크게 아래 (11)과 같은 두 가지 유형을 확인할 수 있었다.

> (11) 가. 빅셩이 또ᄒ 농ᄉ들 게을니 ᄒ거ᄂᆞᆯ 方伯된 者ㅣ <u>약간도</u> 권쟝
> ᄒ며 틱녀호미 업고(民亦懶農 而爲方伯者 略無勸飭) <1756, 어
> 제훈서언해·어제가색편부 1b>
> 나. 쏘 셔방 가기 어렵다 니르지 마시소 <u>약간</u> 념불ᄒ야도 <u>다 가</u>
> <u>리라</u> ᄒ시고 극낙세계 간 사름은 다 부톄 되다 ᄒ시며
> <1776, 염불보권문 20b>¹⁶

그중 (11가)는 '약간'에 첨가 초점사 '-도'가 직접 통합한 것으로, 앞서 (6)에서 본 바와 같이 이 경우에는 부정 요소와 호응하는 사례만이 확인되었다. (11나)는 '약간'이 '념불ᄒ-'라는 행위를 수식하고, 거기에 첨가 초점사 '-(아/어)도'가 통합한 경우이다. 이때 (11나)의 '약간…(아/어)도'는 '자유 선택사 양보'를 이루지만, (11가)의 '약간도'는 '자유

---

16 해당 예문은 한문 원문이 없는 문장이다.

선택사 양보'라 하기 어렵다. 아래 구체적인 이유를 피력한다.

이홍구(2021)에서 언급하였듯 '자유 선택사 양보'는 '비관여성'을 기반으로 하는바 선행 사태와는 '관계없이' 후행 사태가 언제나 성립됨을 의미한다. 여기서 우리는 '자유 선택사 양보'에 필요한 한 가지 전제를 추려낼 수 있다. 즉 항상성을 유지해야 할 후행 사건(대상, b)의 '성립'에 선행절의 대표적인 사태(대상, a)가 예외로 될 수 없다는 점이다. 이는 '후행 사태가 성립될 수 없는' 모든 예외를 '불허'한다는 뜻이기도 하며, 자유 선택사 양보에는 최소 a, b 두 개의 사태(대상)이 있어야 함을 의미한다. 예컨대 (11나)의 경우, 선행 사태(a) '약간 염불하-'에서 '염불하-'라는 행위는 '(서방세계에 쉽게) 다 가리라'라는 후행 사태(b)를 실현할 수 있는 방편 중의 하나(대표)이므로, '후행 사태의 실현에 영향을 주거나 예외가 되지 않는다는' 근본적인 전제는 언제나 보장된다. 근본적인 전제가 보장되어 있는 한, '약간'으로 지시되는 '염불하-'의 정도성은 문제가 되지 않으며, 전후 맥락에 의해 적절한 범위를 갖게 된다. 즉 (11나)의 '약간'은 [부정량]의 특성상 '많이/적절히/조금' 등을 다 취할 수 있겠지만, 앞의 맥락인 '서방가기 어렵다 말하지 말라'에 의해 '많이' 대신 '적절히/조금' 등이 선택되는 것으로 이해할 수 있다. 이는 해당 문장을 '념불 약간 ㅎ야도 다 가리라'라고 고쳤을 경우에도 마찬가지이다.

'자유 선택사 양보'를 보는 이러한 논리로, (11가)의 '약간도 권쟝ㅎ며 틱녀호미 업-'을 분석해 보자. 여기서 해당 문장의 '사태'는 '권장하며 칙려함이 없-'이다. 즉 (11가)는 (11나)처럼 항상성을 전제하거나 비관여성의 귀착점이 되는 사태(b)와 그것의 대표격을 갖는 사태(a)가 두루 갖추어진 것이 아니다. 해당 문장 속 단일 '사태'인 '권장하며 칙려함이 없-'은 기대 부정에 관여하는 것으로, 이때 구체적으로 부정되는 기대나 대상은 첨가 초점사 '-도'에 선행하는 '약간'의 척도적 극단값, 즉 최솟값인 [소량]이라 할 수 있다. 즉 '약간'의 최솟값인 [소량]을 부정함으로써 '농사를 적극/강력 권장하거나 칙려함' 등의 그 이상은 기대조차 하기 어렵다는 총망라성을 획득하는 셈이다.

요컨대 이 책은 (6) 또는 (11가)와 같이 '척도적 극단값'이 시현되는[17] 첨가 초점사['-도'] 양보의 맥락에서 '약간'의 '[부정량]>[소량]'적 의미 변화가 적극적으로 일어났을 가능성을 상정하는 바이며, (11나) 또는 (11나')과 같이 자유 선택사 양보가 허용되어 [소량 지향적 부정량]의 의미가 파악되는 맥락에 의해 상기의 의미 변화가 촉진되었을 가능성을 상정하는 바이다.

위의 분석을 토대로, 19세기 중후반의 다음 용례 (12)를 보자.

> (12) 가. 민석어의 <u>약간 두샹 잇ᄉ오나 못 먹게 되지 아니ᄒ와</u> 병구의
>   죠곰 개위가 되오며 어란도 셩히 와셔 쇄히 입맛시 붓치오니
>   다힝이옵 <1841, 추사-25 김정희(남편)→예안이씨(아내)>

---

17 참고로 하귀녀(2005:210)에서는 다음과 같이 명사구나 격조사 뒤에 통합되는 '-도'가 '양보'의 의미를 나타낼 수 있는데 이때는 주로 '기대 척도의 최미치'와 연결되어 나타나는 것이 일반적이라 한 바 있다. 예컨대 아래에서 밑줄 그은 '흔 뉘웃븐 ᄠᅳ도', '흔 衆生도', '흔 病도'와 같이 '극단적인 명사'가 보조사 '-도'와 통합될 경우, 이때의 '-도'를 '양보'의 의미로 파악할 수 있다고 하였다. 다만 '극단적인 명사'라는 것은 지극히 가변적이므로, 이 글은 이와 다소 구별되는 상기의 입장을 취하는 바이다.

> 가. 王이 두 누늘 손소 쎄혀 주시고 ᄆᆞᅀᆞ미 믈가 <u>흔 뉘웃븐 ᄠᅳ도</u> 업더시니(時王自取
>   兩眼持施盲者, 其心淸然無一悔意.) <1459, 월인석보 11:10a>
> 나. 내 一切 衆生을 滅度ᄒ호ᄃᆡ <u>흔 衆生도</u> 滅度 得ᄒ니 업다 ᄒᆞ샤 이런 ᄠᅳ들 니ᄅᆞ시고
>   <1459, 월인석보 8:104a>
> 다. 世尊大光明이 十方올 ᄉᆞᄆᆺ 비취샤 一切 衆生이 <u>흔 病도</u> 다 업스니 如來ㅅ 慈悲
>   方便神力이 不可思議시니 <1459, 월인석보 10:28>

나. 쌕쌕흔 고집은 약간 겨시나 츈츄 더흐시면 그도 나으시오리
   이다 <1851, 순원왕후어필-1-10순원왕후(재종누나)→김흥근(재
   종동생)>
다. 고셔을 박남치 못흐여스나 약간 스긔을 본즉 어진 명신은 벼
   슬을 브리고 ᄌ최을 감초아 탁난흔 셰계을 참녜치 안는다 흐
   는 난듸을 당흐여는 격분강기흐더니 오늘늘 목젼의 당훌 줄
   알기습느잇가 <1894~1895, 순명효황후-10 순명효황후→김상
   덕>

(12)의 '약간'은 대조의 연결어미 '-(으)나'가 이끄는 구문에 나타났
다는 공통점이 있다. 대조 표현의 '-(으)나'가 사실적 양보(화용론적 대조)
에 관여할 수 있다는 점과(이홍구 2021:101 참고), 이때의 '약간'이 선·후행
사태 중 선행 사태에 놓임을 고려하면 '자유 선택사 양보'를 보는 논리
로 접근할 수 있다. 여기에 전후 맥락에 의한 '정도 범위'의 선택 과정
까지 함께 적용하면 (12)의 예들에서도 [소량 지향의 부정량]적 의미가
파악됨을 알 수 있다.

3) 소결

상기의 분석을 토대로, 한국어 체계 속 '약간'의 [부정량]>[소량]의
의미 변화 과정을 상정해 보면 다음과 같다. 먼저 '약간'이 17세기 말
18세기 초부터 등장하는 '자유 선택사 양보' 구문, 화용론적 양보를 일
으키는 대조 표현 '-으나'가 포함된 구문에서 [소량 지향의 부정량]적
의미를 나타내는 전 단계를 거쳐, 18세기부터는 첨가 초점사 '-도'와
직접 통합하는 '첨가 초점사' 양보 구문에 활발히 쓰이면서 [소량]적
의미가 강화되었을 것으로 보인다.

4. '如干'

1) 현대 한국어 '如干'의 의미적 특징

'如干'은 고대 중국어 및 한국어사 자료에서 두루 문증되는 어형이다. 그런데 현대 한국어 및 중국어 사전의 관련 해석[18]을 비교해 보면, 사뭇 다른 의미 발달 양상을 확인하게 된다. 먼저 <표준국어대사전>에 등재된 '여간'의 뜻풀이를 옮기면 (1)과 같다.

> (1) 가. 여간(如干) 「부사」
>   (주로 부정의 의미를 나타내는 말과 함께 쓰여) 그 상태가 보통으로 보아 넘길 만한 것임을 나타내는 말.
>   ¶ 여자 혼자서 아이를 키운다는 게 여간 어려운 일이 아니다.
>   ¶ 뜰에 핀 꽃이 여간 탐스럽지 않았다.
>   나. 관용구 여간(이) 아니다
>   ¶ 인실이 너 말재간이 여간 아니구나. 언제 그렇게 어른이 됐니? 박경리 <토지>
>   ¶ 새로 들어 봐도 장호삼의 소리 솜씨는 여간이 아니었다. 송기숙 <녹두 장군>

(1가)에서 보듯 현대어 사전에서는 '여간' 자체의 의미를 '보통' 정도로 파악하고, '아니다' 또는 '않다' 등의 부정소와 호응하여 어떤 상태가 '보통이 아님', 즉 [상당함]을 나타내는 부사로 기술된다. 일례로 (1가)의 예문 중 '꽃이 여간 탐스럽지 않았다'라는 문장은 흔히 '꽃이 탐스러운 정도가 보통이 아니라는' 뜻으로, '꽃이 상당히 탐스럽다'와 같

---

18 예문은 일부만 제시하였고, 밑줄은 필자가 추가한 것이다.

이 환언된다고 하겠다. 아울러 (1나)처럼 사전에 '여간(이) 아니다'라는 표현이 하나의 관용구로 등재되어 있음은 부정 표현과 긴밀히 호응하는 현대어 '여간'의 통사적 특징[19]을 극명하게 보여 준다.

그런데 '여간'이 부정소와 호응하여 [상당함]을 나타낸다는 이 사실은 현대 한국어 논의에서 여타 일반적인 부정문의 양상에 상대하여 흔히 특이점을 갖는 것으로 간주된다. 이와 관련해서는 김건희(2017)의 논의가 참고된다. 다음의 (2)를 보자.

> (2) 가. 철수가 <u>전혀</u> 영리하<u>지 않</u>다. [부정]
> 　　가′. 철수가 영리하<u>지 않</u>다. [부정]
> 　　나. 철수가 <u>여간</u> 영리하<u>지 않</u>다.(=철수가 매우 영리하다.) [긍정]
> 　　나′. 철수가 영리하<u>지 않</u>다. [부정]

김건희(2017:7~9, 16)에서는 (2)를 예시로 크게 두 가지 특이점을 지적하였다. 첫째, (2가)에서와 같이 부정소의 일반적인 작용역은 술어이며, 술어가 부정되면 흔히 전체 문장의 의미가 [부정]이 된다. 그러나 '여간'이 나타난 (2나)에서 보듯 부정소 '않다'의 작용역은 술어인 '영리하다'에 미치지 못하고, 오직 '여간'에만 미치므로, 전반 의미는 [긍정]이 된다. 둘째, (2가′)와 (2나′)의 비교를 통해 알 수 있듯 부정극어인 '전혀'는 부정의 정도를 강화하므로, 생략되어도 [부정]이라는 기존의 진리치에 영향을 주지 않지만, '여간'이 생략될 경우에는 진리치가 [긍정]에서 [부정]으로 바뀐다. 즉 '부정'의 극대화된 정도를 나타내는 부정극

19　후술하겠지만 1928년에 발행된 김동성의 <최신선영사전>(1928:419)에는 '여간안히 ad. Extremely; exceedingly; greatly.'와 같이 '여간'과 '아니'의 통합형으로 볼 수 있는 '여간안히'가 하나의 부사로 등재되어 있어 흥미롭다.

어들과는 달리, '여간'은 '긍정'의 극대화된 정도를 나타낸다고 하였다.
즉 척도상의 함축 관점에서 보면, '보통, 중간'의 의미를 가지는 '여간'
은 '조금-보통-매우'의 척도 관계에서 '보통'이 부정되어 '매우'라는 상
위 척도를 긍정하는 '상향식 추론'을 보인다는 분석이다.

　　이렇듯 현대 한국어 부사 '여간'이 지니는 의미적 특이점에 주목하여
이 글에서는 그 통시적인 변화 과정을 자세히 고찰해 보고자 한다. 그
에 앞서 참고로 중국어 사전에서는 동형어 '如干'이 어떠한 의미로 기
술되는지 알아 보기로 한다. 아래의 (3)을 보자.

> (3) 가. 如干
>
> 　　若干. 表示不定數.
> 　　¶ "是用綴緝遺文, 永貽世範, 爲如干秩, 如干卷." 南朝 梁 任昉 <王文
> 　　　憲集·序>
> 　　¶ "如干, 猶言若干也." 胡三省 注
> 　　¶ "張母大喜, 多方乞貸, 共得如干數." 淸 蒲松齡 <聊齋志异·靑梅>
> 　　나. 如干 ∅

　　(3가)는 표제어의 통시적인 의미와 용례를 반영한 <한어대사전>의
해석이고, (3나)는 현대의 공시적인 의미만을 다룬 <현대한어사전>(제7
판)의 등재 양상을 옮긴 것이다. (3가)에서 보듯 현대 이전 한문(또는 중
국어)의 '如干'은 동원어[20]인 '若干'과 같이 [부정량(不定量)]으로 기술된

───────────

20　'동원어'의 정의와 관련해서는 왕력(1982)이 참고된다. 왕력(1982:3~45)의 '동원자론(同
　　源字論)'에 따르면, '동원자(또는 '동원사')'란 음과 뜻이 모두 비슷하거나(音義皆近), 음이
　　비슷하고 뜻이 같거나(音近義同), 뜻이 비슷하고 음이 같은(義近音同) 동일 기원의 한자
　　(또는 단음절어)들을 말한다. 즉 이들은 본디 하나의 글자이자 단음절어였지만 독음 또는
　　자형의 통시적인 분화, 방언의 차이, 신어 및 분별자(分別字)의 출현 등으로 인해 미세한
　　의미적 차이를 갖게 된 경우로, 음운·의미·훈고 자료 등에 의해 그들의 동원성을 판단할

다. 한편, (3나)에서 보듯 <현대한어사전>에 '如干'이 표제어로 등재되어 있지 않다는 점으로부터 현대 중국어에서는 잘 쓰이지 않는 어휘로 되었음을[21] 알 수 있다.

이로써 한국어 어휘 체계 속의 한자어 '여간'은 현대에도 쓰이면서 '보통' 정도의 의미를 갖는 부사로 기술되는 반면, 중국어의 '如干'은 '부정량'을 나타내는 의고적인 표현으로 간주됨을 확인했다. 이러한 사실과 전술한 특이점에 비추어 아래에는 한국어사 자료에서 문증되는 한자어 '여간'의 다양한 용법들을 살펴보고, 그에 따른 통시적 의미 변화 과정을 살펴 볼 것이다. 아울러 한글 자료의 '여간'은 19세기부터 문증되지만, 한국 한문 자료의 '如干'은 15세기부터 이미 지속적으로 문증된다. 요컨대 먼저 한국의 한문 자료에서 문증되는 '如干'의 의미를 집중적으로 살핌으로써 한글 자료 속 '여간'의 의미를 입체적으로 파악하기 위한 조건을 마련하고자 한다.

다음의 (4)는 15세기부터 19세기까지 한국의 여러 한문 문헌에서 문증되는 '如干' 중 보편적인 용법을 모은 것이다.[22]

> (4) 가. 今王師古樗公 其上首也 裒集平日函丈所聞 成如干卷 題曰大古語錄
> 俾予序 予於大古之學 所不敢知也[지금 왕사(王師) 고저공(古樗

수 있다. 이에 왕력(1982:23~24, 57)에서는 '如'와 '若'이 '而', '然', '爾' 등과 함께 일모(日母)에 속하며, 이들 각각의 상고음은 如[njia]와 若[njiak]으로 '어탁대전(魚鐸對轉)'을 이룬다는 점, <광아석언(廣雅釋言)>의 '如, 若也' 외 다수의 용례에 근거하여 '如'와 '若'이 [동등]을 비롯하여 [가정], [형용 접미사] 등의 여러 의미를 공유하는 것은 동일 기원형의 소산으로, '若干'과 '如干'이 동원어임을 논증한 바 있다.

21 '如干'의 정의용 어휘인 '若干'은 <현대한어사전>에 등재되어 있다.
22 현대어역은 주로 고전종합 데이터베이스를 참조하였으며, 일부는 필자가 문맥을 고려하여 수정하였음을 밝힌다.

公)은 그 상좌로서 평소 강석에서 들은 바를 주워 모아, 몇 권
의 책을 만들어 이름을 <대고어록(大古語錄)>이라 하고, 나로
하여금 서문을 짓게 했는데, 나는 대고의 학에 대하여 감히
안다 할 수 없다.] <東文選卷之八十八·大古語錄序>

나. 親擎寶典如干卷 重正彛倫二百年(몇 권의 보전 친히 받들고서 돌
아오매 이백 년이 지난 뒤에 이륜 바로 잡히었네) 金尚憲
(1570-1652), <淸陰集>

나´. 惟我先祖亨齋 文景公巍勳碩德 炳烺國乘 文章亦多編於東文選 箕雅
而遺集如干卷行于世 佔畢齋弁序發揮之 猗歟偉哉 可謂不朽盛事
[우리 선조 형재(亨齋) 문경공(文景公)의 크신 공로와 덕은 역
사서에 밝게 빛나고 있다. 문장도 <동문선(東文選)>과 <기아
(箕雅)>에 많이 실려 전하고 유집(遺集)도 얼마간 세상에 전해
지고 있다. 점필재 선생이 쓰신 서문에 그 점이 밝혀져 있다.
아아! 아름답고 훌륭하도다! 불후의 성대한 일이라 할 만하도
다.] <亨齋詩集跋>(1618)

다. 礪精玩易時能悟 會意哦詩日不虛 自飽如干淸勝味 松巖精舍獨閑居
(정신 차려 <주역> 살피니 때때로 깨닫게 되고, 뜻에 맞아
<시경> 읊으니 하루가 헛되지 않네 얼마간의 맑고 흐뭇한 맛
에 스스로 배불러 송암정사에서 홀로 한가롭게 사노라 <松巖
集·效康節首尾吟二絶>(1758)

라. 我國黑山島民 漂流南海 轉到于此 留館中者四人 是夜招問其顚末
則曰 辛酉冬 爲買魚 船載如干穀物 自小黑山往大黑山 翌年正月 回
船至中洋被颶風漂盪[우리나라 흑산도(黑山島) 백성으로서 남해
에 표류하여 이리저리 헤매다가 이곳에 도착하여 관사에 머
물고 있는 사람 넷이 있었다. 이날 밤 그들을 불러다가 그 전
말을 물었더니, 대답하기를, "신유년 겨울에 물고기를 사기
위해 곡물(穀物) 얼마간을 배에 싣고 소흑산도에서 대흑산도
로 갔다가 이듬해 정월 돌아오는 길에 바다 가운데서 태풍을
만나 표류하게 되었습니다.] <薊山紀程卷之三·漂流舟子歌>(1804)

위의 (4)에 나타난 '如干'은 대체로 [부정량]의 의미를 보인다. 예컨

대 (4라)의 '辛酉冬 爲買魚 船載如干穀物'은 '신유년 겨울에 물고기를
사기 위해 곡물(穀物) 얼마간을 배에 싣고' 정도로 해석되며, 이때의 '如
干'에서는 양의 다소가 명확히 드러나지 않는다. 이는 중국 고전 한문
의 용법과 동일하다. 그런데 동시대 및 20세기 한국 한문 자료에는 '如
干'이 [부정량] 대신 [다량]이나 [소량]에 유표적으로 편중되는 예들이
산발적으로 확인된다.

다음의 (5)를 보자.

(5) 安自裕季弘丈 坐金弘度黨見罷 <u>如干年方收敍</u> 故余之入銓曹在前 而公繼來
    同爲佐郎[안자유 계홍(安自裕季弘 계홍은 자) 어른은 김홍도(金弘度)
    의 당에 연좌되어 파직당하였다가 <u>몇 해 지나서야</u> 다시 임용되었
    다. 그러므로 내가 먼저 이조에 들어가고 공이 잇달아 들어와서 같
    이 좌랑이 되었다.] <月汀漫筆>(1597)

(5)에서는 '如干'과 '年'으로 이루어진 명사구 뒤에 '비로소'를 의미
하는 부사 '方'이 공기함을 본다. 이때의 '如干(年)'은 부사 '方'의 영향
아래 사실상 [다량]에 가깝다. 아울러 다음 (6), (7)의 예시들은 이와 사
뭇 다른 양상을 보인다.

(6) 가. 先世所遺家在城東門外 兵火所餘 <u>只如干間</u>(선대가 물려준 가옥이
        성 동문 밖에 있는데 전쟁 후에 <u>다만 몇</u> 칸만이 남았습니다.)
        <月汀先生集卷之七·祭文>(1647)
    나. 保布災減者令戶曹 充給其代 而<u>只以如干</u>塞責輸送[보포(保布)를 재
        변 때문에 감해 주는 경우 호조·병조로 하여금 그 대용(代用)
        을 채워 주게 하였는데, 다만 책임만 면하고자 하여 <u>약간을</u>
        실어 보내고 있습니다.] <숙종41 1715 12.4>
    다. 公不喜著述 間有吟詠 輒棄不收 <u>只有如干</u>卷藏于家(공은 저술을

좋아하지 않았고, 간간이 시를 지었으나 그때마다 버려서 거두지 않았으므로 단지 몇 권의 책이 집에 간직되어 있을 뿐이다.) <大山集卷五十·行狀>(1802)

(7) 가. 吏隷宜以州府郡縣 隨品各定額數 六房知印 僅可交遞 並以世代鄕吏選補 不許無故移易房仕 酌給如干稍廩可矣[이례는 마땅히 주·부·군·현에서 품(品)에 따라 각기 액수를 정하고 육방(六房)의 지인(知印 통인(通引), 즉 관아의 관장(官長)에 딸린 심부름꾼)인 경우에는 근근이 교체하게 하지만, 대대로 향리(鄕吏)인 사람으로 선보(選補)하고 함부로 방임(房任)을 바꾸지 못하게 하며, 약간 넉넉한 능봉을 정하여 지급하는 것이 옳다.] <迂書卷七·論吏員役滿陞擬之制>(1737)

나. 臣不自量 謹就綱目漢唐二帝之紀 抄會要語 而於文帝則足之以大學衍義之文 於太宗則追補以如干見漏之語[신이 자신의 능력을 헤아리지 못하고 삼가 <강목(綱目)>의 한문제와 당태종 두 임금의 본기(本紀)에 의거하여 요점이 되는 말들을 초록하여 모았는데 한문제의 일에 대해서는 <대학연의(大學衍義)>의 글을 붙였고, 당태종의 일에 대해서는 약간 누락된 말을 추가로 보충하였습니다.] <인조26 1648 7.27>

위에서 보듯 (6), (7)의 '如干'은 [소량]을 의미하는 어휘 '只', '只有', '稍', '見漏' 등과도 공기하여 [소량]에 가까운 모습을 보인다. 또한 '如干'의 [소량]적 의미는 다음의 (8)과 같이 [소량]을 뜻하는 서술어의 지배를 받으면서 적극 시현되기도 한다.

(8) 가. 且今封進之物 不過如干種耳 有何所損於聖德 有何貽弊於民間 而却其已封之膳 又令該曹區處[또 이제 봉진한 물건은 몇몇 가지에 지나지 않습니다. 성덕(聖德)에 무슨 손상이 있겠으며 민간에 무슨 폐단을 끼친다고 이미 봉진한 삭선을 물리치고 또 해조

를 시켜 구처하게 하십니까?] <인조15 1637 10.1>

나. 且觀前道伯沈頤之之供 則所謂禮錢推給 皆有來歷 而渠處徵出者 <u>不
過如干數</u> 其外皆徵於衙客輩 而新伯下去 又徵未捧之餘數云(또 전
도신 심이지의 공초를 보면, 이른바 예전을 준 것은 모두 내
력이 있는데 그에게서 받아낸 것은 <u>약간에</u> 불과하고 그 나머
지는 모두 아객들에게서 받아냈으며 새 도백이 내려가 또 아
직 받아내지 못한 나머지를 받아냈다고 하였다.) <정조15 1791
10.14>

예컨대 (8가)에서는 [如干+NP]로 구성된 명사구가 [소량]의 서술어
'不過'의 지배를 받으면서 '如干'의 [소량]적 의미가 명시된다.

한편, 현대 이전의 한국 한문 자료에는 '如干'이 양보 구문에 쓰인
경우도 적잖이 확인된다. 양보 구문에 쓰인 만큼, 앞서 '양보 구문' 내
'약간'의 극단값 여부를 판단하던 기준을 적용해 봄직 하지만, 한문과
한국어의 언어적 차이, 이를테면 한문에서는 한국어처럼 보조사를 비
롯한 문법 형태와의 통합 양상을 확인할 수 없는 등의 한계가 있다.[23]
따라서 여기서는 그러한 판단 기준을 잠시 유보하고, [다량지향적 부정
량]이나 [소량지향적 부정량] 대신 [다량]과 [소량]에 가까운 것으로 구
분하고자 한다.

다음의 (9)를 보자.

(9) 가. ①自然取優捨劣 雖有如干妨碍之說 當付于春雪之銷 誰能泯此大氣
之漸明 幷光乎太陽之昇 ②何必以如干事物未暇究明爲不樂 又何必
以多所究明快樂哉 <氣測體義·明南樓隨錄>(1836)

나. 田政 <u>雖有如干之弊</u> 不甚大段矣(전정(田政)은 비록 웬만한 폐단

---

23   이 기준은 한글 자료 속 양보 구문에 쓰인 '여간'을 고찰할 때 적용할 것이다.

이 있으나 대단한 데에는 이르지 않았습니다.) <고종4 1867
3.25>

다. 上曰 庚申年例何如乎 裕元曰 庚申年則國計有餘 雖有如干蕩減 少
無艱絀 而近則國計罔涯(상이 이르기를, "경신년의 예는 어떤
가?" 하자, 이유원이 아뢰기를, "경신년에는 국가의 재정이
넉넉했기 때문에 어지간히 탕감해도 전혀 어려움이 없었습니
다만, 근래에는 국가의 재정이 막막한 실정입니다.) <고종12
1875 3.2>

라. 秋還停退耗條及排巡不足 合爲五千六百五十一石零 而自本營雖卽
如干措劃 荐饑之餘 事勢罔措(가을철 환자곡을 늦춤으로 해서
발생하는 모조(耗條)와 배순부족(排巡不足)을 합하면 5651석
정도인데, 본영으로부터 어느 정도 조획하더라도 거듭 흉년
이 들고 보니, 사세상 어쩔 수가 없습니다.) <고종15 1878
11.20>

마. 縱有如干毆打之擧, 及其放送也, 能步歸家, 豈有重傷之理乎?(비록
약간 구타한 일은 있지만, 석방하여 되돌려 보낼 적에는 걸어
서 집에 돌아갈 수 있었으니 어찌 중상을 입었을 리가 있겠
습니까.) <고종20 1883 10.29>

예컨대 (9가)에서 ①부분만을 보면, 이때의 '如干'은 문맥상 [다량]이
나 [소량]으로 두루 해석될 여지가 있다. 이를테면 '비록 [다량]의 방해
가 되는 설들이 있기는 하지만, 녹아내리기 마련인 봄눈으로 간주함이
마땅하다' 정도로 볼 수도 있고, [다량]을 [소량]으로 바꾸어 '방해가
되는 [소량]의 설들에 대해서는 괘념치 않아도 된다' 정도로 파악해도
무방할 것이다. 다만 ①과 논리적으로 이어지는 문장 ② 속에도 '如干'
이 있음이 주목되며, ②에서 '如干'을 포함하고 있는 선행절 '何必以如
干事物未暇究明爲不樂'과 후행절 '又何必以多所究明快樂哉'는 대조를
이룬다는 사실에 주목할 필요가 있다. 요컨대 '많은 것[多, 다량]이 구명

되었다고 하여 기뻐할 필요가 없다'는 후행절의 내용에 상대하여, 선행절의 '如干'은 '[소량]의 구명해내지 못한 사실들로 시름에 잠겨 있을 필요가 없음', 즉 [소량]을 나타낸다고 하겠다. 이에 (9가)의 ①에 보이는 '如干' 또한 [소량]으로 해석하는 것이 더 자연스러움을 알 수 있다. 이와 달리 (9나~마)에서 양보 구문에 쓰인 '如干'은 대체로 [다량]에 편중된 해석되는 양상을 보인다. 예컨대 (9나)의 경우, '비록 [다량]의 폐단이 있으나 대단한 데는 이르지 않는다' 정도로 파악할 수 있다. (9다) 역시 '(경신년에는 재정이 넉넉하여) 비록 [다량]으로 탕감해도 어려움이 없었지만, 근래에는 재정 상태가 막막하다' 정도의 의미를 내포한다.

아울러 다음의 (10)은[24] '如干'에 '非'와 같은 부정 표현이 통합한 사례로, 19세기 중반부터 문증된다.

(10) 가. 蓋以此事事鉅 <u>非如干私力所能成就</u>(이 일은 사안이 중차대하므로, <u>여간 힘으로 이룰 수 있는 바가 아니다</u>) <1844 與黃皐集 卷之四·宗人 無赫 書>

　　나. 以外邑言之 明火放砲之賊 聚徒成群 殺人掠財 場市多至空廢 民情 大致繹騷 <u>此非如干穿窬之可比矣</u>(지방 고을로 말하면 총을 쏘는 명화적(明火賊)들이 모여들어 떼를 지어 다니며 사람을 죽이고 재화를 빼앗아 저자가 비어있게 되는 때가 많고 백성들의 마음은 대단히 불안합니다. 이것은 <u>그저 구멍을 뚫거나 담을 넘나드는 좀도적에 비길 바가 아니니</u>,) <고종15 1878 6.15>

　　다. 若果是風痰所祟 則似<u>非如干藥力所能攻破</u> 望須詳問良醫(만약 풍

여기서 (10나)의 현대역은 <조선왕조실록>의 국역본을 참고한 것이고, (10가, 다, 라)는 필자가 추가한 것이다.

담에 의한 것이라면 <u>여간의 약효로 이겨낼 수 있는 바가 아</u>
<u>니니</u> 반드시 뛰어난 의사에게 자세히 물어보기 바란다)
<1880 立軒文集卷之十三·答朴桂瑞>

위 (10)에서는 명사로 쓰인 '如干'이 후행하는 명사와 함께 명사구
[如干+NP]를 이루면서 부정 표현 '非'가 이끄는 부정문에 사용되었음
을 본다. 여기서는 현대 이전인 19세기 중반부터 한국 한문 자료에서
도 '如干'이 부정문 속에 사용되어 한글 자료와의 교호적인 모습을 보
인다는 점만을 언급하고, 부정문 속 '여간'의 의미 양상에 대해서는 후
반부에서 이루어질 한국어사 자료의 용례를 중심으로 고찰하려 한다.

이로써 한국 한문 자료의 '如干'은 [부정량] 및 그 일단인 [다량],
[소량] 등으로 두루 해석됨을 보았다. '如干'이 [부정량]으로 해석되는
것은 고전 한문에서도 마찬가지이지만, [다량]이나 [소량]에 편중되는
것은[25] 독특한 것이라 할 수 있다. 특히 한국 한문 속 '如干'이 양보 구
문에 사용되었을 경우에는 [다량]에 편중되는 경우가 있는가 하면, [소
량]에 편중되는 경우도 있었다. 이밖에 19세기 중반부터는 한문 자료
속에서 '如干'이 '非' 등의 부정 표현과 공기하는 예들이 문증되어 후
술할 한국어사 자료 속 '여간'의 용법과 교호적인 특성이 포착됨을 확
인하였다.

이에 비추어 본격적으로 한국어사 자료 속 '여간'의 통시적 변화를
다루기로 한다.

---

[25] 참고로 마원걸(2021:160~161)에서는 한국 한문 자료 속 '若干'이 [소량]적 의미를 취하
는 경우가 있음을 언급하였는데 이 또한 고전 한문의 양상과 비교하여 독특한 것이라 할
수 있다.

2) 통시적 변화

(1) 본래 의미

한국어사 자료를 기준으로, '여간'은 근대 한국어 시기인 19세기 중반부터 문증되기 시작한다. 이에 아래에는 크게 '근대 한국어 시기'와 '개화기 및 현대 한국어 시기'로 나누어 '여간'의 의미 변화 양상을 분석하기로 한다. 특히 이 과정에 '양보'의 맥락에 나타난 '여간'의 의미 양상은 앞서 4.3.1에서 언급했던 분석법을 적용할 것이다. 이 시기 '여간'의 의미는 언간, 번안 및 번역소설, 대역 어휘집 등에 나타난 용례들을 통해 확인할 수 있다. 다음의 (11)은 필자가 찾은 용례 중 가장 이른 시기의 것으로, 1846년의 언간 자료인 <순원왕후봉서>에서 발췌한 것이다.

> (11) 죵년투록 소문 <u>여간</u> 드르나 듯고 보디 못ᄒ던 일이 만코 쏘 답답 민망흔 말이야 뼈 므엇흘고 <1846, 순원왕후봉서-04 순원왕후(재종누나)→김흥근(재종동생)>

위의 (11)은 대조 표현 '-(으)나'에 의한 사실적 양보(화용론적 대조)에 '여간'이 사용된 예로, 후행절의 대조 속에서 [다량 지향의 부정량]적 의미가 파악된다. 즉 위의 예문은 '한 해가 다 가도록 '비교적 많은' 소문을 들었으나 듣도 보도 못한 일이 많다' 정도로 풀이할 수 있다.

한편, 1851년에 편찬된 것으로 추정되는 번안소설 <금향정기>에는 (12가)와 같이 '여간'이 명사에 선행하여 이를 수식해 주는 사례가 확인된다.

(12) 가. 익일의 한님이 만츈으로 담쇼홀시 만츈 왈 질녜 녀힝과 부덕
     이 슉진ᄒ거니와 쇄락한 긔운과 비상한 지죠는 <u>여간</u> 죨장부
     로는 능히 쳐를 잡진 못홀지라 <1851, 경판 36장본 금향졍기
     24b>

가´. 이튼날 만츈으로 더브러 담화홀 시 만츈 왈, "질녀의 본심이
     슉덕현쳘ᄒ거니와 긔력이 웅장ᄒ고 장약이 이시니 <u>약간</u> 죨
     장부는 쳐를 잡진 못ᄒ나니" <약현 세책본 금향졍기, 46>

예컨대 (12가)의 '여간'은 '죨장부'를 수식하는데 '죨장부'는 '대장부'
에 대립되는 개념이므로, 이때의 '여간'은 정도의 [소량], 즉 '불급'(不及)
의 의미를 나타내는 것으로 파악할 수 있다. 참고로 1891년에 필사된
것으로 알려진(박재연 2005, '머리말' 참고) 약현 세책본 <금향졍기>에는 해
당 부분이 (12가)과 같이 '약간'으로 되어 있다.[26] 해당 시기의 '약간'
에서 파악되는 주된 의미가 [소량]이라는 사실은 (12가)의 '여간'을 [소
량]으로 파악하는 데 무리가 없음을 시사한다.

이상의 '여간'이 [다량]이나 [소량]에 편중되는 양상을 보인 것이라
면, (13)에서 제시한 <명물기략·인사>(1870)의 수록 양상은 '여간'을 [부
정량]으로 파악하는 인식이 어느 정도 남아 있었음을 가늠케 한다.

(13) 도대체, 대강영, 대두뢰, 대개, 대약, 대톄, 대강, <u>여간</u>, 약간 <1870,

---

26 <금향졍기>의 저본으로 추정되는 기원장판 <금향졍>에서 해당 부분을 옮기면 다음과 같
   다. 물론 직역된 것이 아니고, <금향졍기>의 경판본과 세책본은 저본의 수용 양상 및 번역
   에 있어서도 차이가 있다는 지적이 있으므로(박재연 2005 머리말 참고), 엄격한 의미의
   대응 양상을 논하기는 어렵지만, 적어도 원문의 '賽過男子'로 보아 '여간' 또는 '약간'만큼
   은 공히 의역에 의한 표현임을 가늠할 수 있다.
   "万春看了咲一咲道 還有一椿事一發做了 這丫環年己二十 氣力雄壯 <u>賽過男子</u>"<기원장판
   금향졍, 13a>

명물기략 2:25a>

(13)에서 보듯 <명물기략>에 뜻풀이와 용례를 비롯한 미시정보가 제시되어 있지 않으므로, 의미를 명확하게 파악하는 데 한계가 있지만, '여간'과 함께 제시된 일련의 유의어들을 통해 어느 정도 엿볼 수 있다. 예컨대 '도대체, 대개, 대약, 대톄, 대강' 등은 전부 [어림수]를 나타내므로, [부정량]에 가깝다. 더욱이 '약간'과 '여간'이 동원어라는 점, '약간'도 전대에는 [부정량]의 의미로 사용되었다는 점 등을 고려하면 이때의 '여간' 역시 [부정량]적 표현의 하나로 해당 유의어군에 묶인 것이라 하겠다.

그런데 1870년 이후에 문증되는 '여간'의 여러 용례들을 살펴보면, [부정량]의 일단인 [소량]이나 [다량]에 편중되어 나타나는 사례가 더욱 우세했음을 알 수 있다. 다음의 (14)를 보자.

(14) 가. [些]
　① 진아거야 져를 다리고 가서 져를 여간 돈을 쥬어 실과를 사셔
　　먹게 ᄒᆞ며 사름다려 닐너 져를 어렵게 구지 말나(珍阿哥 帶他
　　去罷 給他些錢買些菓子吃 別叫人難爲了他) <1884, 홍루몽 번역
　　필사본 29:20>
　② 다만 여간 은빈혀만 남기고 다시 잠가 본쳐의 둔 후의 몸을
　　두루혀 나온디(只剩了些銀器在內 仍將鎖好放在原處 他方復身出
　　來) <1884, 재생연 번역 필사본 13:4>
　나. [有些]
　　쏘 보미 일긔 ᄆᆞᆯ 탄 관원이 여간 젼비를 셰우고 오니 곳 풍
　　[숭]덕현 지현이라(又見一騎馬的官員 前導有些執事 是崇德縣的知
　　縣) <1884, 여선외사 번역 필사본 41:59>
　다. [點]

질이 다른 쥬건이 업고 젹년 싸하둔 <u>여간</u> 믈건이 잇셔 아직 쓰
지 안냣더니 금일 텬연으로 공교히 합ᄒ여시니(姪兒沒有別的主
意 有自家歷年積下點東西尙在未用 今日天緣湊合) <1884, 홍루부
몽 번역 필사본 3:8>

라. [點子]
취봉의 <u>여간</u> 물건은 도로혀 무슴 대단ᄒ다 헬 거시 업도다(翠
鳳的那點子東西 算不了什麽) <1884, 홍루부몽 번역 필사본
14:107>

마. [略]
쇼제 심즁의 남복홀 일이 이시므로 강잉ᄒ여 음식을 <u>여간</u> 졉
구ᄒ며 원한ᄒᄂ 긔식을 드러내지 아니터니(嬌娥暗有男裝事 已
把珍羞略上唇但以幽情藏肺腑 不將芳恨露眉間) <1884, 재생연 번
역 필사본 7: 22>

(14)에서는 '여간'이 [소량]을 뜻하는 중국어 어휘 '些, 有些, 點, 點
子, 略' 등의 대역어로 사용되었음을 본다. 특히 (14가)의 ②에서 '여간'
과 '些'의 대응 관계 외 '다만(只)'에 직접 후행하고 있다는 사실로부터
도 [소량]의 의미를 재차 확인할 수 있다. 이밖에 (14라)에서 '여간'의
원문에 해당하는 '點子'와 관련해서는 <諺音捷考>(1846:26a)에 그 이형
태인 '一點子'를 '됴곰'으로 대역한 사례가 있어 '여간'과 '됴곰'의 유의
관계를 단적으로 방증해 준다.
한편, 다음의 (15)는 '여간'이 [다량]의 의미를 나타내는 데 사용된
사례라 할 수 있다.

(15) 가. [好些]
듸옥이 져와 흠긔 <u>여간</u> 녯일을 담화홀ᄉ 습인이 듸옥의 겨를
니러톳 졉듸ᄒᄆᆯ 보고 더옥 감격히 너기ᄂ지라(黛玉就同他談
了<u>好些</u>舊話兒 襲人見黛玉待得他這樣 益發感激) <1884, 후홍루

몽 번역 필사본 16:6>

나. [所謂]

그씨 듕츄 팔월을 당ᄒᆞ여 더옥 먹을 거시 업셔 <u>여간</u> 가산을
다 프라 호구지쟈롤 ᄒᆞ고 다만 조고마흔 식졍 일개만 나마
졀화흔지 여러 늘이러니(時當仲秋 艱食又倍 <u>所謂家産</u> 盡入於斥
賣糊口之資 所餘只一食鼎 而絶火亦屢月矣) <조선 후기, 청구야
담 6:47>

예컨대 (15가)의 '好些'는 '상당히 많음'을 뜻하는바 밑줄 그은 부분
은 '(대옥이 그와 함께) 많은 옛일들을 이야기하므로' 정도로 해석된다.
이는 앞서 동일한 문헌 <홍루부몽 번역 필사본>에서 [소량] 어휘의 대
역어로 등장한 '여간'의 사례 (14다, 라)와 대조되며, 당시에 '여간' 자
체만으로 [소량]이나 [다량]을 나타내는 데 사용되었음을 보여 준다.
아울러 (15나)의 경우, '所謂家産'은 표면상 '가산이라 일컬어지는 것'
을 뜻하지만, 앞뒤 문맥상 '가산이라 할 수 있는 것은 모조리 (다 팔아
서)' 정도임을 나타낸다. 따라서 이때의 '여간' 역시 [다량]의 의미로
파악하는 것이 온당하다.

(2) 이의 발생 과정

19세기 말 20세기 초에 나타난 '여간'의 의미 양상은 주로 이중어사
전, 한국어사전 그리고 신소설과 신문 기사 등을 통해 살펴볼 수 있다.
먼저 이중어사전의 해석부터 보기로 한다.

다음의 (16)은 1880년에 간행된 <한불ᄌᆞ뎐> 속 '여간'의 뜻풀이를
옮긴 것이다.

(16) 여간,YE-KAN.如干. très-peu, peu, un peu, quelque, à peu près, si peu que rien. <한불ᄌ뎐>(1880, 27)

(16)에서 보듯 '여간'은 'très-peu'(매우 조금), 'peu'(거의 없음), 'un peu'(조금 있음), 'quelque'(약간의 어떤), 'à peu près'(거의 대체로), 'si peu que NP (ne) V rien.'(아무리 적어도 NP는 V-지 않는다) 등 어휘들로 정의되고 있다. 여기에는 'peu(거의 없음)'처럼 '극소량'을 나타내는 어휘도 포함되어 있음이 주목된다. 전반적으로 <한불ᄌ뎐>의 '여간'은 [소량]에 치중된 해석을 보인다고 할 수 있다.

이에 비추어 아래에는 <한불ᄌ뎐> 이후의 이중어사전들을 한데 모아 그 속에서 포착되는 '여간' 관련 해석의 변화와 주된 경향을 살펴보기로 한다. 다음의 <표 1>을 보자.

〈표 1〉 개화기 및 현대 이중어사전 속 '여간(如干)'의 해석

순서	사전 명칭(출처)	뜻풀이
가	<한영ᄌ뎐>(1890:13)	여간, 如干, Very little, somewhat.
나	<한영ᄌ뎐>(1897:40)	여간 如干 (ᄀᆞ흘) (방패) So much; a certain quantity or amount; a little of. See 조곰
다	<한영ᄌ뎐>(1911:692)	여간 如干 (ᄀᆞ흘) (방패) So much; a certain quantity or amount; a little of. See 조곰.
라	<조선어사전>(1920:599)	如干(여간) [명] <若干>(약간)~.
마	<최신선영사전>(1928:419)	여간안히 ad. Extremely; exceedingly; greatly.
바	<한영대ᄌ뎐>(1931:1025)	여간 如干 (ᄀᆞ흘) (방패) So much; a certain quantity or amount; a little of. See 조곰.

<표 1>에서 확인되는 특징적인 변화를 추려 보면 다음과 같다. (가)

에서 보듯 '여간'은 전대의 <한불ㅈ뎐>과 비슷하게 대체로 [소량]으로 풀이되다가 그 후의 (나, 다, 바)를 거듭하면서 [소량] 이외에 'So much' 등과 같이 [다량]의 의미가 추가되었다. 또한 [다량]의 의미가 추가된 후에도 '여간'의 참고 어휘로는 여전히 [소량]의 '조곰'을 제시하고 있다는 점, (라)의 경우, 동일한 사전의 '若干(약간) [명] 少許~.(如干)'에서 보듯 [소량]으로 고착된 '약간'으로 '여간'을 풀이하였다는 점 등을 고려하면, [소량]을 '여간'의 기본 의미로 파악하는 경향이 있었던 것으로 보인다. 여기에서 분명한 것은 당시 사전들의 기술상 '여간'의 [부정량]적 의미가 지속적으로 약화되는 한편, [다량] 또는 [소량]의 의미가 강조되었다는 사실이다. 그중 (마)의 경우, '여간'과 부정 표현 '아니'의 통합형을 하나의 표제어로 등재하고, 이를 [다량]의 극한 표현에 해당하는 'Extremely, exceedingly, greatly(대단히, 몹시)' 등으로 대역하고 있어 흥미롭다. 이는 '여간…아니-'를 '상당함', 즉 정도의 [다량]으로 파악하는 오늘날의 방식과 다르지 않다. 다만 문제는 오늘날의 '여간…아니-' 구성에서는 '여간'을 '보통'으로 파악하고, '보통이 아니-'= '상당함'이라는 논리에 기대어 해석하는데 통시적인 연속성을 고려하면, (마)에서도 이처럼 '여간'을 '보통'으로 해석했는지에 대해서는 분명치 않다는 점[27]이다. 이에 대해서는 아래 부분에서 (마)보다 더 앞선 20세기 초 '여간'과 부정 표현의 공기 사례를 통해 보다 자세히 언급할 것이다.

위 (16)과 <표 1>에서 제시한 사례가 주로 사전류의 것이었다면, 이어서 신소설이나 신문 기사 자료들의 용례들을 통해 구체적인 문맥 속

---

27 이 가능성에 대해서는 후반부에서 '여간'과 '보통'의 대응 문제를 다룰 때 상론할 것이다.

에서 해당 시기(19세기 말 20세기 초) '여간'의 용법을 살펴보기로 한다. 다음의 (18)을 보자.

(18) 가. 오늘날 그듸 등이 구렁 갓고 여호갓흔 일인 이등박문의 쟝중물이 되야 <u>여간</u> 직물과 벼슬에 二천만 민족을 모라 十八층 디옥에 함릭ᄒᄂᆫ 됴약을 날마다 톄결ᄒᆞ여 주니 <1900년대 신한민보>

나. 나라 동포를 압졔ᄒᆞ며 혹은 외국 사람 상종흠을 영광으로 알고 아첨ᄒᆞ며 졔 나라 일을 변변이 아지도 못 ᄒᆞᄂᆫ 거슬 가라쳐 주며 <u>여간</u> 월급량이나 벼살낫치나 엇어 ᄒᆞ노라고 남의 나라 졍탐군이 되여 인민흔 사람 모흉ᄒᆞ기 어리셕은 사람 위협ᄒᆞ기로 능사를 삼으니 <1908, 금수회의록>

다. <u>그런고로 하ᄂᆞ님은 곳 조화쥬오 텬디만물의 대쥬진시니 텬디만물의 리치를 다 아시려니와 사름은 다만 텬디간의 ᄒᆞ 물건인듸 엇지 리치를 알 수 잇스리오 <u>여간</u> 좀 연구ᄒᆞ야 아는 거시 잇거든 그 아는 듸로 셰상에 유익ᄒᆞ고 사회에 효험 잇게 아름다온 사업을 영위ᄒᆞᆯ 거시어늘 조고맛치 남보다 몬저… <1908, 금수회의록>

라. 실상인즉 양병도 만히 ᄒᆞᆯ 것 업고 양문도 굉장히 건축ᄒᆞᆯ 거시 업ᄂᆫ 거<u>신즉 여간</u> 병졍 몃 소듸와 헌병 순검 <u>약간</u>만 두드릭도 나라 유지ᄒᆞᄂ듸 필요흔 거시 우리 보기에난 모도 합ᄒᆞ야… <1900년대 대한매일신보>

(18)는 대체로 [소량]의 의미를 보이는 예들이다. (18가)의 '여간'은 '재물'을 수식하는바 후행절 '이천만 민족을 몰아'와의 대비를 통해 [소량]의 의미가 보다 명시적으로 시현된다. (18나)의 경우, '여간'이 '월급량'을 수식해 주고 있으며, 해당 명사구와 이접으로 연결된 '벼슬낫치' 뒤에 '차선책'의 보조사 '-이나'가 통합되어 있다는 데로부터 일단 [다

량]의 의미가 배제되어 [소량 지향적 부정량]의 의미가 가능할 듯하나 '남의 나라 정탐군이 되어…'로 시작하는 후행절과의 대비를 통해 [소량]에 편중됨을 알 수 있다. 한편, (18다)의 '여간' 역시 [소량 지향의 부정량]으로 해석될 수 있을 듯하나 '여간'에 선행하는 문장에서 '사람은 천지간의 한 물건에 불과하여 사물의 이치를 알 수 없다'고 한 것에 상대하여 '여간'이 수식하는 '(사람이) 연구하여 아는 것'은 [소량]에 가까움을 알 수 있다. 또한 '여간'과 '연구하-' 사이에 개재된 '좀'을 통해서도 이러한 [소량]적 의미가 한층 더 강조됨을 알 수 있다. (18라)는 '-아도'가 관여하는 자유 선택사 양보의 맥락 속에 '여간'이 등장한 사례로 [소량 지향의 부정량]으로 볼 수 있을 듯 하나 후행하는 '약간(만)'과의 대응 양상, 이유나 원인의 연결어미 '-ㄴ즉'으로 연결된 선행절 '…養兵도 많이 할 것 없고…건축할 것이 없는 것인즉'과의 호응 관계 등으로 미루어 '여간'이 [소량]의 의미로 사용된 것임을 알 수 있다.

이에 비추어 다음의 (19)를 보자.

> (19) 가. <u>여간 죄를 좀 지어도</u> 관게치 안소 변연히 죄를 지은 줄 알고
> 　　　 도 회기를 못 ᄒ여야 앙화를 밧지 <1908, 빈상설>
> 　　 나. 대장부가 일구이언은 못 ᄒ는 거시니 부듸 날 싱각 마르시고
> 　　　 공부 성취ᄒ 후에 고국에 도라오시오 나는 집안에셔 <u>여간 고</u>
> 　　　 <u>싱되는 일이 잇더린도</u> 고싱을 낙으로 알고 잇슬 터이니 닉
> 　　　 걱정은 조곰도 마르시오 <1908, 치악산>

위에서 보듯 (19)는 자유 선택사 양보 구문에 '여간'이 나타난 예로, 후행 사태 '관게치 안-'이라는 전제 하에 선행절에서 '죄'의 정도성을 지시하는 '여간'은 [다량 지향적 부정량]을 허용한다. 마찬가지로 (19

나)의 '여간' 역시 동궤의 것으로, 후행 사태 '고싱을 낙으로 알-'이라는 전제 하에 선행절에서 '고싱(되는 일)'의 정도성을 지시하는 '여간' 또한 [다량 지향적 부정량]을 허용한다.

앞서 우리는 '약간'이 자유 선택사 양보 구문 화용론적 양보를 일으키는 대조 표현 '-으나'가 포함된 구문에서는 [소량 지향의 부정량]의 의미를 나타내며, 첨가 초점사 '-도'에 의한 양보 구문에서는 [소량]이 시현되어 전반적으로 [부정량]에서 [소량]으로 변화되는 추세가 있음을 확인하였다. 그러나 '여간'의 경우, 공히 자유 선택사 양보 구문에 나타난 것이라 할지라도 (11), (19)와 같이 [다량 지향적 부정량]을 나타내는 경우가 우세한 가운데 (11라)와 같이 전후 문맥에 의해 [소량 지향적 부정량] 대신 [소량]을 나타내는 경우가 혼재함을 보았다. 더욱이 위의 용례에서 도 확인되듯 '여간'은 보조사 '-도'와 직접 통합하지 않는다는 점에서 '약간'과 극명한 차이를 보인다.

그 대신 이 시기(19세기 말 20세기 초)부터는 '약간'과 구별되는 '여간'의 독특한 통합 양상이 포착되는데 바로 '여간'에 부정소 '아니-'가 가까이 후행한다는 점이다. 이러한 통합 양상은 다음의 (20가~다)에서 보듯 20세기 20년대 이전부터 산발적으로 나타나다가 (20라~아)와 같이 1920~1930년대부터 주류를 형성하면서 오늘날에 이른다.

> (20) 가. 이번에 셔울 가면 김승지의 덕을 촉실이 볼 쥴 아랏더니 <u>여간 능픽가 아니오,</u> 이 집에셔는 잘 염체도 업는 터이라 보힝 객쥬집에로 느가려는대 노즈 쓰던 돈은 빅동전 서 푼만 늠은 터이라 <1908, 귀의성>
>
> 나. 마님 무슨 일이 잇슴닛가 령감 마님게셔 그런 걱정흐시는 거시 <u>여간 일은 아인</u> 듯흐외다 <1908 치악산>

다. <u>여간 인물은 안이닛가</u> 좀체로 흐여는 안될 걸이오 <1910 목
   단화>

라. 저 사람은 자긔보다 우선 인물이 곱다는 것이 <u>여간 샘이 나</u>
   <u>지 안엇다</u>. 또는 자긔처럼 투악한 싀골 사람이 안이라는 것
   이 샘이 낫다. <1920년대 계집 하인>

마. 집이 아버지는 <u>고집이 여간 아닌데요</u>. 그리고 돈이라면 목숨
   내 노코 덤비는 이에요. <1920년대 사인 원한>

바. 반가운 낫빗으로 「그러케 되면 젹히나 조켓소」하고 진정으
   로 찬성을 하든 째와는 <u>여간 변한 것이 아니었다</u>. <1920년대
   두 출발>

사. 나희 어린 여자는 신랑의 선택을 잘못 하는 일이 만히 잇는
   고로 그 부모의 고심과 주의가 <u>여간 대단치 아니합니다</u>.
   <1920년대 신여성>

아. 파도 때문인지 아직 오전이여서 그런지 해변은 동옥이가 상
   상하던 것보다 <u>여간 쓸쓸하지 않다</u>. <1930년대 화관>

  (20)의 용례들은 '여간'에 부정소 '아니-'가 후행했다는 점에서 오늘
날 '여간'의 용법과 크게 다르지 않다. 이와 관련하여 앞서 현대 한국
어 '여간'의 특이점을 논의하면서 언급하였듯 현대에는 '여간'을 '보통'
정도로 파악하고, 그에 따라 '여간⋯아니-' 구성을 '보통이 아님', '보통
이상'으로 보아 '대단함'을 나타내는 것으로 간주하는 경향이 짙다. 그
런데 위에서 제시한 통시적 용례에서도 보았듯 한글 자료에서 '여간'이
문증되기 시작하는 19세기 중반부터 20세기 초까지 '여간'과 관련하여
[부정량]의 의미가 약화되는 한편, 그 일단인 [다량]이나 [소량]에 편중
되는 변화가 감지된다는 점은 확인하였으나 이 과정에 [부정량]에 포
함되어 있을 '중간 정도' 또는 '보통량'의 의미가 특별히 부각되는 맥락
이나 문헌의 용례는 쉽게 문증되지 않는다는 사실을 확인하였다.[28] 요

컨대 통시적 연속성을 고려하는 입장에서는 위 (20)의 '여간…아니-/
않-' 구성을 [부정량]의 일단인 [다량]이나 [소량]의 '여간'을 부정함으
로써 정도의 [다량]인 '대단함'을 나타내는 것으로 파악해 봄 직하다.
이때 논리상 [다량]에 대한 부정으로는[29] [다량]을 나타낼 수 없으므로,
[소량]을 부정함으로써 [다량]의 의미를 나타냈을 가능성이 제기된다.
(20)의 예를 분석하기에 앞서 다음의 (21)을 먼저 보자.

---

28 이와 관련하여 최근 기대 논리 차원에서 현대 한국어 부사 '여간'을 다룬 후박문·박진호
(2022)의 분석이 주목된다. 해당 논의에서 제시된 다음의 두 예문을 보자.
　　가. 여간 더운 것이 아니다.
　　나. 그는 여간 더워서는 에어컨을 틀지 않는다.
후박문·박진호(2022:89~90)에서는 위의 (가), (나)를 예시로, 흔히 (가)의 '여간 X은 것
은 아니다'에서 'X'의 정도가 보통일 것이라고 생각하지만, 사실은 'X'의 정도가 훨씬 더
심하다는 의미를 나타냄을 언급하였다. 또한 (나)의 '여간해서는 X지 않다'에서도 흔히
'보통'의 조건이 충족되면 X가 일어날 것이라고 생각하겠지만, 사실은 보통의 조건이 충족
되어서는 X가 일어나지 않는다는 의미임을 언급한 바 있다. 이는 정도가 훨씬 심한 'X'를
나타냄에 있어 반드시 '보통'에 기대어 이를 부정함으로써 정도의 심함을 나타내야 하는
필연적 당위성은 없음을 간접적으로 시사하는 것이라 하겠다.

29 실제 [다량]에 대한 부정이라 하더라도 '보통량'이 필연적으로 부각되는 것은 아닌 듯하다.
참고로 후기 중세 한국어의 '아니' 관련 표현 '아니한 스시, 아니한 덛', '아니 여러' 등의
경우를 들어 본다.
　　가. 이 迷人이 險道中에 이셔 아니한 스시예 여러 가짓 毒을 맛냇거든(如是迷人
　　　　在險道中 須臾之間 卽遭諸毒) <1459, 월인석보 21:117b-118a>
　　나. 利那ᄂᆞᆫ 아니한 더디라 <1462, 능엄경언해 2:7a>
　　다. 죽건 디 비록 아니 여러 나리라도 아모 고대 간디 모ᄅᆞ노이다(死雖日淺 未知生
　　　　處) <1459, 월인석보 21:27b>
(가), (나)의 '아니한 스시, 아니한 덛'에서 '아니한'은 [다량]을 뜻하는 '하'에 대한 부정을
통해 '보통량'이 부각되지 않는 '[소량]의 스시/덛', 즉 '찰나'의 의미를 실현한 것으로
볼 수 있다. (다)의 '아니 여러 날' 또한 [다량]을 뜻하는 '여러'를 부정함으로써 직접 [소
량]의 '며칠'을 나타낸 것이라 하겠다. 참고로 이지영(2005:31)에 따르면 이처럼 '아니'가
'여러'를 수식하여 '몇몇 N' 혹은 '적은 수의 N' 정도로 이해될 수 있는 '아니 여러 N'의
예는 16세기까지만 보일 뿐 그 이후에는 거의 나타나지 않는다고 한다.

(21) 적잖다 「형용사」(어원: ←적-+-지+아니+하-)

「1」 적은 수나 양이 아니다.

　¶ 성공에는 남다른 노력과 견디기 어려운 시련이 <u>적잖았다</u>. / 나이가 <u>적잖으니</u> 막상 새로운 일을 시작하기가 두렵다. / 젊었을 때 그는 이것저것을 하며 돈도 <u>적잖게</u> 쏟아부었으나 모두 실패했다.

「2」 소홀히 여기거나 대수롭지 않게 여길 수 없다.

　¶ 친구에게 <u>적잖은</u> 신세를 지다. / 사실 아우가 제대로 돈이나 만지게 된 것에도 삼촌 도움이 <u>적잖았다</u>.≪김원일, 노을≫

위의 (21)은 <표준국어대사전>에 수록된 현대 한국어 '적잖다'의 뜻풀이와 용례를 옮긴 것이다. 비록 현대의 사례이기는 하지만, [소량]에 대한 부정을 통해 [다량]의 의미가 시현될 수 있음을 잘 보여 준다. (21)에서 보듯 형용사 '적잖다'는 '적-+-지+않-'과 같이 [소량]의 '적-'을 부정함으로써 [다량]을 나타내게 된 사례라 할 수 있다. 이는 (21)에서 제시한 '적잖-'의 예문을 통해서도 극명하게 나타난다. 일례로 '성공에는 남다른 노력과 견디기 어려운 시련이 적잖았다'는 것은 '남다른 노력과 어려운 시련이 많았다'는 것을 의미한다.

요컨대 현대어 사전의 논리와 같이 척도 함축상의 중간치에 해당하는 '보통'에 기대지 않더라도 [소량]에 대한 부정을 통해 [다량]의 의미가 시현될 수 있음[30]을 보았다. 이에 한글 문헌 속 문증 초기의 '여간'

30　참고로 '보통'이 '조금-보통-매우'라는 척도 함축상 '중간치'에 해당하는 것이라면 이에 대한 부정은 논리적으로 '조금'을 향할 수도 있고, '매우'를 향할 수도 있다. 이에 현대 논의에서는 앞서 언급한 바와 같이 '여간'이 하향식 추론이 아닌 유독 '상향식 추론'을 보인다는 점에서 특이한 것으로 여겨진다. 그러나 통시적인 입장을 취하는 이 글의 논리상 '여간'이 [부정량]으로부터 그 일단인 [다량]과 [소량]에 편중되는 양상을 보인다는 점을 고려하면, [소량]에 대한 부정은 자연스레 한 가지의 경우, 즉 [다량]을 향하는 경우로만

에서부터 20세기 초까지도 [다량]이나 [소량]은 부각되지만 '보통량'이 부각되는 용례가 쉬이 확인되지 않음을 감안하면, 위 (20)의 용례를 비롯하여 적어도 20세기 초까지는 [소량]의 '여간'을 부정함으로써 [다량]의 의미를 나타내는 인식이 존재했을 가능성이 상정된다. 예컨대 (20가)의 밑줄 부분은 '[소량]의 낭패가 아니-'로 파악하여 '[다량]의 낭패이-', 즉 '상당한 낭패였음'이 도출되고, (20마)의 밑줄 부분 또한 '고집이 [소량]이 아니-'로 파악하여 '고집이 [다량]이-', 즉 '고집이 대단하-' 정도의 의미가 도출되는 것으로 이해할 수 있다.

한편, 다음의 (22가)는 20세기 초의 '여간'이 '보통량'으로 해석되기 어려움을 극명하게 보여줄 뿐 아니라 (하나의 부정소와 호응하여 나타나는) '여간…아니-' 구성의 '여간'이 [소량]의 의미로 쓰인 것임을 간접적으로 보여 준다는 점에서 시사하는 바가 크다.

> (22) 가. 좌우에 느러션 사령들은 분부 듯거라 쇼리를 영문이 써나가
> 도록 지르는되 <u>여간 당돌흔 사롬이 아니면</u> 정신을 차릴 수
> 업는지라 <1908 은세계>
> 가′. 좌우에 느러션 사령들은 분부 듯거라 쇼리를 영문이 써나가
> 도록 지르는되 <u>여간[다량]</u> 당돌흔 사롬이 아니면 정신을 차
> 릴 수 업는지라 <1908 은세계>

이어지므로, 해석상에서도 별도의 특이점을 남기지 않는다. 이를 도식화하면 다음의 <그림 1>과 같다.

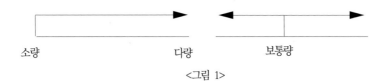

<그림 1>

(22가)의 밑줄 부분 '여간 당돌흔 사름이 아니면 정신을 차릴 수 업 는지라'는 '여간…아니면…ㄹ 수 없-'의 구조를 보이는바 이중부정 구 문이다. 이중부정은 곧 긍정을 나타내므로, 이를 긍정문의 형식으로 바 꾸면 '여간 당돌한 사람이라야 정신을 차릴 수 있다' 정도가 된다. 이 때의 '여간'을 '보통량'으로 보아서는 곤란하다. '*보통 당돌한 사람이 라야 정신을 차릴 수 있다'는 논리적으로 상충하기 때문이다. 사실상 (22가)의 '여간'은 [다량]의 의미를 지니는바 해당 문장은 '상당히 당돌 한 사람이라야 정신을 차릴 수 있다' 정도를 나타내는 것으로, 그 의미 구조를 도식화하면 (22가')과 같다. 이는 앞서 (15) 등의 예를 통해 '여 간'이 통시적으로 긍정문에서 [다량]으로 사용되었다는 사실과도 통한 다. 여기에 보태어 통시적인 차원에서 '여간'이 [부정량]의 일단인 [다 량]이나 [소량]에 편중되고, '보통량'이 부각되지 않음을 고려하면, 이 중부정 구문 (22가)와 일반 부정문 (20)의 비교 속에서 하나의 부정소 와만 통합한 (20)의 '여간', 즉 '여간…아니-' 구성의 '여간'은 적어도 20세기 초까지는 ([부정량]의 일단인 [다량]과 [소량] 중) [소량]에 특 화된 것으로 이해할 수 있다.

아래에는 오늘날의 '여간'이 주로 '보통'에 대당하는 표현으로 기술 된다는 점에 착안하여, 그에 대한 분석과 해석을 시도해 보기로 한다. 우리는 <표 1>을 통해 개화기 및 현대의 여러 사전들에서 '여간'을 [소 량] 또는 [다량]으로 기술하면서도 참고 어휘로는 어김없이 [소량]의 '조금'을 제시하였다는 사실을 확인하였다. 실제로 개화기 및 현대의 이중어사전에서뿐 아니라 20세기 30~40년대에 걸쳐 발행된 문세영 의 <조선어사전>(1938/1940/1942)에도 '여간'은 [소량]의 의미로 제시되 어 있음을 알 수 있다. 다음의 (23가)를 보자.

(23) 가. 여간(如干) [名][副] ① 적은 것. 얼마되지 아니하는 것. 若干
　　　　② 좀(2)와 같음.
　　　좀(2) [副] 얼마나. 如干.
　　나. 여간-아니다 [句] ① 적지 않다. 많다. ② 대단하다. 심하다.
　　　③업신녀길수 업다. ④언행이 딱딱하다.

(23가)에서 보듯 '여간'의 뜻풀이가 '적은 것, 얼마되지 아니하는 것, 若干'으로 되어 있다. 아울러 같은 사전의 (23나)에서 확인되듯 '여간'에 부정 표현 '아니다'가 통합하여 이루어진 '여간 아니다'의 경우, '적지 않다'가 첫 의항으로 제시되었으며, 그에 이어 '많다, 대단하다, 업신녀길수 업다' 등의 뜻풀이가 순차적으로 제시되어 있다. 이는 오늘날의 '여간'을 [소량]이 아닌 '보통/중간 정도'에 기대어 해석하는 현실과 대조되며, 이 글에서 논의했던 '통시적인 연속성을 고려하는 입장'과 일치한다.

이에 비추어 문세영의 <조선어사전>(1938/1940/1942) 이후의 사전들에서는 '여간'을 어떻게 기술하고 있는지 살펴보기로 한다. 다음의 (24)를 보자.

(24) 가. 여간(如干) [엇] ①조금, 보통으로. ②=오죽.
　　　여간 아니다 [마디] 보통이 아니다. <1957, 한글학회 조선말
　　　큰사전>
　　나. 여간(如干) [부] ①보통으로. 조금. 어지간하게. ②오죽.
　　　여간 아니다 [형] ①보통이 아니다. ②웬만한 정도가 아니다.
　　　③업신여길 수 없다. <이희승 국어대사전>(1960)
　　다. 여간 [이] 웬만한 또는 어지간한 정도. [어] 어지간하게 또는
　　　보통으로.
　　　여간 아니다. 보통 정도가 아니다.

여간² [이] →약간. [如干] <1993, 한글학회 우리말 큰사전>
라. 여간 (주로 부정의 의미를 나타내는 말과 함께 쓰여) 그 상태
가 보통으로 보아 넘길 만한 것임을 나타내는 말.
여간 [부] ((주로 부정어와 함께 쓰여)) 어지간히 생각할 정도
로. <2009, 고려대 한국어사전>
여간 [부] 어지간한 정도로, 웬만한 정도로. <연세한국어사
전>

위의 (24)에서 보듯 <조선어사전> 이후의 여러 사전들에서는 (24가,
나)와 같이 한동안 '여간'을 [소량]과 [보통]이라는 두 가지 의미로 해
석한 바 있었다. 다만 현재에 이르러서는 (24다, 라)에서 보듯 사전 기
술에서 '여간'의 [소량]적 의미를 아예 보아내기 어렵게 되었다.

결국 1930년대의 <조선어사전>으로부터 오늘날의 <표준국어대사
전>에 이르기까지 '여간'의 뜻풀이는 '소량'으로부터 '보통'에 기대어
해석하는 변화가 일어난 셈이다. 이에 표제어로서의 '여간'을 '보통'에
근접한 의미로 부각하기 시작한 시기와 그 연유에 대한 의문이 제기될
수 있다. 관련 기록을 찾아본 결과, 비교적 이른 시기의 것으로 1925년
에 발행된 <보통학교 조선어사전>의 뜻풀이를 확보할 수 있었다. 먼저
다음의 (25)를 보자.

(25) 여간(如干) ①웬만한 ②엔간한 <1925, 보통학교 조선어사전 122>

(26) 가. 엔간ᄒ다 EIN-KAN-HA-TA. Etre passable, assez bien, etre
        semblable. <1880, 한불ᄌ뎐 45>
    나. 엔간ᄒ다 1. To be tolerable; to be not bad. To be
        probable. <1897, 한영ᄌ뎐 26>
    다. 어지간ᄒ다 做似; 약간 若干 少許 如干 <1895, 국한회어 208,

211>

위의 (25)에서 보듯 <보통학교 조선어사전>에서는 '여간'을 '웬만한', '엔간한'으로[31] 풀이하였다. 이는 <보통학교 조선어사전> 이전의 사전, 이를테면 아래 (26가, 나)의 <한불ㅈ뎐>, <한영ㅈ뎐> 등에 '엔간ㅎ다'가 [나쁘지 않음], [참을만함] 정도의 의미로 기술되어 [소량]을 뜻하는 '여간'과 엄연히 구별된다는 점에서 대조적이다. 또한 (26다)에서도 확인되듯 <국한회어>의 경우, 비록 '엔간ㅎ다'는 아니지만 [비슷함]을 뜻하는 '어지간ㅎ다'와 [소량]을 지시하는 '여간'이나 '여간'의 의미 역시 구별된다.

아울러 (25)에서 '여간'을 '웬만하-' 또는 '엔간하-'로 풀이하게 된 연유와 관련해서는 그와 비슷한 시기에 확인되는 다음 용례 (27)이 주목된다.

> (27) 나. 不大端之稱, <u>여간ㅎ여</u> 가지구셔는 (<u>小可的</u>) <1919 서상어록 104a>
>
> 　　 다. 저 짐싱 이번의 쏘 <u>엉간찬이</u> 醉하엿다(這畜生今番又聚得不小可) <국재 필사 수호지어록해 2:3a>
>
> 　　 다. 老村曰: 져기 관겨치 아녀 <u>무던ㅎ</u> 곳지 (<u>小可沒緊處</u>) <1789 고금석림·낙민어록>

위의 (27가), (27나)의 '여간ㅎ-'와 '엉간ㅎ-'[32]는 공히 '小可'에 대응

31　해당 사전에 '웬만하-', '엔간하-' 등은 등재되어 있지 않으며, '약간' 또한 등재되어 있지 않다.

32　국립국어원 <지역어 종합 정보> 자료에 따르면 '엉간하다/엉간히'는 표준어 '어지간하다/어지간히'에 대응하는 경남 방언이다.

한다. 그에 앞서 '小可'는 (27다)에서 보듯 일찍 18세기에 [무방함]을 뜻하는 '무던ᄒ-'로 대역된 바 있다. 참고로 (27)에서 공동으로 등장하는 '小可'의 뜻풀이를 <한어대사전>에서 찾아 보면 아래의 (28)과 같다.

(28) ① 猶<u>稍好</u>, <u>尚可</u>。¶東陽 花果似<u>小可</u>,　何日得卿諸人。

② 猶<u>小小</u>。引申而為<u>細小</u>、<u>低微</u>、<u>尋常</u>、<u>輕易</u>等意。¶宋 范仲淹 ≪讓 觀察使第一表≫ : "今賊界沿邊<u>小可首領</u>,　並偽署觀察使之名。"

(28)에서 보듯 <한어대사전>에서는 '小可'를 '조금 낫다, (그래도/아직은) 괜찮다'[稍好/尚可], '작디작다'[小小] 등으로 해석하였다. 특히 (28)의 ②에서는 '작디작다[小小]'는 뜻으로부터 '사소함[細小], 보잘것없음[低微], 대수롭지 않고 평범함[尋常], 손쉽게[輕易]' 등의 의미가 파생된 것으로 기술하고 있다. 일례로 (28)의 ②에서 점선으로 표시한 부분은 '작디작은/하찮은 우두머리'로 해석된다. 요컨대 '小可'는 [소량] 및 거기에서 파생된 [보통]의 의미를 두루 지니는 어휘임을 알 수 있다. 요컨대 (27)과 같이 1919년에 '여간'이 [소량]과 [보통]을 두루 나타낼 수 있는 '小可'의 대역어로 사용된 예가 있다는 점, 공히 '小可'의 대역어로 등장하면서 [보통]을 나타내는 '엉간ᄒ-'와의 형태적 유사성, 1925년의 <보통학교 조선어사전>에 '여간'을 '엉간ᄒ-'의 후대형인 '엔간한'으로 풀이한 사례가 있다는 점을 고려하면, 개화기 이후 현대 한국어 시기에 진입하면서 점차 '여간'을 [소량]에서 [보통량]으로 보는 인식이 대두된 것으로 봄 직하다.

다만 <보통학교 조선어사전>이 편찬된 1925년 이후부터 사전에 '여간'의 뜻풀이로 '보통'이 본격적으로 등장하기 시작한 20세기 50년대 이전까지 '여간'과 '엔간'의 이러한 의미적 영향 관계를 입증할 만한 다른 자료가 쉬이 확인되지 않아 보다 구체적인 연유에 대해서는 알기 어렵다. 현재로서는 '여간'이 부정소와 함께 쓰인 '여간 아니-'가 [다량], 즉 [상당함]을 의미하게 되었고, 바로 이 지점에서 '여간'에 대한 의미가 [상당함]의 부정인 '상당하지 않은 정도', 즉 '보통'의 의미로 재분석되었을 가능성을 언급하는 데 그치기로 한다.

3) 소결

이로써 한글 자료를 기준으로, '여간'은 근대 한국어 시기부터 문증되는바 전반적으로 [부정량]의 의미가 약화되는 대신 그 일단인 [소량]이나 [다량]에 두루 편중되는 경향성을 확인할 수 있었다. 아울러 동원어인 '약간'이 첨가 초점사 양보나 자유 선택사 양보 구문 등 양보의 맥락에서 [소량]에 특화되는 모습과 달리, '여간'은 첨가 초점사와 통합한 경우가 포착되지 않으며, 자유 선택사 양보의 경우에도 [다량 지향적 부정량]을 나타내는 경우가 우세한 가운데 [소량]을 나타내는 경우가 혼재함을 보았다. 한편, '약간'과 구별되는 맥락으로 '여간'은 19세기 말 20세기 초부터 부정소 '아니-'가 이끄는 부정 구문에 자주 사용되는 경향을 보이며, 이때의 '여간'에서 [보통량]이 부각되는 것은 아니라는 사실과 [소량]으로 파악하는 것이 온당함을 확인하였다. 이에 더나아가 현대의 논의에서 '여간…아니-' 구성을 '보통 아님=상당함'으로 파악함으로써 남기는 논리적 특이점과 관련해서는 통시적인 연속선상에서 [소량]의 '여간'을 부정함으로써 [다량]을 나타내는 것으로 파악할 수 있음을 피력하였다.

제5장 결론

이 글은 현대 한중 동형이의 2자어를 대상으로, 한국어사 자료 중심의 의미 변화 양상을 자세히 기술하고 분석할 목적으로 작성되었다.

이에 한국 최초의 국어사전으로 평가받는 <국한회어> 수록 2자어를 중심으로, 구체적인 선정 기준과 절차를 통해 선정한 연구 대상 어휘들에 대해 자세한 어휘사 기술과 의미 변화에 대한 해석을 시도하였다. 이에 각 장에서 수행한 연구 내용과 얻게 된 주요 결론을 정리하면 다음과 같다.

제1장에서는 연구 목적, 연구사, 연구 방법, 인용 자료에 대해 다루었다. 그중 '연구사' 부분에서는 크게 '한자어 전반에 대한 사적 연구'와 '개별 한자어에 대한 의미사 연구', '한중 동형이의어에 대한 연구'로 나누어 기존 한자어 의미 관련 연구들의 흐름과 시사점을 짚어 보았다. 아울러 '연구 방법'에서는 연구 대상의 선정 기준과 구체적인 절차를 자세히 제시하고, '한자어 내부에서 파악되는 의미 변화', '연어 관계에서 파악되는 의미 변화', '구문 층위에서 파악되는 의미 변화'로 대별되

는 분류 기준을 설정하였다.

　제2장 '한자어 내부에서 파악되는 의미 변화'에서는 '期於(X)' 한자어와 '一切(일절/일체)'를 중심으로 살펴보았다. 그중 '期於(X)' 한자어는 기존 한문의 술보구조 '期於X'에서 기존 동사 '期'의 탈범주화와 그에 따른 전치사 '於'의 잉여화 등 내적 구조의 변화를 거쳐 [반드시]를 의미하는 부사 '期於'로 단일어화되었을 가능성을 짚어 보았다. '期於(X)' 한자어 [반드시] 이외에 [끝내]의 의미도 나타내게 된 것과 관련해서는 미래와 과거 사태의 수식에 두루 쓰이면서 분화된 결과로 보았다. 한편, '一切'에 대응하는 '일체'와 '일절'의 경우, 먼저 '일체'와 관련해서는 15세기부터 20세기 초까지 명사적 쓰임이 압도적이었으며, 18세기 후반부터 19세기 말 20세기 초로 이행하면서 부사적 쓰임이 소략하나마 증가하는 추세가 있었음을 제시하였다. 아울러 '일절'과 관련해서는 먼저 '일절'을 임진왜란 이후에 등장한 '일체'의 혼동형으로 보는 기존 견해의 문제점을 짚어보고, 최근 학계에 새롭게 보고된 <간이벽온방>(1525/1578)의 사례를 통해 임진란 이전인 16세기에 이미 존재했다는 사실을 피력하였다. 이어 '일절'이 한국어사 자료에서 본격적으로 문증되는 17세기부터 이미 부정극성을 띠는 '切X'류 부사의 주요 대역어(부사)로 등장하는 등 금지 표현과의 긴밀한 공기 경향을 보이면서 20세기 초에 이른다는 점을 확인하고, 이에 비추어 '일절'의 이러한 특성은 '一切'의 '切(체)'를 당위성 부사 '切(절)'로 파악한 결과일 가능성을 언급하였다. 아울러 근대 한국어 시기에 부사 '期於(X)', '一切'이 '期於이/期於히', '一切이/一切히'로도 나타난다는 사실에 대해서는 이현희(2010)에서 논의된 '잉여적 파생접미사의 덧붙음 현상'을 적용하여 해석하였다. 이밖에 기존에 김한결(2019)에서 논의된 '何必'의 의미 변화 또한

'期必'의 경우와 유사하게 한자어 내부에서 '何'의 의미가 잉여화됨으로써 의문문뿐 아니라 비의문문에도 나타날 수 있었으며, 더 나아가 [굳이, 구태여]의 의미도 나타낼 수 있게 된 것으로 보았다.

제3장 '연어 관계에서 파악되는 의미 변화'에서는 '工巧(X)' 한자어와 '慇懃(X)' 한자어를 중심으로 다루었다. 그중 현대 한국어에서 [우연함]의 의미를 갖는 '工巧'의 경우, 그 논항 또는 수식 대상에서 [구체물]>[주관적 의지에 의해 결정될 수 있는 언행 또는 산물]>[자연 발생 또는 의외 사태]에 이르는 추상화 경향 및 그에 따른 의미 변화의 점진적 과정을 확인하였다. 이에 보태어 20세기 초부터는 [우연함]을 나타내는 '工巧(X)' 한자어로 기존의 '공교하-', '공교롭-' 이외에 '공교스럽-'이 등장하여 삼자 경쟁 구도를 보인다는 사실을 확인하는 한편, 오늘날과 같이 [우연함]을 기반으로 하는 '공교하-'와 '공교롭-'의 함의 관계는 적어도 20세기 초 이후에 형성된 것으로 추정하였다. 한편, '慇懃'과 관련해서는 기존의 의미에 비추어 한국어사 자료에서 독특하게 나타나는 [은밀함]의 의미가 19세기 중반부터 문증됨을 확인하였다. 아울러 '慇懃(X)' 한자어가 이처럼 [은밀함]을 나타내게 된 것은 그 수식 대상이나 논항으로 부정적 의미 색채를 지닌 어휘, 즉 '암암리에 추진될 가능성'이 높은 어휘까지 취할 수 있게 되었다는 점과 연관될 가능성을 언급하고, 그 영향으로 처소 등 무정물의 어두운 분위기까지 나타낼 수 있었던 것으로 보았다. 이밖에 '工巧(X)'나 '慇懃(X)'과 같이 연어 관계 속에서 의미 변화를 파악해 볼 수 있는 기타 한자어의 경우로 '可觀', '苟且', '恍惚', '景況'을 제시하였다.

제4장 '구문 층위에서 추진되는 의미 변화'에서는 관련 사례로 '已往', '放心', '若干', '如干'을 중심으로 다루었다. '已往'의 경우, 먼저 명

사로부터 완료상적 속성을 갖는 부사, 즉 완료성 부사의 쓰임을 얻게 되었고, 이로 인해 시제에 구애받지 않고, 연결어미 '-(으)면'이 이끄는 선행절, 원인·이유의 연결어미 '-(으)니'가 이끄는 선행절, 미래시상의 관형사형 어미 '-ㄹ'이 이끄는 관형사절 내에 두루 나타날 수 있게 된 것으로 보았다. 아울러 부사 '이왕'이 현대와 같이 [기정]의 의미를 나타내게 된 것과 관련해서는 문증 양상에 근거하여 '-(으)면'이 이끄는 선행절에서와 같이 [가능성]의 양태 의미를 나타내던 단계로부터 점차 '-었으면'이 이끄는 반사실적 가정 구문, 미래 예정의 관형사형어미 '-ㄹ'이 이끄는 관형사절 등에 쓰이면서 '기정사실화' 인식 기반의 [확실성] 양태 의미가 끊임없이 강화된 결과로 파악하였다. 한편, 한국어에서 [부주의]를 뜻하는 '放心(X)'한자어의 경우, [안심]을 뜻하는 백화문의 '放心'과는 달리 통시적으로 미래 시상 내지 의지의 선어말어미 '-리', 부정 표현의 개재없는 명령형 종결어미 '-쇼셔'와의 통합이 저지되는 등 일련의 통사적 제약이 존재해 왔음을 확인하였다. 이러한 통사적 특징 및 [경계]의 대상이 된다는 점에 있어서는 고전 한문의 '放心'과 일정한 유사성을 보이기는 하지만, 여기에 추가로 현대 한국어 '放心(X)'이 부정 또는 금지 구문 속에서 '心'의 의미가 고전의 [어진 마음]으로부터 일반화되는 과정을 더 겪었을 것으로 보았다. 한자어 '약간'과 관련해서는 '양보 구문' 속에서 [부정량]>[소량]의 극단값이 시현된다는 기존의 견해를 재검토하였다. 이에 통시적으로 17세기 말 18세기 초의 자유 선택사 양보' 구문, 화용론적 양보를 일으키는 대조 표현 '-으나'가 포함된 구문 속에서 [소량 지향의 부정량]적 의미를 나타내던 전 단계를 거쳐 18세기부터 첨가 초점사 '-도'와 직접 통합하는 양보 구문 속에 등장하면서 [소량]적 의미가 강화되는 것으로 파악하였다. 아울러

'약간'의 동원어인 '여간'은 통시적으로 [부정량]에서 그 일단인 [소량] 또는 [다량]으로 편중되는 양상을 보인다는 점에 있어서는 '약간'과 유사하나 자유 선택사 양보 구문에서 주로 [다량 지향적 부정량]을 보이며, 첨가 초점사 '-도'와 직접 통합하지 않는다는 점에서 극명한 차이가 있음을 확인하였다. 그 대신 '여간'은 19세기 말 20세기 초부터 부정소 '아니-'가 후행하는 부정 구문 속에 자주 등장하면서 용법상 오늘날과 비슷한 모습을 갖추게 되었다. 다만 현대에 '여간'을 '보통' 정도로 파악하여 '여간…아니-' 구성을 '보통이 아님=보통 이상' 등의 상향식 추론을 보이는 특이한 예로 간주하는 것과 관련해서는 통시적인 연속선상에서 [소량]의 '여간'을 부정함으로써 [다량]을 나타내는 일반적 '하향식 추론'으로 접근할 수 있음을 피력하였다.

아울러 이 글은 연구 대상 한자어들의 의미 변화 과정에 대한 통시적 기술을 바탕으로, 그러한 변화가 일어나게 된 언어 내적 원인에 대해 깊이 있게 다루지 못했다는 점, 통시적 의미 변화의 다양한 양상들을 유형화할 수 있는 의미 차원의 그 어떤 보편적 기준을 마련하는 데까지는 이르지 못했다는 점 등의 한계를 지니고 있다. 이에 대해서는 추후의 연구 과정에 보완책을 모색해 나가고자 한다.

참고문헌

강문종·박재연 校注(2005), 『금향정긔』, 이회문화사.

고광모(1985), 「한국어 어원연구에 관한 방법론적 고찰-G. J. Ramstedt의 Studies in Korean Etymology를 중심으로-」, 서울대학교 석사학위논문.

고영근(1987/2010), 『표준 중세국어문법론』(제3판), 집문당.

高昌植(1977), 「國語의 語源問題-漢字語의 形成過程을 중심으로-」, 『어문논집』(20), 민족어문학회, 269-279.

고홍희(2013), 「<순원왕후 한글편지> 한자어에 대한 고찰-'한자 어기+-ᄒ다' 구성의 한자어를 중심으로-」, 『한중인문학연구』(38), 한중인문학회, 45-74.

공나형(2019), 「구어 담화에서 드러나는 정도부사 '약간'의 담화표지로서의 의미와 기능-한국어 모어 화자와 학습자 구어 담화의 비교를 통하여」, 『언어와 문화』(15:2), 한국언어문화교육학회, 1-28.

권순구(1996), 「한자어 어형성 연구」, 충남대학교 석사학위논문.

權仁瀚(1999), 「한국 한자음의 표준안 연구」, 『새국어생활』(9:1), 국립국어원, 87-100.

權仁瀚(2009), 『中世 韓國漢字音의 分析的 研究(資料篇)』, 박문사.

權仁瀚(2021), 「삼국시대 금석문의 한자어 조사」, 『口訣研究』(46), 口訣學會, 37-86.

구본관(1998), 『15세기 국어 파생법에 대한 연구』, 國語學叢書(30), 國語學會.

김건희(2017), 「부사 '여간'에 대한 연구」, 『한말연구』(45), 한말연구학회, 5-35.

김경훈(1996), 「현대국어 부사어 연구」, 서울대학교 박사학위논문.

김광해(1993), 『국어 어휘론 개설』, 집문당.

金圭哲(1980), 「漢字語 單語形成에 관한 研究-固有語와 比較하여」, 서울대학교 석사학위논문.

김선영(2003), 「현대 국어의 접속 부사에 대한 연구」, 서울대학교 석사학위논문.

김성현(1999), 「한자어 수용 양상에 관한 통계적 연구-15~17세기 문헌을 중심으로-」, 경성대학교 석사학위논문.

김송희(2014), 「한국어의 비전형적인 부정 구성 연구」, 『國語研究』(244), 國語研究會.

金完鎭(1970), 「이른 時期에 있어서의 韓中 言語 接觸의 一斑에 對하여」, 『語學研究』(6:1), 서울대학교 언어교육원, 1-16.

김원중(2020), 『한문해석사전』, 휴머니스트.

金容漢(1998), 『漢字語素의 意味 機能 研究』, 국학자료원.

김유범(2007), 「漢字語 '屍體'와 '死體'의 歷史的 考察」, 『일본근대학연구』(18), 한국일본근대학회, 15-25.

金鎰炳(2000), 『국어 합성어 연구』, 역락.

김정은(1995), 『국어 단어형성법 연구』, 도서출판 박이정.

김정남(2005), 『국어 형용사의 연구』, 도서출판 역락.

金鍾塤(1967), '一切' '歪曲'의 讀音에 대하여 『文耕』(22), 中央大 文理大, 59-64.

김지오(2020), 「여선 시대 허사 '所'의 번역 양상-자토 석독구결과 15세기 불경 언해 자료를 중심으로-」, 『民族文化』(55), 한국고전번역원, 123-159.

金鎭佑(2021), 「文化 관련 語彙史 教育에 대한 研究-화장실을 지칭하는 어휘의 역사적 변천을 중심으로-」, 『語文研究』(49), 한국어문교육연구회, 489-514.

김창섭(1984), 「形容詞 派生 接尾辭들의 機能과 意味-'-답-, -스럽-, -롭-, -하'와 '-的'의 경우-」, 『진단학보』(58), 진단학회, 145-161.

김창섭(1999), 『국어 어휘 자료 처리를 위한 한자어의 형태·통사론적 연구』, 국립국어연구원 연구 보고서.

김창섭(2001), 「한자어 형성과 고유어 문법의 제약」, 『國語學』(37), 國語學會, 177-195.

金春月(2017), 「동일 어원 중국어 차용어의 통시적 연구」, 한국학중앙연구원 박사학위논문.

김한결(2019), 「체언 수식 부사의 역사적 연구」, 서울대학교 박사학위논문.

김한별(2019), 「≪학봉김션싱힝장(鶴峯金先生行狀)≫의 서지와 언어」, 『언어와 정보 사회』(36), 서강대학교 언어정보연구소, 37-81.

김현주(2008), 「'또는'의 형성」, 『국어사 연구』(8), 국어사학회, 41-56.

김혜승(2016), 「한국어 부사 '이미'류와 '아직'류의 의미 연구」, 서울대학교 박사
　　학위논문.

南廣祐(1960/1997), 『敎學 古語辭典』, 교학사.

南廣祐(1973), 『朝鮮(李朝)漢字音研究』, 一朝閣.

南廣祐(1993), 「一切(일체) 차례(←次第) 주발(←鏽鉢) 수저」에 대하여, 『語文硏
　　究』(21), 한국어문교육연구회, 341-347.

南廣祐(1995), 『古今漢韓字典』, 仁荷大學校出版部.

남성우(2006), 『16세기 국어의 동의어 연구』, 박이정.

南豊鉉(1968a), 「15世紀 諺解 文獻에 나타난 正音 表記의 中國系 借用 語辭
　　考察」, 『국어국문학』(39·40), 국어국문학회, 39-86.

南豊鉉(1968b), 「中國語 借用에 있어 直接借用과 間接借用의 問題에 對하여-
　　初刊 「朴通事」를 中心으로 하여-」, 『李崇寧博士 頌壽紀念論叢』, 乙酉
　　文化社.

南豊鉉(1972a), 「15世紀 國語의 漢字語 借用考」, 『國文學論集』(5·6), 단국대학
　　교 국어국문학과, 3-22.

南豊鉉(1972b), 「中世國語의 中國語 借用 研究-單音節 體言을 中心으로-」, 『論
　　文集』(6), 漢陽大學校, 59-84.

남길임(2015), 「'-ㄹ 수 없-'의 의미와 담화 기능에 대한 말뭉치언어학적 분석」, 『텍
　　스트언어학』(38), 한국텍스트언어학회, 93-120.

노명희(1990), 「한자어의 어휘형태론적 특성에 관한 연구」, 『國語研究』(95), 국어
　　연구회, 서울대학교 석사학위논문.

노명희(1998), 「현대국어 한자어의 단어 구조 연구」, 서울대학교 박사학위논문.

盧明姬(2007), 「한자어의 어휘 범주와 내적 구조」, 震檀學報(103), 震檀學會,
　　167-191.

盧明姬(2013), 「外來語의 意味 轉移」, 『대동문화연구』(82), 성균관대학교 대동문
　　화연구원, 493-524.

盧明姬(2018), 「漢字語 文法의 變化 樣相」, 『語文研究』(46), 韓國語文敎育研究
　　會, 7-34.

노명희(2020), 「한국어의 형태론적 재분석과 의미론적 재분석」, 『國語學』(95),
　　國語學會, 33-64.

盧 偉(2015), 「韓國語의 2字 漢字語의 複合에 대한 研究」, 國語研究(250), 國語研究會.

노해임(2011), 「한글문헌에 나타난 한자어 사용 양상 연구」, 건국대학교 박사학위논문.

檀國大學校 東洋學研究所(1992), 『韓國漢字語辭典(卷一)』, 檀國大學校出版部.

도재학·허인영(2017), 「유형이의(類形異義) 관계의 설정과 어휘 대조 연구-'공부(工夫)'의 한자어 유의어를 대상으로-」, 『아시아문화연구』(43), 가천대학교 아시아문화연구소, 83-107.

두 청(2018), 「한자어 부사의 형태론적 패턴에 대한 고찰」, 『인문과학연구』(56), 강원대학교 인문과학연구소, 29-52.

류종목(2000), 『논어의 문법적 이해』, 문학과지성사.

마숙홍(2004), 「한국어와 중국어의 한자어 조어법 대조연구」, 상명대학교 석사학위논문.

마원걸(2021), 「'약간(若干)'의 어휘사」, 『국어국문학』(196), 국어국문학회, 145-170.

마원걸·이강혁(2022), 「한자어 '소중(所重)하다'의 形態·意味史」, 『국어국문학』(198), 국어국문학회, 5-23.

문병열(2021), 「어휘 변화와 어휘사 연구 동향」, 『한국어 의미학』(74), 한국어의미학회, 141-182.

文蓮姬(2007), 「韓·中 漢字語 意味 對比 研究」, 성균관대학교 박사학위논문.

문현수(2021), 「통일신라시대 비이두(非吏讀) 금석문에 사용된 한자어 고찰-『사산비명(四山碑銘)』의 2자 한자어를 중심으로-」, 『口訣研究』(46), 口訣學會, 117-138.

민영란(2002), 「韓·中 漢字語의 意味 變化 類型」, 『국제언어문학』(6), 국제언어문학회, 63-96.

閔載泓(2004), 「중국어 형태소와 낱말의 의미 관계」, 『中國語文學論集』(26), 중국어문학연구회, 139-164.

민재홍(2008), 「중국어 낱말의 의미 변화 연구」, 『中國文化研究』(13), 중국문화연구학회, 29-52.

閔載泓(2017), 「중국어와 한국 한자어 同形 낱말 비교 연구」, 『中國語 敎育과 研究』(26), 한국중국어교육학회, 121-145.

민현식(1984), 「'-스럽다, -롭다' 접미사에 대하여」, 『國語學』(13), 國語學會, 95-118.

민현식(2002), 「開化期 한글본 '이언(易言)'의 漢字語에 대하여」, 『국어국문학』(132), 국어국문학회, 31-61.

朴錦子(1994), 「15세기 불경언해의 협주에 관한 연구」, 서울대학교 박사학위논문.

박부자(2014), 「언간 자료의 어휘사적 가치에 대한 연구」, 『국어사 연구』(18), 국어사학회, 45-78.

朴盛鍾(2016), 『朝鮮前期 吏讀 研究』, 역락.

박성현(1989), 「국어의 부사화소 {-이}와 {-게}에 대한 사적 연구-기능과 분포를 중심으로-」, 『언어학연구』(3), 서울대학교 대학원 언어학과.

박영섭(1995), 『國語漢字語彙論』, 박이정.

박재연(2004), 「한국어 양태 의미 연구」, 서울대학교 박사학위논문.

박재연·이현희 주편(2016), 『고어대사전』, 선문대학교 출판부.

박진호(2007), 「의미의 쏠림 현상에 대하여」, 『국어사 연구와 자료』, 태학사, 211-224.

박진호(2008), 「15·16世紀 諺解 文獻에서 '所以'의 飜譯 樣相」, 『韓國學論集』(45), 한양대학교 동아시아문화연구소, 397-437.

박진호(2009), 「『십현담요해』 언해본에 대한 국어학적 고찰」, 『성철대종사 소장 『십현담요해』 언해본의 의미』, 대한불교조계종 백련불교문화재단, 39-79.

박진호(2011), 「시제, 상, 양태」, 『國語學』(60), 國語學會, 289-322.

박진호(2015), 「보조사의 역사적 연구」, 『國語學』(73), 國語學會, 375-435.

박진호(2015), 「언어에서의 전염 현상」, 『언어』(40), 언어학회, 619-632.

박진호(2020), 「의미의 일반화와 특수화」, 『중국조선어문』(5), 26-33.

박태홍(1956/1984), 「한자어사(제1부)-試論-」, 『우리말 연구』, 弘文閣 영인본.

朴蕙珍(2011), 「韓·中 同形 漢字語의 意味 差異 研究-部分 異議 漢字語를 中心으로」, 중앙대학교 석사학위논문.

朴喜淑(1985), 「大明律直解의 吏讀研究」, 明知大學校 大學院 박사학위논문.

朴善雨(1995), 「15世紀 國語 副詞 研究」, 고려대학교 박사학위논문.

裵大溫(1993) 『吏讀語彙論』, 螢雪出版社.

백채원(2021), 「접미사 '-껏'의 형성과 확장에 대한 연구」, 『口訣研究』(46), 口訣

學會, 165-196.

范晨星(2017), 「韓中"同形異義"漢字詞意義對比研究」, 계명대학교 박사학위논문.

사토 준이치(2000), 「韓國語 漢字語 形態素의 意味 派生 研究」, 고려대학교 석사학위논문.

서재극(1990), 「正俗諺解의 어휘」, 『국어어형론고』, 계명대학교 출판부, 259-265.

서정국(1970), 「한자어에 대한 통계적 고찰-우리말에서 한자어가 차지하는 비중을 밝히기 위하여-」, 『새국어교육』(14), 한국국어교육학회, 115-139.

서태룡·민현식·안명철·김창섭·이지양·임동훈(1998), 『문법 연구와 자료』, 이익섭 선생 회갑 기념 논총, 태학사.

석주연(1995), 「근대국어 파생형용사의 형태론적 연구」, 『國語研究』(132), 국어연구회.

석주연(2001), 「형용사의 어휘사」, 『한국어 의미학』(9), 한국어의미학회, 49-64.

석혜매(2018), 「한국어의 혼효, 잉여표현, 전염 현상 연구」, 서울대학교 박사학위논문.

성우철(2020), 「'당최'의 의미 변화 과정과 그 기제에 관한 연구」, 『國語學』(96), 國語學會, 257-308.

손남익(2014), 『부사사전』, 역락.

손혜옥(2016), 「한국어 양태 범주 연구」, 연세대학교 박사학위논문.

손혜파(2004), 「현대 한국 한자어 어휘와 중국어 어휘의 의미론적 비교 연구」, 숭실대학교 석사학위논문.

宋基中(1992), 「現代國語 漢字語의 構造」, 『한국어문』(1), 한국정신문화연구원, 1-85.

宋基中(1998), 「語彙 生成의 특수한 類型, 漢字借用語」, 『國語 語彙의 基盤과 歷史』, 태학사.

宋 敏(1999), 「한자어 '汽船, 汽車'의 연원」, 『새국어생활』(9), 국립국어연구원.

송지혜(2014), 「'이상하다'의 가치 의미의 변화 연구」, 『국어사 연구』(18), 국어사학회, 329-361.

申景澈(1998), 「내훈 주석문의 한자어 어귀」, 『國語 語彙의 基盤과 歷史』, 태학사.

신기상(2005), 『현대국어 한자어』, 북스힐.

신중진(2021), 「의미 변화 이론의 수용 그리고 새 관점」, 『한국어 의미학』(72),

한국어의미학회, 31-57.

신현규(2019), 「한국어 '-면' 관련 구성 연구」, 서울대학교 석사학위논문.

沈在箕(1963), 「國語語義變化의 構造的 硏究」, 서울대학교 박사학위논문.

沈在箕(1971), 「漢字語의 傳來와 그 起源的 系譜」, 『金亨奎博士 頌壽紀念論叢』, 一潮閣

沈在箕(1982), 『國語語彙論』, 집문당.

沈在箕(1987), 「한자어의 구조와 그 조어력」, 『국어생활』(8), 25-39.

沈在箕(1989), 「漢字語 受容에 關한 通時的 硏究」, 『國語學』(19), 國語學會, 89-109.

安奇燮(2012), 『先秦·兩漢시기 漢文法大要』, 보고사.

안대현(2010), 「『창진방촬요』의 서지와 언어」, 『국어사 연구』(7), 국어사학회, 71-105.

安炳國(2018), 『孟子 漢文文法의 構造 分析』, 에피스테메.

안예리(2008), 「형용사 파생 접미사의 어기 공유 현상」, 『형태론』(10:1), 63-83.

안예리(2014), 「사라진 '2음절 한자어+하다' 용언의 유형」, 『국어사 연구』(18), 국어사학회, 397-430.

안희진(2004), 『한자어의 이해』, 청동거울.

梁世旭(2000), 「古代 中國語 造語法 硏究」, 서울대학교 석사학위논문.

엄상혁(2018), 「한국어의 재분석에 의한 단어 형성-어휘적 재구조화와 역형성을 중심으로-」, 『한국어학』(81), 한국어학회, 197-244.

연규동(1996), 「近代國語 語彙集 硏究-類解類 譯學書를 중심으로-」, 서울대학교 박사학위논문.

연규동(2021), 「한국 한자어 '편지(片紙/便紙)'의 형성 과정」, 『국어국문학』(194), 국어국문학회, 73-96.

연규동(2021), 「'다짐'의 의미 변화」, 『國語學』(97), 國語學會, 31-57.

오규환(2013), 「단어 형성 과정으로서의 어휘화」, 『國語學』(68), 國語學會, 323-366.

오규환(2016), 「한국어 어휘 단위의 형성과 변화 연구」, 서울대학교 박사학위논문.

오민석(2017), 「'명사(+조사)+부정서술어' 구성에서 부정성의 전염」, 『한국어학』(77), 한국어학회, 181-225.

오종록(2014),『한국 한문사료 해석 연구』, 도서출판 신서원.

吳昌命(1995),「朝鮮前期 吏讀의 國語史的 硏究」, 단국대학교 박사학위논문.

王克全(1994),「韓·中 漢字語에 關한 比較硏究-現代國語를 中心으로-」, 서울대학교 석사학위논문.

유경민(2010),「분류 어휘집의 '사람(人)' 관련 표제항 연구」,『한국어 의미학』(32), 한국어의미학회, 169-191.

유경민(2014),「『東國新續三綱行實圖』(1617) 언해문의 어휘와 번역 양상 연구-고빈도어인 '사람' 관련어를 중심으로-」,『韓國言語文學』(88), 한국언어문학회, 29-55.

劉昌惇(1964/1984),『李朝語辭典』, 延世大學校 出版部.

劉昌惇(1974),『語彙史硏究』, 宣明文化社.

劉春平(2013),「한국어의 '한자어-하다'형 용언에 대한 연구」, 인하대학교 석사학위논문.

尹淳一(2019),「상고중국어 부사의 주관량」,『中國學論叢』(64), 高麗大學校 中國學硏究所, 1-28.

윤용선(2003),『15세기 언해자료와 구결문』, 역락.

이강혁(2018),「'손亽'류와 '親히'류 구문 비교에 대한 소고」,『국어학논집』(8), 서울대학교 국어국문학과, 67-87.

이강혁(2019),「전기중세 한국어 '(-)ᄒᆞ-' 연구-자토석독구결 자료를 중심으로-」, 서울대학교 석사학위논문.

이강혁(2021),「한국어 단어형성부 다시 보기」,『國語學』(99), 國語學會, 277-317.

이강로(1987),「한자어의 기원적 계보」,『하정 이강로 교수 고희 기념 문집』, 신구문화사.

이광호(1991),「15, 16세기어「뭊」,「ᄀ장」의 유의구조분석」,『어문론총』(25), 경북어문학회, 129-145.

이광호(1995),『類意語 通時論』, 以會文化社.

이광호(2009),「'현'과 '몇'의 의미 특성」,『우리말글』(46), 우리말글학회, 21-42.

李基文(1971/1985),『訓蒙字會硏究』, 서울대학교출판부.

李基文(1998/2018),『新訂版 國語史槪說』, 태학사.

李基文(1991), 『國語 語彙史 硏究』, 東亞出版社.

李基東(2005), 『맹자강설』, 성균관대학교 출판부.

李 丹(2018), 「한·중 이음절 동자이의어 대조 연구』, 성신여자대학교 박사학위 논문.

이병기(2010), 「『易言』을 前後한 '기계'와 '제조'의 어휘사」, 『국어국문학』(156), 국어국문학회, 91-114.

이상훈(2012), 「중세한국어의 현마」, 『국어사 연구』(15), 국어사학회, 295-319.

이상훈(2019), 「중세어 '아모'에서 기원한 어형 연구」, 『口訣硏究』(42), 口訣學 會, 187-209.

이서란(1998), 「'한자어+하다' 동사 연구」, 『冠嶽語文硏究』(23), 서울大學校 國 語國文學科, 281-303.

이선웅(2012), 「한국어 문법론의 개념어 연구」, 월인.

이순욱(2017), 「한국어 양보의 표현 방책과 의미」, 서울대학교 석사학위논문.

이영경(1994), 「국어 문법화의 한 유형-동사 활용형의 문법화를 중심으로-」, 『국 어학논집』(2), 서울대학교 국어국문학과, 171-189.

이영경(2007), 『중세국어 형용사 구문 연구』, 國語學叢書(57), 태학사.

이 용(2021), 「통일신라시대 이두 자료에 나타난 한자어」, 『口訣硏究』(46), 口 訣學會, 87-116.

이용규(2020), 「중세 한국어 부사격 조사 비실현에 대한 연구」, 서울대학교 석사 학위논문.

李庸周(1974), 『韓國 漢字語의 語彙論的 機能에 관한 硏究』, 서울대학교 사범 대학 국어국문학연구회.

이용주(1995), 「한자어」, 『한국민족문화대백과사전』, 한국학중앙연구원.

이유기(2005), 「근대국어의 어휘-『염불보권문』을 중심으로-」, 『한국언어문화학』 (2:2), 국제한국언어문화학회, 213-248.

이준석(2003), 「漢譯 佛經 속의 古典梵語文法과 古代國語의 受容에 대하여」, 『한 국어학』(20), 한국어학회, 191-219.

이지수(2016), 「한국어 명령문의 문법과 화행 연구」, 서울대학교 박사학위논문.

이지영(2002), 「근대 국어 이후 反事實的 假定 표현의 發達-'-더면', '-던들'을 중심으로」, 『한국문화』(30), 한국어학회, 33-59.

이지영(2005), 「국어의 용언 부정문에 관한 역사적 연구」, 서울대학교 박사학위 논문.

李賢熙(1988), 「<小學>의 諺解에 대한 比較硏究-形態·統辭的 측면을 중심으로-」, 『한신논문집』(5), 한신대학교 출판부, 205-248.

李賢熙(1992), 「國語 語彙史 硏究의 흐름」, 『國語學硏究百年史』(II), 一潮閣, 529-540.

李賢熙(1994), 『中世國語 構文硏究』, 新丘文化社.

李賢熙(1994), 「19세기 국어의 문법사적 고찰」, 『韓國文化』(15), 서울대학교 규장각 한국학연구원, 57-81.

李賢熙(2001), 「'됴히 너기다' 구문과 '됴하 ᄒᆞ다' 구문」, 『국어연구의 이론과 실제』, 이광호 교수 회갑기념논총 간행위원회, 323-335.

李賢熙(2010), 「근대한국어의 잉여적 파생접미사 덧붙음 현상」, 『한국문화』(52), 서울대학교 규장각 한국학연구원, 3-22.

李賢熙(2012), 「개화기 한국어의 일면-낙선재본 번역소설 ≪홍루몽≫을 중심으로-」, 『冠嶽語文硏究』(37), 서울大學校 國語國文學科, 81-99.

李浩權(2001), 『석보상절의 서지와 언어』, 國語學叢書(39), 태학사.

李浩權(2008), 「조선시대 한글 문헌 간행의 시기별 경향과 특징」, 『한국어학』(41), 한국어학회, 83-114.

이홍구(2021), 「중세 한국어 양보문 연구」, 서울대학교 석사학위논문.

李孝允(2019), 「한국어 부사의 변천 연구-15세기 이후 자료를 대상으로-」, 고려대학교 박사학위논문.

李佐豊 著·신원철 외 공역(2018), 『고대중국어 어법론』, 도서출판 역락.

이토 지유키 저·이진호 역(2011), 『한국 한자음 연구(자료편·본문편)』, 역락.

林玄烈·李燦揆(2008), 「한국 한자음과 중국 한자음의 대응에 관한 연구」, 『語文硏究』(36), 한국어문교육연구회, 393-418.

장영길(2006), 「『諺解臘藥症治方』의 희귀어휘 연구」, 『泮橋語文硏究』(21), 반교어문학회, 5-32.

장요한(2011), 「중세국어 접속어미 '-디옷'의 문법에 대하여」, 『國語學』(61), 國語學會, 389-415.

장윤희(1991), 「중세국어의 조건 접속어미에 대한 연구」, 『國語硏究』(104), 國語

研究會.

장윤희(2011), 『몽산법어언해』, 채륜.

全廣鎭 편역(1993), 『중국문자훈고학사전』, 東文選.

전정례(2005), 『언어변화이론』, 박이정.

정동경(2013), 「국어 시간 명사의 역사적 연구」, 서울대학교 박사학위논문.

정민영(1994a), 「국어 한자어의 부사 형성에 대하여」, 『開新語文研究』(11), 開新
語文研究會, 41-57.

정민영(1994b), 「국어한자어의 단어형성연구」, 충북대학교 박사학위논문.

程崇義(1987), 「韓·中 漢字語의 變遷에 關한 比較研究」, 『國語研究』(80), 국어
연구회.

정연주(2007), 「형용사 형성 파생접미사의 통시적 변화 -'-되-, -롭-, -스럽-, -답-'
을 중심으로」, 고려대학교 석사학위논문.

정원수(1992), 『국어의 단어 형성론』, 한신문화사.

鄭有眞(2002), 「중국어와 한국 한자어 비교분석-語彙를 中心으로-」, 동국대학교
석사학위논문.

정은혜(1998), 「韓·中 漢字語의 異質化 研究」, 이화여자대학교 석사학위논문.

鄭虎聲(2002), 「'일체(一切)'와 '경신(更新)'」, 『새국어소식』, 국립국어원.

程 宇(2015), 「한·중 2음절 동형 한자어 연구」, 전북대학교 석사학위논문.

趙南浩(1993), 「한자어의 고유어화-형태면에서의 有緣性 상실을 중심으로」, 『國
語史 資料와 國語學의 研究』, 文學과知性社.

조남호(2001), 『두시언해 한자어 연구』, 태학사.

조남호(2019), 「의미 변화」, 『한국어 의미 탐구의 현황과 과제』, 역락.

趙世用(1991), 『한자어계 귀화어 연구』, 고려대학교 민족문화연구소.

조재형·선한빛·이수진·김영미·량빈·최옥정·진주(2018), 『龍飛御天歌의 국어학적
분석과 현대역』, 국학자료원.

조항범(1999), 「'傳染'에 의한 意味 變化에 대하여」, 『人文學志』(17), 충북대학교
인문학연구소, 1-42.

조항범(2014), 『개정판 국어 어원론』, 충북대학교 출판부.

종 결(2014), 『한국어와 중국어의 합성어 구조 연구』, 역락.

지성녀(2020), 『초간본 분류두공부시언해 한자어 의미 연구』, 역락.

陳 榴(2012), 『韓國漢字語研究』, 영남대학교출판부.

진윤정(2016), 「대명률직해의 한자어 번역 유형」, 『口訣研究』(37), 口訣學會, 101 -132.

차익종(2014), 「東國正韻式 漢字音 研究」, 서울대학교 박사학위논문.

蔡連康(1977), 「韓國 漢字語에 대하여-十五世紀 正音文獻에 쓰인 二字漢字語 中心으로-」, 성균관대학교 석사학위논문.

채옥자(2004), 「韓國한자어와 中國現代漢語語彙의 비교 연구」, 『이중언어학』(24), 이중언어학회, 267-278.

최경봉(2010), 「≪國語學≫50년-의미 연구의 성과와 전망」, 『國語學』(57), 國語 學會, 421-468.

최규일(1990), 「漢字語의 어휘 형성과 한자어에서의 접사 처리 문제」, 『강신항 교수 회갑기념 국어학 논문집』, 태학사.

崔範勳(1973), 「國語의 漢字系 歸化語에 대하여」, 『梁柱東博士 古稀紀念論文集』, 東國大學校·探求堂.

崔尙鎭(1991), 「國語漢字語發達의 國語史的 研究-史的 展開와 發達 要因을 中 心으로-」, 『語文研究』(19), 한국어문교육연구회, 424-437.

최종원(2016), 「긴밀한 절 공기를 형성하는 부사적 표현」, 『國語研究』(264), 國 語研究會.

최준호·황정수(2016), 「한자어 '人間'의 통시적 의미 변천 과정 연구」, 『冠岳語 文研究』(41), 서울大學校 國語國文學科, 355-383.

최준호(2018a), 「명수법(命數法)의 통시적 변화 연구: '억(億)'을 중심으로」, 『冠 岳語文研究』(43), 서울大學校 國語國文學科, 409-438.

최준호(2018b), 「'사고팔다'類 동사의 통시적 변화 연구-'매매하다', '거래하다', '흥정하다'를 중심으로-」, 『口訣研究』(41), 口訣學會, 161-200.

최형용(2003), 『국어 단어의 형태와 통사-통사적 결합어를 중심으로-』, 國語學叢 書(45), 國語學會.

최형용(2018), 『한국어 의미 관계 형태론』, 도서출판 역락.

최홍열(2005), 『정도부사의 유의어 연구』, 역락.

하귀녀(2005), 「국어 보조사의 역사적 연구」, 서울대학교 박사학위논문.

하성금(2018), 「한국 한자어와 한자혼종어의 구조 연구」, 서울대학교 박사학위논문.

한국학중앙연구원 편(2005), 『조선 후기 한글 간찰(언간)의 역주 연구 3: 고령박씨, 신창맹씨, 나주임씨(충암, 창계) 합편』, 태학사.

한국학중앙연구원 편(2009), 『조선 후기 한글 간찰(언간)의 역주 연구 4: 은진송씨 송준길 가문 한글 간찰』, 태학사.

한글학회(1992), 『우리말 큰사전 4: 옛말과 이두』, 어문각.

한영균(2002), 「어휘 기술을 위한 연어정보의 추출 및 활용과 관련된 몇 가지 문제」, 『國語學』(39), 137-171.

한영균(2021), 『현대 한국어 형성기의 새 국한혼용문의 등장과 그 변전』, 도서출판 역락.

홍사만(2002), 『국어 특수조사 신연구』, 역락.

홍윤표(1985), 「最初의 國語辭典 <國漢會語>에 대하여」, 『白髥 全在昊 博士 華甲紀念 國語學論叢』, 633-656.

홍윤표·심경호(1993), 『15세기 한자어 조사 연구』, 국립국어연구원.

홍윤표·송기중·정광·송철의(1995), 『17세기 국어사전』, 태학사.

홍윤표(2014), 「국어 어휘사 연구 방법」, 『국어사 연구』(18), 국어사학회, 7-43.

허 웅(1975), 『우리 옛말본-15세기 국어 형태론-』, 샘 문화사.

허인영(2020), 「'詮次'가 '젼츠'가 된 까닭」, 『口訣研究』(45), 口訣學會, 179-210.

황문환·김주필·배영환·신성철·이래호·조정아·조항범(2016), 『조선시대 한글편지 어휘사전』, 역락.

황선엽(1995), 「15세기 국어 '-으니'의 용법과 그 기원」, 『國語研究』(135), 國語研究會.

황선엽(2002), 「국어 연결어미의 통시적 연구-한글 창제 이전 차자표기 자료를 중심으로-」, 서울대학교 박사학위논문.

황선엽(2017), 「한국어 어휘사 연구의 현재와 미래」, 제45회 한말연구학회 전국학술대회 발표문, 110-132.

황선엽(2022), 「간이벽온방언해」의 국어학적 고찰, 『한글과 의학』, 2022년 국립한글박물관 학술대회 자료집, 52-72.

황신애(2013), 「한중 한자 비교를 통한 한국 한자어의 통시적 의미 고찰-형태소 한자를 중심으로-」, 『中國文學研究』(53), 한국중문학회, 387-412.

后博文(2021), 「한국어 진실성 부사 연구」, 서울대학교 석사학위논문.

후박문·박진호(2022), 「기대와 추론의 언어적 표현 양상」, 『한국어 의미학』(77), 한국어의미학회, 57-101.

焦毓梅(2016), 「不定量詞"點兒"與"些"的比較研究」, 『中國學報』 76, 韓國中國學會, 3-29.

陳昌來·占雲芬(2009), 「"多少"的詞彙化﹑虛化及其主觀量」, 『漢語學報』(27), 華中師範大學, 8-15.

崔應賢(2019), 『漢語構詞的歷史考察與闡釋』, 新華出版社.

董秀芳(2016), 『漢語的詞庫與語法』, 北京大學出版社.

董秀芳(2017), 『詞彙化―漢語雙音詞的衍生和發展』(修訂本), 商務印書館.

段德森(1990), 『實用古漢語虛詞』, 山西教育出版社.

段　琰(2017), 「切X類詞語多角度研究」, 武漢大學 碩士學位論文.

馮春田(2000), 『近代漢語語法研究』, 山東教育出版社.

黃易青(2007), 『上古漢語同源詞意義系統研究』, 商務印書館.

康　健(2012), 「≪祖堂集≫中的"VP一切了"及其歷史演變」, 『西南交通大學學報(社會科學版)』(13:4), 8-14.

梁曉虹(1987), 「漢魏六朝佛經意譯詞初探」, 『語言研究』(12), 109-120.

劉紅妮(2007), 「"一律"的詞彙化﹑語法化以及認知闡釋」, 『玉溪師範學院學報』(23:11), 91-95.

孟琮·鄭懷德·孟慶海·蔡文蘭(2000), 『漢語動詞用法詞典』, 商務印書館.

邱　冰(2010), 「中古漢語詞彙雙音化研究」, 『燕山大學學報』(11:11), 30-33.

邵麗麗(2015), 「佛源詞通俗化方式探析」, 『吉林廣播電視大學學報』(165), 143-144.

孫雲鶴(1986), 『常用漢字詳解字典』, 福建人民出版社.

唐朝·郭榮學(1989), 『古漢語字詞句例解』, 內蒙古人民出版社.

王　力(1982), 『同源字典』, 商務印書館.

王　力(1989), 『漢語語法史』, 商務印書館.

王　力(2018), 『古代漢語』(校訂重排本), 中華書局.

王廷福(1987), 「"一切"釋解」, 『鎮江師專學報(社會科學版)』(4), 36.

汪維輝(2021), 『漢語詞彙史』, 中西書局.

吳福祥·王雲路 編(2015), 『漢語語義演變研究』, 商務印書館.

熊健余(2019), 「漢語"V單+于"的詞化及其詞義的演變研究」, 重慶三峽學院 碩

士學位論文.

許建礎(2012), 「漢語"復詞偏義"現象硏究」, 復旦大學 碩士學位論文.

徐振邦(2017), 『連綿詞大詞典』, 商務印書館.

楊伯峻(1981), 『古漢語虛詞』, 中華書局.

楊伯峻·何樂士(2001), 『古漢語語法及其發展』(上), 語文出版社.

楊榮祥(2004), 「論漢語史上的"副詞並用"」, 『中國語文』(4), 343-384.

楊榮祥(2005), 『近代漢語副詞硏究』, 商務印書館.

余廼永(2008), 『新校互註宋本廣韻定稿本』, 上海人民出版社.

張　昊(1984), 『古漢語語法特征』, 湖北人民出版社.

趙克勤(1994), 『古代漢語詞彙學』, 商務印書館.

朱　城(2015), 『漢語詞彙語法史探論』, 暨南大學出版社.

Heine, B. & T. Kuteva (2002), *World Lexicon of grammaticalization*, Cambridge University Press.

Lipka, L. (2002), *An outline of English Lexicology: Lexical Structure, Word Semantics, and Word-Formation*, Tübingen: Narr.

Brinton, L. J. & E. C. Traugott 2005), *Lexicalization and Language Change*, Cambridge University Press[최전승·서형국 역(2015), 『어휘화와 언어 변화』, 한국문화사]

Campbell, L. (2020), *Historical Linguistics: An introduction*, Edinburgh University Press.

Hickey, R. (2003), *Motives for Language Change*, Cambridge University Press.

Brian, D. J. & D. J. Richard (2003), *The Handbook of Historical Linguistics*, Blackwell Publishing.

마원걸馬元傑

중국 연변대학교 조선언어문학학부 문학사.
중국 연변대학교 아시아-아프리카언어문학학과 조선언어학 전공 문학석사.
한국 서울대학교 국어국문학과 국어학 전공 문학박사.
중국 산동대학교 동북아대학 한국학과 조교수.

한자어의 의미 변화 연구
— 『국한회어』의 한중 동형이의어를 중심으로

초판 1쇄 인쇄 2024년 2월 16일
초판 1쇄 발행 2024년 2월 28일

지 은 이 마원걸(馬元傑)
펴 낸 이 이대현
펴 낸 곳 도서출판 역락

책임편집 임애정
편   집 이태곤 권분옥 강윤경
디 자 인 안혜진 최선주 이경진
마 케 팅 박태훈 한주영

펴 낸 곳 도서출판 역락/서울시 서초구 동광로46길 6-6 문창빌딩 2층(우-06589)
전   화 02-3409-2058 FAX 02-3409-2059
이 메 일 youkrack@hanmail.net
홈페이지 www.youkrackbooks.com
등록 1999년 4월 19일 제303-2002-000014호

I S B N 979-11-6742-630-7 93710
字數 208,897字

*정가는 뒤표지에 있습니다.